高水平制度型开放

标志性重大成果丛书

总主编 —— 汪荣明

副总主编 —— 闫海洲

国际知识产权规则与我国制度型开放

夏 玮 刘润涛 —————— 著

International Intellectual
Property Rules and
China's Institutional Openness

经济管理出版社
ECONOMY & MANAGEMENT PUBLISHING HOUSE

图书在版编目（CIP）数据

国际知识产权规则与我国制度型开放 / 夏玮，刘润
涛著. -- 北京：经济管理出版社，2025. 6. -- ISBN
978-7-5243-0040-3

Ⅰ. D997.1；D923.404

中国国家版本馆 CIP 数据核字第 2025S7X754 号

组稿编辑：张巧梅
责任编辑：白　毅
责任印制：许　艳
责任校对：陈　颖

出版发行：经济管理出版社
　　　　　（北京市海淀区北蜂窝 8 号中雅大厦 A 座 11 层　　100038）
网　　　址：www. E-mp. com. cn
电　　　话：（010）51915602
印　　　刷：北京飞帆印刷有限公司
经　　　销：新华书店
开　　　本：720mm×1000mm/16
印　　　张：17. 75
字　　　数：326 千字
版　　　次：2025 年 6 月第 1 版　　　2025 年 6 月第 1 次印刷
书　　　号：ISBN 978-7-5243-0040-3
定　　　价：88. 00 元

前　言

随着加入世界贸易组织（WTO），全面接受国际通行的规则，进一步加大改革开放力度，我国的经济发展增速显著。过去的 20 年，中国成为全球经济增长的引擎，有力地助推了世界经济发展。当前，在多边主义衰落的背景下，对接以《全面与进步跨太平洋伙伴关系协定》（CPTPP 协定）等为代表的国际高标准经贸规则，是我国进一步扩大开放、积极融入世界经济的主动做法。

目前通行的国际知识产权规则是 WTO 框架下的《与贸易有关的知识产权协定》（TRIPs 协定）。中国自从加入世界贸易组织后，按照 TRIPs 协定的内容，对《中华人民共和国专利法》《中华人民共和国商标法》《中华人民共和国著作权法》等进行了多轮修订。目前，我国的知识产权规则早已完全符合 TRIPs 协定标准，很多内容已经超过了通行的国际知识产权标准。

党的二十大报告强调，"推进高水平对外开放""稳步扩大规则、规制、管理、标准等制度型开放"。2023 年 7 月，中央全面深化改革委员会第二次会议审议通过了《关于建设更高水平开放型经济新体制促进构建新发展格局的意见》，会议指出，要完善开放型经济新体制的顶层设计，深化贸易投资领域体制机制改革，扩大市场准入，全面优化营商环境，完善服务保障体系，充分发挥我国综合优势，以国内大循环吸引全球资源要素，提升贸易投资合作质量和水平。

面对国内外环境的深刻复杂变化，制度型开放已经成为中国推进高水平对外开放的核心任务，规则对接、规制协调、管理提升、标准制定是当前加快制度型开放的重要抓手。知识产权是制度型开放的核心内容，其既是我国对外开放的前沿问题，也是外资企业对我国营商环境的长期关注点。知识产权既和技术创新密切相关，又是营商环境的重要组成部分。一方面，提高知识产权保护标准，有助于提升我国企业的技术创新能力；另一方面，提高知识产权保护水平，有助于为外资企业提供更好的营商环境。本书聚焦于制度型开放中的知识产权规则、规制、管理、标准问题，采取跨学科方法，综合运用马克思主义政治经济学、国际法学和国际政治学等多学科方法和视角，分领域构建制度型开放中的知识产权体系和实践路径。

本书将国际知识产权规则分为上下两篇：上篇为对标高标准规则的知识产权制度型开放，包括知识产权与制度型开放概述，以及商业标识、专利、著作权、知识产权执法与制度型开放；下篇为知识产权领域的新兴议题，包括国际投资条约知识产权保护、商业秘密保护、人工智能的全球治理、数据保护。书的撰写由上海对外经贸大学法学院"涉外知识产权"研究团队共同完成。其中，第一章知识产权与制度型开放概述由夏玮、郭炎、钱婧雯、王珺执笔；第二章商业标识与制度型开放由刘润涛、关硕执笔；第三章专利与制度型开放由范思博执笔；第四章著作权与制度型开放由李依琳执笔；第五章知识产权执法与制度型开放由陈一孚、刘晏铭执笔；第六章国际投资条约知识产权保护由刘润涛、刘安行执笔；第七章商业秘密保护由吴昊天、夏玮执笔；第八章人工智能的全球治理由陈一孚、夏浩胜执笔；第九章数据保护由李依琳、范思博执笔。

身处当下的时代，能够在知识产权制度型开放领域做出一些微不足道的研究和探索工作，深感荣幸。研究团队也会继续遵循着"涉外知识产权"这一主题不断深入研究，既为我国进一步扩大知识产权制度型开放进而促进经济发展进行探索，也为维护我国的涉外知识产权利益做出努力。

目 录

上篇　对标高标准规则的知识产权制度型开放

上篇　对标高标准规则的知识产权制度型开放

第一章

知识产权与制度型开放概述

第一节　研究制度型开放的基本内涵

一、制度型开放的背景

（一）国际形势

全球贸易保护主义抬头，"逆全球化"态势明显。"逆全球化"是在经济全球化发展到一定程度后出现的不同形式的市场再分割现象，是从市场全面开放退回到有条件开放甚至不开放的过程。国际产业转移所导致的发达国家产业生态的高端专业化，削弱了其产业丰厚度，即产业体系的完整性和配套性减弱。[①] 在新冠疫情的冲击下，单一来源的供应商或专门生产特定产品的区域暴露出其脆弱性，造成全球价值链的断裂和崩溃。基于对全球价值链融合和国际分工的代价之反思，一些国家和地区强调内向发展和自主发展，一些跨国企业也会基于安全因素缩短国际供应链环节，以防价值链过长造成供应中断。[②] 美欧等主要经济体受"逆全球化"风潮影响，提供全球公共产品的能力下降，为免在全球危机中受制

[①] 佟家栋，谢丹阳，包群，等．"逆全球化"与实体经济转型升级笔谈 [J]．中国工业经济，2017（6）：5-59．

[②] 李杨，车丽波．后疫情时期经济全球化变局与中国应对 [J]．内蒙古社会科学，2020，41（5）：113-120．

于人，日益倾向于构建能够独立应对外部风险的经济体系，内顾倾向显著上升。

在"逆全球化"思潮的影响下，贸易保护主义的泛滥会破坏原有良好的贸易和投资自由化制度，已经构建起来的全球生产网络可能会被撕裂，全球产业链条的区域分布将会被扭曲配置，产业和产品价值增值环节国际梯度转移的进一步推进将会受到更多的约束。[①] 从目前来看，我国是全球制造业第一大国，是全球供应链的重要枢纽，因此不可避免地会受到"逆全球化"的影响。制度型开放有助于我国对接高标准经贸规则，有效应对"逆全球化"趋势，为世界经济包容可持续发展作出更大贡献。

（二）国内形势

1. 制度型开放的内生需求

随着我国经济的发展以及科技创新水平的提高，需要针对先进技术等领域进行制度规则的优化升级，完善经贸规则体系。中国在新一代科学技术领域具备巨大市场空间，在 5G、大数据、人工智能等前沿领域，我国正在对关键技术进行突破。在新型举国体制和高素质人力资本双重优势下，我国有望在新一代通信技术领域成为"领跑者"，并逐渐与美国等发达经济体在生物医药、航空航天领域缩小差距。

美国等发达经济体在发展技术的同时，力图在全世界范围内输出以其价值观为内涵、以其本国利益为核心的规则。面对先进技术的相关标准和规则，我国不能盲目全盘接受现有的以保护美欧发达经济体利益为核心的规则，而是要基于中国利益和中国优势坚持创新、对标发展。经济技术领域的发展更不能被"牵着鼻子走"，实践的进步要求我们在制度设计上进行升级优化，高水平参与并引领相关领域的国际规则设计。所以，制度型开放不仅有利于我们借鉴学习其他国家的高标准规则，还能够让我们真正融入、引领相关领域的规则制定，以高水平的制度保障推动我国的技术研发和与其他国家的合作。

2. 文件政策梳理

2018 年底中央经济工作会议指出，"要适应新形势、把握新特点，推动商品和要素流动型开放向规则等制度型开放转变"。[②] 随后，党的十九届四中全会对

---

① 戴翔，张二震．逆全球化与中国开放发展道路再思考［J］．经济学家，2018（1）：70-78．
② 《中央经济工作会议举行　习近平李克强作重要讲话》，中华人民共和国中央人民政府网站，2018 年 12 月 21 日，https：//www.gov.cn/xinwen/2018-12/21/content_5350934.htm。

制度型开放做出了进一步的界定，即"推动规则、规制、管理、标准等制度型开放"。[①] 2022 年 10 月，党的二十大报告提出"稳步扩大规则、管制、管理、标准等制度型开放"。[②] 2022 年 11 月，习近平主席在第五届中国国际进口博览会开幕式致辞中强调，"中国将推动各国各方共享制度型开放机遇，稳步扩大规则、规制、管理、标准等制度型开放"。[③] 2023 年 1 月，习近平总书记在中共中央政治局第二次集体学习时强调，"推进高水平对外开放，稳步推动规则、规制、管理、标准等制度型开放，增强在国际大循环中的话语权"。[④] 这些科学判断既为我国高水平对外开放指明了方向，也为当前我国高质量发展提供了战略部署与根本遵循。

二、制度型开放的意义

（一）从商品和要素流动型开放到规则等制度型开放

1. 什么是要素流动

经济全球化不断发展，其质的飞跃产生于国际直接投资。从 20 世纪 70 年代起，各国普遍选择开放型发展道路，国际直接投资迅速发展，各国经济之间的联系从商品联系扩大到资本联系。国际直接投资促进了要素的跨境流动与重新组合，形成了世界经济增长的新基础，它也是诸多增长特征的基础原因。

一个企业在对外直接投资的过程中，流入东道国的不仅包括设备、资金，还包括技术人员、管理方法、品牌等要素。因此，国际直接投资承载的不是单一要素，而是多种要素组成的要素束。跨国公司对从产品研发到售后的各个阶段进行划分，根据产品价值链在各个阶段所需要的核心要素的不同，把各阶段的价值链放在最有优势的国家。因此，跨国公司是要素流动的重要主体，其发展是要素流动的微观基础。国际直接投资加剧了要素流动。

---

① 《中共中央关于坚持和完善中国特色社会主义制度　推进国家治理体系和治理能力现代化若干重大问题的决定》，中华人民共和国中央人民政府网站，2019 年 11 月 5 日，https：//www.gov.cn/zhengce/2019-11/05/content_5449023.htm。

② 《习近平：高举中国特色社会主义伟大旗帜　为全面建设社会主义现代化国家而团结奋斗——在中国共产党第二十次全国代表大会上的报告》，中华人民共和国中央人民政府网站，2022 年 10 月 25 日，https：//www.gov.cn/xinwen/2022-10/25/content_5721685.htm。

③ 《习近平在第五届中国国际进口博览会开幕式上的致辞（全文）》，中华人民共和国中央人民政府网站，2022 年 11 月 4 日，https：//www.gov.cn/xinwen/2022-11/04/content_5724715.htm。

④ 《习近平主持中共中央政治局第二次集体学习并发表重要讲话》，中华人民共和国中央人民政府网站，2023 年 2 月 1 日，https：//www.gov.cn/xinwen/2023-02/01/content_5739555.htm。

2. 商品和要素的跨境流动受阻

相对于发达国家来说，新兴经济体具有外汇和资金的双缺口。为弥补缺口、补齐短板，新兴经济体通过引进外资拉动出口。这种"出口拉动"战略一方面在产业上、总量上、规模上拉动经济，另一方面也促进了东道国相关产业的发展。要素流动改变了经济全球化的生产布局，新兴经济体成为传统产业中心。发达国家作为高级要素的所有者主要发展新兴产业，而新兴经济体相关产业虽有所改善，但并没有全部实现质变。

只有具备经济要素与全球化经济要素的国家才能实现要素流入式的发展，经济要素和全球化经济要素是生产要素国际流动的制度保障和必要条件。前者指无法计入企业成本但又对企业的决策产生重要影响的国内相关因素。在此方面，我国不断提高治理能力与治理体系现代化，在市场化水平、市场规模、生产配套能力、要素的相对丰裕度、基础设施、区位因素、政府的经济管理能力等方面都取得了不小进步。后者是指一国的经济开放度、双边或多边的贸易投资协定等有利于推动全球化的政策和制度安排。[①] 全球化进程下制造业从发达国家向发展中国家转移，发达国家经济增长集中在技术进步和第三产业方面。[②] 美国等发达经济体以维护本国利益为理由推行单边主义，出台各项制裁措施遏制关键技术、资本等核心要素的流动。自 2018 年以来，特别是疫情促使主要经济体更加重视产业链、供应链安全问题，全球产业链、供应链进一步收缩，区域化、近岸化、在岸化的特征更趋明显。[③] 各种收缩政策的核心是限制国际投资与相应的贸易分工，其本质就是限制要素流动。因此，只有采取相应的开放制度并在国际环境配合的情况下才能成为主要出口国，才能利用"出口拉动"战略发展经济，而制度型开放将会为突破要素流动阻碍提供巨大动力。

（二）制度型开放的意义

一方面，制度型开放的构建会促进商品和要素的流动，形成稳定、透明、可预期的制度环境，巩固我国在国际市场中的既有成果。在传统的产品、服务流动型开放的语境中，比较优势由劳动力、资本等要素禀赋的差距构成。而在要素分工的国际背景下，制度型开放将为我国打造新的竞争优势。制度型开放中制度要素将作为一种广义的生产要素参与到比较优势的形成当中，各国制度要素的质量

---

① 张幼文，薛安伟．要素流动的结构与全球经济再平衡 [J]．学术月刊，2013，45（9）：66-73．
② 张幼文．要素流动下世界经济的机制变化与结构转型 [J]．学术月刊，2020，52（5）：39-50．
③ 王一鸣．百年大变局、高质量发展与构建新发展格局 [J]．管理世界，2020，36（12）：1-13．

差距将成为国际贸易中比较优势的来源，制度型开放意在通过提升国内制度要素的质量来创造新的比较优势。① 更优制度环境的营造将会吸引价值链高端的生产要素，如创新要素等，从而提升价值链各个环节的竞争力。制度和规则层面的接轨有助于提升中国企业吸引、集聚、整合利用全球优势要素的能力，从而提升中国企业的微观竞争力。

另一方面，制度型开放是更高阶的流动，是规则的共享和流动，要素流动只是参与国际分工，而制度型开放将实现国内制度与国际通行规则的对接，推动中国不断深入参与全球经济治理体系，提高中国在全球治理中的话语权。

制度型开放推动国内、国际制度深度互动。面对制度竞争与挤压，中国通过自由贸易试验区和自由贸易港建设，对标国际通行的先进规则，强化国内经济与国际经济的联系。

同时，制度型开放将促使国内制度升级。依托国内丰富的市场资源，中国在制度学习基础上实现制度创新性供给，以高水平制度型开放促进开放型经济体制的建立，实现高质量发展，这也为中国参与全球经济治理制度的改革提供持续动力。制度型开放不断拓展治理和新经济等领域的经验和规则，使我国逐步向国际推广国内规则、制度和标准，构建国际制度，推动全球经济治理制度的创新。

三、我国制度型开放的典型事实：行业和区域开放

从行业开放与区域开放来看，中国遵循的是"点—轴—面"的实践路径。行业开放和区域开放主要是以减少关税与非关税壁垒的开放方式，推动国外产品的行业准入和空间准入。无论是行业开放还是区域开放，走的都是渐进式开放路径，即从部分行业和局部地区开始，逐步将开放的成功经验复制到全国和全行业，进而实现产业上下游和区域内外开放的联动。

（一）从制造业向其他行业扩大开放

以劳动力密集型产业为突破口，中国打开了联系国内市场和世界市场的通道，参与国际贸易并吸收大量国外投资。制度型开放可以提升贸易竞争优势，尤其是贸易创新竞争优势，增强制度依赖型或制度密集型复杂技术产品在国际贸易中的竞争优势，推动产业向全球产业链高端攀升，进而推进贸易结构升级。②

---

① 常娱，钱学锋. 制度型开放的内涵、现状与路径［J］. 世界经济研究，2022（5）：92-101+137.
② 胡再勇. 制度型开放与中国对外经济关系重构［J］. 外交评论（外交学院学报），2023，40（5）：1-18+165-166.

2012~2022 年，中国高新技术产品进出口平稳增长，年均增长率为 6.17%。部分新能源产品、高附加值产品，如电动载人汽车、太阳能电池、锂电池出口增长迅猛，2020 年以来年均增长率分别达到 170.2%、50.1% 和 76.3%，引领中国贸易结构持续优化升级。[①]

制度型开放也将在制度规则层面进一步推进投资、金融等方面的体系建设，建立健全双向投资管理体系、现代金融治理体系，打造一流营商环境、开放创新生态，建立高水平国际贸易体系，构建能够适应内外环境新变化的更高水平的开放型经济新体制。

在电子商务、跨境电商、移动支付、新型基础设施、共享经济等新兴领域，中国也具有相对发展优势，存在良好发展势头。我国不断借助规则、规制、管理和标准的双边和多边谈判与互认，以申请加入 DEPA 和 CPTPP 为契机，促进这些新兴领域国内制度和国际制度的对接融合；不断基于新兴领域制度开放和改革经验提出国际制度规则领域的中国倡议、主张和方案，把握新兴领域高水平制度型开放的主动权。

（二）从自由贸易试验区向其他区域扩大

改革开放初期，沿海经济特区承接了发达国家的产业转移，参与全球产业分工，形成了以"三来一补""两头在外"为主要特征的出口导向型经济，带来了20 世纪八九十年代经济特区和沿海开放城市的迅速发展。随着经济特区和沿海城市的发展，中国继续扩大对外开放，将开放区域拓展到全国，兴建了各种工业园区，推动了地方生产要素的流动，各种要素不断向制造业集中，不同县域不断汇聚优势，形成了具有不同产业集群的地方经济。[②]

自由贸易试验区和海南自由贸易港以制度型开放为建设重点，推进高水平对外开放和经济全球化发展，"先行先试"反映了国际生产方式变革需求的贸易投资新规则。2023 年 6 月 29 日，国务院印发《关于在有条件的自由贸易试验区和自由贸易港试点对接国际高标准推进制度型开放的若干措施》，包括推动货物贸易创新发展、推进服务贸易自由便利、便利商务人员临时入境、促进数字贸易健康发展、加大优化营商环境力度、健全完善风险防控制度 6 个方面 33 条内容，

---

① 数据来自中华人民共和国海关总署统计月报。
② 刘彬. 中国参与全球经济治理视阈下的制度型开放 [J]. 国际经贸探索，2023，39（11）：99-112.

其中很多条款已经接近 CPTPP 等高标准国际经贸协定的经贸规则要求。①

　　在对外发展逐步加快的进程中，自由贸易试验区（港）的联动不断强化，在具体制度、规则上对接国际通行规则，成为中国参与全球经济的压力试验区，进而为国家应对开放风险提供经验。制度型开放也在制度层面进一步破除障碍，利用中国特色社会主义市场经济体制的完善和自由贸易试验区的开放经验，中西部地区实现了从理念到政策的转变。自 2013 年在上海建立首个自由贸易试验区以来，中国已陆续建立了 21 个自贸试验区和海南自由贸易港，全方位对外开放新格局基本形成。自由贸易试验区"以点带面"的进步趋势将进一步促进国内市场制度和国际通行规则对接，推动将对标高标准国际经贸规则的外部压力转化为国内市场深化改革的动力，更大程度上为市场"松绑"，规范行政监管，构建与高水平开放相衔接的制度体系和监管模式，推进社会主义市场经济体制的改革和完善。在统筹开放与安全的基础上，制度型开放将积极推进国内规则国际化进程，为国家更好地融入世界市场、参与全球经济治理提供良好的国内制度基础，为中国逐渐提高在国际治理体系中的话语权提供制度保障。

第二节　知识产权与制度型开放的关系

一、知识产权与技术创新

（一）保护知识产权就是保护创新

　　技术创新是推动高新技术行业发展的首要驱动力，也是保证技术企业能长期可持续发展的核心因素。知识产权制度为企业进行技术创新活动提供了必要的法律保障，是行业公平竞争与合作交流的重要纽带。各行业由于行业性质不同，对技术的依赖程度和所需的研发投入也不相同，由此可以划分为技术密集度高的行业与技术密集度低的行业。技术密集度高的行业通常指在生产或服务过程中高度依赖技术创新和技术投入的行业，如电子计算机、航天工业、生物技术等行业。

---

① 胡再勇．制度型开放与中国对外经济关系重构［J］．外交评论（外交学院学报），2023，40（5）：1-18+165-166.

这些行业往往需要大量技术研发和设备投入，不断引进、研发和应用新技术，初始投资较高且市场竞争激烈，需要不断研发新技术、新产品，以满足市场的多样化需求，因此在研发成功一项新技术后，便需要完善的知识产权制度的保护。相反，技术密集度低的行业在生产或服务过程中对技术的依赖程度较低。这些行业往往更多地依赖于基本的劳动技能、简单设备，而非高端技术或复杂的生产流程，如零售业、餐饮业、纺织业等，这类行业市场的技术创新活动并不活跃。因此，与技术密集度高的行业相比，技术密集度低的行业往往不太关注国家知识产权政策的动态变化。

行业的技术密集度不同，加强知识产权保护对该行业的技术创新活动的贡献也不同。相较于技术密集度高的行业，技术密集度低的行业对知识产权保护并不敏感，加强知识产权保护，对其技术创新的激励作用非常有限，但随着该行业技术密集度的增加，这种促进效应则会逐渐凸显。技术密度高的行业对知识产权政策的变化较为敏感，并且随着知识产权保护程度的提高，创新成功的企业便能够享受更多的收益。在市场竞争越强、技术创新活动越激烈的情境下，高新企业便越希望通过技术创新来获得知识产权的专有性保护，进而从众多竞争者中脱颖而出。与此同时，市场的优胜劣汰机制促使行业整体的技术水平得到进一步提升。

(二) 知识产权保护的强度

1. 三种不同观点

国家的知识产权政策对企业开展技术创新活动至关重要。在开放经济的背景下，发达国家往往采用严格的知识产权保护政策，以维持其在高新技术领域的领先地位。但发展中国家是否也应采纳强知识产权保护政策呢？对此问题，国内外学者存在争议，大致形成如下三种观点：

第一种观点认为，在开放经济背景下，加强知识产权保护有利于发展中国家自主创新能力的培育。因为如果发达国家认为自己的技术创新没有得到有效保护，必然会进行保护性研发，甚至拒绝进入弱知识产权保护的发展中国家，[①] 从而进一步加剧技术差距。第二种观点认为，加强知识产权保护只会提高发展中国家模仿的成本，进而导致技术进步率下降。相反，采取宽松的知识产权保护政策，有利于发展中国家企业模仿发达国家的先进技术，缩小技术差距。[②] 第三种

---

① Yang G., Maskus K. E. Intellectual property rights, licensing and innovation in an endogenous product-cyclemodel [J]. Journal of International Economics, 2001 (53): 169-187.

② 邹薇. 知识产权保护的经济学分析 [J]. 世界经济, 2002 (2): 3-11.

观点认为，知识产权保护与技术进步之间并非简单的线性关系，而是呈现为倒"U"形，[①] 该观点认为，加强知识产权保护有助于技术创新，但知识产权保护强度的增加也会造成企业的创新惰性，产生负面的替代效应。

2. 知识产权保护强度

发展中国家采取知识产权保护时应考虑行业内国家间以及国内企业间的技术水平差异。一个企业获取新技术的方式主要有两种：内部创新与外部模仿。在技术发展的早期阶段，后发国家企业主要通过模仿国外先进技术进行技术革新，这些国家也大多采取宽松的知识产权保护政策。但随着技术的发展，后发国家的企业已积累了向全球产业链高端迈进的技术和经验，模仿他人技术已无法对资本回报率产生显著的促进作用，须通过自主创新向技术前沿靠拢。[②] 弱知识产权保护制度难以维持研发企业的创新热情，高额的研发投入使自主创新企业的生产成本远高于模仿企业，难以获得相应的知识产权资本回报，易陷入"创新找死"的境地。[③] 此时，加大知识产权保护力度，一方面可以激励企业增加研发投入以获取竞争优势，另一方面有助于促进知识产权的转化运用以获得更多的经济收益。但在国际层面，与发达国家相比，发展中国家的技术创新能力仍较为薄弱。为保持技术垄断，发达国家通过要求发展中国家加强知识产权保护以达到在技术创新方面对发展中国家围追堵截的目的，因此，发展中国家在与高标准知识产权规则对接的过程中，应结合国家的实际发展水平进行取舍。

对于处于转型期的发展中国家来说，短期内较低的知识产权保护程度有利于国家经济增长，但就长期而言，当国家经济发展到特定水平后，更强的保护才能有助于经济增长。[④] 随着模仿创新的红利消失，有必要加强对知识产权的保护以提升企业自主创新的意愿，虽然这会导致短期内技术购买费用和模仿成本的大幅提升、降低企业利润，但从长远发展角度来看，在开放环境中加强知识产权保护，对国家整体技术创新能力的正面作用会超过负面作用，进而激励国内研发企

---

① 苏丽娟，马朝霞. 知识产权保护对技术进步的影响研究 [J]. 技术与创新管理，2022，43（4）：408-416.

② 杨君，肖明月，蒋墨冰. 知识产权保护、技术创新与中国的资本回报率 [J]. 科研管理，2023，44（2）：137-145.

③ 魏江，李拓宇. 知识产权保护与集群企业知识资产的治理机制 [J]. 中国工业经济，2018（5）：157-174.

④ 董雪兵，朱慧，康继军，等. 转型期知识产权保护制度的增长效应研究 [J]. 经济研究，2012，47（8）：4-17.

业投入更多的费用进行技术创新，提高行业技术质量。

二、知识产权与国际贸易

（一）知识产权规则的国际一体化趋势

随着知识产权强国战略的实施，中国不断强化知识产权国际合作，知识产权贸易规模持续扩大，已成为继美国、荷兰、日本、德国后的全球第五大知识产权贸易经济体。知识产权贸易总额从 2002 年的 32 亿美元增长至 2022 年的 578 亿美元，年均增速约为 15.5%，[①] 体现了中国知识产权贸易发展的强劲势头。知识产权进口贸易有利于我国吸收国外的最新科技创新成果，推进国内产业结构升级，实现经济高质量发展；知识产权出口贸易有助于提高我国知识产权收益，促进知识产权的成果商业转化。2002～2022 年，我国知识产权贸易进口规模从 31 亿美元扩大至 445 亿美元，同期知识产权的出口规模年均增速达 22.7%。[②] 2023 年，知识产权使用费贸易总额为 537 亿美元，其中，出口 110 亿美元，较 2019 年增长近七成。在信息技术领域，知识产权费用收入较 2019 年增长 32%；同时国产新能源汽车带动汽车行业知识产权成果输出转化，汽车行业知识产权贸易逆差同比缩小 13%。[③] 我国作为快速崛起的新兴经济体，在发展阶段需要不断引进国外先进技术和知识产权，在学习国外先进技术的同时我国自主研发和创新能力也在不断增强，实现"进口输入"与"对外输出"的双向互动，推动我国知识产权国际竞争力的稳步提升。但总体而言，我国产业升级、科技创新能力的培育仍离不开外国先进技术和知识产权的引进，因此，我国未来一段时间仍会保持较大规模的知识产权进口。

由以上数据可见，知识产权在国际贸易中扮演着核心角色，其重要性随着经济全球化和知识经济的深入发展而日益凸显，它不仅影响着一国在国际分工和国际贸易中的地位，还代表着一国在国际市场中的竞争优势，因此，在国际经贸规则制定的过程中知识产权往往是各国谈判的重点与难点。

当前，知识产权国际治理体系主要由世界贸易组织（WTO）下的《与贸易有关的知识产权协定》（TRIPs 协定）以及世界知识产权组织（WIPO）管理下的重要国际公约构建而成。TRIPs 协定旨在解决与知识产权相关的贸易争端、促进全球知识贸易的往来，为成员国提供了一个关于知识产权保护和实施的最低标

---

①②③　数据来自国家外汇管理局网站。

准。世界知识产权组织（WIPO）则是一个国际组织，主要负责管理各种与知识产权相关的国际公约，如《保护工业产权巴黎公约》（以下简称《巴黎公约》）、《保护文字和艺术作品伯尔尼公约》（以下简称《伯尔尼公约》）、《制止商品来源虚假或欺骗性标记马德里协定》等。两者虽然都有着保护知识产权的共同目标，但 TRIPs 协定侧重于将知识产权保护纳入国际贸易的框架，而 WIPO 更专注于发展兼顾各国利益的有效国际标准，让知识产权惠及每个人。然而，近些年知识产权规则伴随着各国经贸协定呈现区域化趋势。发达国家在与他国进行贸易谈判的过程中，往往绕过现有 TRIPs 协定，另起炉灶。它们以本国知识产权保护水平高于现有国际通行标准为由，在制定区域经贸协定时提出高于现有 TRIPs 保护义务的知识产权条款，亦被称为"TRIPs-plus"条款。这些条款往往强化了对传统的知识产权保护，增加保护的客体范围、延长保护期限、加大知识产权执法力度和惩罚措施、削减 TRIPs 弹性条款等，这些条款虽然被称为"超 TRIPs 标准"条款，但与 TRIPs 没有正式关系，仅是表明这些条款要求已经超出了 TRIPs 规定的知识产权保护最低义务。①

与此同时，发展中国家近几年在参与制定区域知识产权规则中也越发活跃。1986 年乌拉圭回合谈判，发展中国家起初并不愿意参与有关知识产权的谈判，但双方还是经历多次博弈、持续让步，最终 TRIPs 协定正式生效。在 ACTA 协定的谈判中，发展中国家也对其超过 TRIPs 协定的高标准表达了强烈的抗议与不满。然而，近些年发展中国家开始主动参与区域协定中关于知识产权规则的制定，从"被动接受"转向"主动对接"。《区域全面经济伙伴关系协定》（RCEP）成员间经济体制、发展水平相差巨大。相较于 TRIPs 协定，RCEP 以专节的方式规定了诸如遗传资源、传统知识和民间文学艺术保护以及数字环境下的执法等反映时代发展背景的相关内容，也对过渡期和技术援助等方面进行了细致规定，在兼顾各国不同发展水平的同时，体现了成员间更加紧密的合作与更大程度的包容。此外，中国主动申请加入《全面与进步跨太平洋伙伴关系协定》（CPTPP），侧面反映出主动对接高标准知识产权规则符合我国发展的需要。因此，基于目前的国际形势来看，全球知识产权保护水平提升乃大势所趋。

（二）知识产权贸易壁垒

知识产权保护对于提高产品附加值、增强国际竞争力以及维护国际贸易秩序

① 杨健. 中美贸易战视阈下知识产权保护"超 TRIPS 标准"发展趋势探究［J］. 北方法学，2019，13（6）：94-106.

有着重要意义。然而部分发达国家为维持其在国际贸易中的优势地位，利用知识产权保护设置贸易壁垒，实行贸易保护主义。

发达国家普遍将知识产权保护作为市场准入的一个基本条件，使之逐步成为国际贸易规则，深刻影响着一些正在快速发展的新兴工业化国家。部分发达国家甚至凭借其科技优势地位，极力维持知识产权在国际贸易中的权重，极力推动建立统一的国际知识产权保护制度，意图维持对其有利的知识产权贸易秩序，维护其在科技创新领域的优势地位，并获得知识产权贸易的超额利润。而对一些发展中国家而言，它们是世界知识产权交易中的主要购买方，因国家自身技术发展的需要，不得不通过支付高昂的知识产权进口费来引进国外的先进技术。当然，对于他国正当的受知识产权保护的贸易商品或服务，我们应尊重其知识产权权利人的合法权益，并积极地采取有效手段保护其合法权利。对于他国借知识产权保护之名，行贸易保护之实而设置贸易壁垒，甚至进行贸易报复的行为，应坚决予以回击与抵制。①

三、知识产权在制度型开放中的地位

（一）我国知识产权制度现状

中国与知识产权相关的制度建设正不断更新、完善、细化。《中华人民共和国著作权法》（以下简称《著作权法》）于 2020 年经历第三次修正。同年，《中华人民共和国专利法》（以下简称《专利法》）经历第四次修正。《中华人民共和国专利法实施细则》于 2023 年进行第三次修订。《中华人民共和国商标法》（以下简称《商标法》）于 2019 年进行第四次修正。此外，知识产权中新型的前沿问题，如人工智能生成物是否应受版权保护、药品实验数据保护制度以及互联网环境下的知识产权保护等问题引起了热烈讨论，特别是国家目前对数字贸易、数据安全与流动的平衡问题给予了高度重视。我国知识产权制度正在稳步发展建设中，但仍与发达国家存在着一定的差距，这是我国制度型开放过程中的短板弱项之一。从内部来看，知识产权保护水平受限于本国的发展阶段，换言之，一国制定的知识产权政策应与其所处的发展阶段相适应，过高的保护标准并不利于发展中国家的发展。从外部来看，目前发达国家掌握着知识产权国际制度的话语权，其过分强调加强知识产权保护，很大一部分原因是为了维护自身利益，试图将其国内高标准制度在全球范围内推广，以维护本国相关集团在世界知识产权领域的领先地位与经济优势。因此，必

---

① 单晓光. 中美贸易战中的知识产权问题分析 [J]. 人民论坛·学术前沿, 2018 (17): 18-26.

须重视我国知识产权制度型开放中可能会面临的风险，树立风险防范意识，避免因为盲目的制度开放对国家安全和利益造成不利影响。

（二）知识产权在制度型开放中的重要地位

制度型开放是高水平、深层次的对外开放，也是我国在全球经贸体系重构背景下塑造国际竞争新优势、深化国内体制改革的战略抉择，体现了中国进一步开放市场和参与全球贸易规则制定的积极性和主动性，反映了中国政府推动形成全面开放新格局的意愿。制度型开放强调从传统的商品、要素、服务等的流动型开放转向规则、规制、管理、标准等制度的开放，不仅要求中国加快与国际通行规则或先进标准的衔接，更要求中国从过去的被动接受转向主动参与国际经贸规则的制定和完善。

知识产权法律规则被视为国际经贸领域的制度基础，加强知识产权保护是我国高水平对外开放的重要举措之一。随着国际贸易的不断发展，版权许可、技术转让和商标许可使用等与知识产权方面相关的产品或服务在国际贸易中的占比越来越大，知识产权规则便逐渐与各类贸易协定挂钩，与一国的经济利益甚至国家整体利益紧密相连，各国间签订自由贸易协定成为各国加强知识产权国际保护的重要手段。TRIPs 协定是现行国际贸易中知识产权保护的基础，同时也是世界贸易组织成员方应遵循的知识产权保护的最低标准。但发达国家出于对本国利益的考量，在与他国签订自由贸易协定时往往会加入高于 TRIPs 保护义务的条款，形成更高标准的知识产权国际规则，如《全面与进步跨太平洋伙伴关系协定》（CPTPP）、《美墨加协定》（USMCA）等。CPTPP，其前身是由美国主导的 TPP。2017 年 1 月，美国总统特朗普宣布退出 TPP 之后，日本成为推进 CPTPP 签署、生效的主导国家，目前共有 11 个成员国，除日本之外还包括澳大利亚、文莱、加拿大、智利、马来西亚、墨西哥、新西兰、秘鲁、新加坡、越南。目前，中国已申请加入 CPTPP，该协定下的知识产权章节是中国正努力对接的高标准知识产权国际规则。相较于 TPP 协定，USMCA 更代表了"美国优先"原则和"美式规则"的高要求，其知识产权保护程度更甚于 CPTPP。但总体来说，它们都代表着当下知识产权保护内容最丰富、保护水平最高的国际规则。我们在质疑其中一些不合理条款的同时，也要看到其中值得我们主动引入并内化的条款，尤其是CPTPP，它在一定程度上体现了发达国家和部分发展中国家的共同立场，一方面代表了发达经济体对知识产权高水平保护的诉求，另一方面引领了发展中经济体对接知识产权国际规则的方向，帮助其融入全球化治理体系。此外，该协定在知识产权保护、数字贸易、透明度等领域的一些规则也充分体现了发挥市场在资源配置中的决定性作用的理念，对完善我国相关领域的法律具有一定的借鉴价值。

中国知识产权制度的建立和完善伴随着经济改革和对外开放的进程，在制度型开放过程中可以不断吸收他国适宜的法律以完善本国法律法规和执法标准，积极优化国内知识产权保护的法律环境，提升中国知识产权软实力。同时，通过加强国际知识产权制度的沟通与交流，也有助于推动全球知识产权体系的更新与完善，起到国际国内法律制度相互促进的双向作用。制度型开放要求营造良好的营商环境，包括公平、透明、可预期的法律法规和政策环境。加强知识产权保护是其中不可或缺的一部分，知识产权制度旨在保护创新、创作者的智力劳动成果，保障企业或个人的合法权益，维护市场公平竞争秩序，激发市场的创新活力，推动行业的技术进步。通过制度的对接与公开，有助于营造良好的知识产权市场竞争秩序，进而吸引大量国外高新企业和科技人才的进入，促进国与国之间的文化、艺术、科技领域的交流与合作。盘活企业的市场竞争机制，推动我国相关产业进行转型升级，促进行业经济的高质量发展。中国政府主动对接国际高标准知识产权规则的态度，不仅体现对本国和他国知识产权人知识价值和创新成果保护的重视，也展现了中国在促进知识产权规则透明化、营造良好营商环境和在"逆全球化"浪潮中坚持对外开放的态度。

（三）如何加强知识产权制度型开放

加强知识产权保护是我国推进制度型开放、促进经济高质量发展的必然要求。相应地，制度型开放是实现知识产权强国目标的必然路径。我们应加强知识产权领域规则的制度型开放，为此提出如下几点建议：

第一，加快知识产权规则的国际对接，积极参与知识产权全球治理体系。与国际高标准对接要求我们继续完善国家知识产权制度，如强化传统知识产权保护、扩展知识产权保护内容、增设知识产权保护类别、规定严格的执法程序和法律责任等。在我国知识产权规则与国际通行标准对接的过程中，应具有"主导"规则的意识，从国家整体利益出发，积极主动地对接合理的先进通行标准，选出适合我国国情且行之有效的部分加以引入应用，发展并丰富我国知识产权法律体系，通过知识产权制度的衔接以促进贸易规则的全球化发展，实现国际规则"国内化"与国内规则"国际化"的统一。[①] 此外，也要警惕代表知识产权霸权主义

---

① 裴长洪，倪江飞. 我国制度型开放与自由贸易试验区（港）实践创新 [J]. 国际贸易问题，2024（3）：1-14.

的条款，联合并团结发展中国家，积极主动地针对霸权条款提出改进建议，寻求发达国家与发展中国家双方利益的平衡。

第二，构建知识产权国际合作交流平台，建立知识产权维权和争端解决机制。借助《区域全面经济伙伴关系协定》（RCEP）等，打造知识产权国际合作平台，促进国家间知识产权制度和文化的交流与融合。巩固与传统合作伙伴的关系，加强与拥有共同利益诉求的盟友的合作。同时也要重视和维护 WTO、WIPO 等多边国际组织平台的作用，积极表达发展中国家的利益诉求，提升发展中国家在国际组织中的话语权。发展中国家还需加强与发达国家的沟通与交流，以对话代替摩擦，实施兼顾发达国家与发展中国家共同诉求的知识产权政策，营造有利于经济发展与技术创新的环境。知识产权保护程度较低的国家应尊重国际知识产权保护水平正在不断提高的发展趋势，积极完善本国知识产权保护规则。此外，各国法律制度不同，面对国际知识产权争端需要全面了解当地相关的法律法规，建立知识产权维权和争端解决机制，为解决纠纷提供一条更为高效、成本更低的途径。

第三，促进政府、企业以及社会组织之间的交流合作，注重理论与实践的联系。知识产权国际贸易的谈判具有高度专业性和行业敏感性，应当调动社会中的专业力量参与到对外贸易的谈判中，实地考察倾听企业在进出口贸易中常碰到的知识产权规范问题，关注企业在对外贸易中的利益诉求。充分发挥知识产权服务行业协会的桥梁作用，使其成为企业和社会其他各界的有效沟通平台，帮助企业做好知识产权海外战略部署，加强知识产权预警监控，完善知识产权贸易谈判的应对机制。此外，注重促进创新成果的应用和转化，盘活高校和科研机构的存量专利，引导高校、科研机构在科研活动中精准对接市场需求，积极与企业联合互动，形成以重点产业领域的企业为主体，协同各类重大创新平台的创新联合体，增强中国知识产权在国际上的竞争力，促进知识产权经济的增长。

第三节　知识产权在制度型开放中的宏观设计

前文论述了知识产权与制度型开放的关系，并分层阐释了两者的相关性，本节内容则展开论述制度型开放中知识产权规则的具体问题，以及在制度型开放之下知识产权开放与知识产权安全的界限与平衡。

一、制度型开放中的知识产权规则

（一）规则之体现

随着制度型开放的持续推进，原有基础上的对外开放，从边境开放逐步向"边境后"领域开放延伸。在这一语境下，知识产权规则是不可或缺的重要一环。制度型开放为国家发展提供指引，知识产权则是国家发展的重要动力。

1. 从官方会议文件来看

国务院 2023 年 9 号文（《国务院印发关于在有条件的自由贸易试验区和自由贸易港试点对接国际高标准推进制度型开放的若干措施的通知》）全文共计 33 项内容，涉及知识产权的内容有 5 项，涵盖数据、专利、知识产权救济、商业欺诈与不正当竞争等方面。国务院 2023 年 23 号文（《国务院关于印发〈全面对接国际高标准经贸规则推进中国（上海）自由贸易试验区高水平制度型开放总体方案〉的通知》）全文共计 80 项内容，涉及知识产权的内容有 23 项，涵盖数字贸易、商标和地理标记、专利、知识产权保护等方面。国务院办公厅 2024 年 9 号文（《国务院办公厅关于印发〈扎实推进高水平对外开放更大力度吸引和利用外资行动方案〉的通知》）全文共计 24 项内容，涉及知识产权的内容有 4 项，涵盖数据、知识产权保护等方面。当然，规则之体现并不局限于上述文件，还可从政策与制度中得以洞察。

2. 从部门法律规范来看

我国知识产权立法的完善与进步一方面被认为是出于理论和实践之迫切需求，另一方面也可以被视为制度型开放有序推进、对接国际高标准的必然选择。

以专利法为例，我国的专利法（2020 年修正）中新增外观设计的国内优先权，是为了适应加入 PCT 条约（《专利合作条约》）；外观设计的保护期限从原先的 10 年调整至 15 年，则是为我国后续加入《工业品外观设计国际注册海牙协定》做铺垫。

以商标法为例，我国的商标法修订草案征求意见稿与 RCEP 也存在一定程度的联系。征求意见稿中第四条对于商标构成要素的规定由现行《商标法》第八条的"……声音等，以及上述要素的组合……"修改为"……声音或者其他要素，以及上述要素的组合……"，正是为了与 RCEP 第十一章第十九条"缔约方不得将标记可被视觉感知作为一项注册条件，也不得仅因该标记由声音组成而拒绝商标注册"规定相契合。

以著作权法为例，我国的著作权法（2020 年修正）将原权利限制部分合理使用的第 12 项条文修改为"以阅读障碍者能够感知的无障碍方式向其提供已经发表的作品"，实则是为我国批准加入《马拉喀什条约》做好法律准备；为与《世界知识产权组织表演和录音制品条约》相协调，在与著作权有关的权利中为表演者设置出租权。此外，在权利保护部分，《中华人民共和国政府和美利坚合众国政府经济贸易协议》对修法也起到了一定的推动作用。

3. 从知识产权保护来看

知识产权保护是知识产权规则的深刻体现，从保护客体、范围、期限及方式等方面，我们能直观看到规则之变化。

（1）知识产权保护范围扩张。就知识产权保护客体的内涵而言，因技术之发展，计算机软件、源代码、商业方法等内容相继为知识产权保护范围所涵盖；就知识产权保护客体的类型而言，未披露试验数据、网络域名、数据库等也对知识产权保护提出要求。[①]

（2）知识产权保护力度增强。就专利法而言，新增惩罚性赔偿制度，提高法定侵权赔偿额；就商标法而言，打击商标恶意注册，健全配套惩罚机制；就著作权法而言，同意确立惩罚性赔偿制度，对法定赔偿额的下限进行明确。此外，我国刑法对知识产权犯罪也有所规定，侵犯知识产权的责任不限于民事责任范畴；《中国知识产权保护状况白皮书》对外公布我国知识产权保护实际情况，展示了我国知识产权保护水平的不断提升。

（3）知识产权执法水平提升。从政府部门来看，2023 年 12 月，国家知识产权局发布第三批知识产权行政保护指导案例，为各地知识产权行政执法机关在办理类似案件时提供参照。从执法行动来看，各地知识产权局均加大对知识产权侵权行为的打击力度，包括开展专项行动，重点打击侵犯知识产权的违法行为，对制售假冒伪劣商品的行为进行严厉打击。以浙江省知识产权局为例，其在2023 年全国知识产权行政保护绩效考核、专利执法办案数量方面均居全国第一。

4. 从国际合作领域来看

知识产权规则在制度型开放中的体现，也可通过对国际合作或区域交流等的观察得以推断。在百年未有之大变局、"逆全球化"浪潮、贸易增速下降等国际

[①] 李大伟，等. 制度型开放问题研究 [M]. 北京：中国言实出版社，2023.

背景之下，制度型开放的提出与推行对我国提升开放水平、推进经济高质量发展具有重要意义。国家间或区域间的经济文化等方面的交流、创新成果的跨国流动是必然趋势与现象。为了保障创新者的权益，促进创新活动的持续开展，各国与各区域均增强知识产权意识，相继加强知识产权法律法规的建设，明确知识产权的归属、使用、转让等规则，为创新成果提供有力的法律保障。当然，国际社会还通过加强知识产权培训和宣传，提高全社会对知识产权的认识和尊重程度，为创新活动营造良好的社会氛围。

在物联网、人工智能、大数据等技术不断发展的背景之下，知识产权在国际合作领域中越发成为各方的重点关注对象。在国际交流与经贸发展中，知识产权往往发挥着至关重要的作用。TRIPs 协定、《巴黎公约》以及《伯尔尼公约》等国际公约，共同构筑了国际知识产权体系，其中又以 TRIPs 协定为重要保护基础。然而，以美国为代表的发达国家在知识产权保护中逐渐倾向于抛弃 TRIPs 协定建立新的更高程度的保护协议。[①] 近年来，随着技术的迭代发展，各国知识产权保护水平进一步提升。以美国为首的发达国家和地区在自由贸易协定中对于知识产权部分的保护逐步提高，有学者将这种超过 TRIPs 协定的保护模式称为"TRIPs—plus"模式。以 CPTPP、TPP、RCEP、USMCA 等协议为例，知识产权部分内容往往独立成章，篇幅内容占比较大。USMCA 更是美国特色的"TRIPs—plus"保护模式的代表。以上列举并未穷尽，但足见知识产权是各国和区域在国际合作交流领域中的必争板块。

（二）问题及挑战

然而，在制度型开放中，知识产权规则的对接与开放并非易事。在知识产权领域我们至少应当对包括制度基础的差异性与制度落实的调适性在内的两个层面内容进行思考。

1. 制度基础的差异性——规则未必适用

制度基础之差异，是导致规则未必适用的重要原因。制度构建之基础受到时间与空间两重维度的影响，不同时间、不同地域的法律制度不可一概而论。各国在历史发展、经济基础、文化背景、政治因素等方面具有区别，在法律制度的构建方面不可避免地存在一定的差异性，若生搬硬套地开放必然引发诸多风险，在

---

① 马忠法，李依琳. 后 TRIPS 协议时代美国知识产权国际保护诉求之变及其影响 [J]. 河北法学，2020，38（8）：48-61.

知识产权法律体系中也是如此。

上述诸多因素的差异，可综合归纳为以下几类：一是法律基础，即因法律体系之差异使规则无法适用；二是历史基础，即因历史原因，涵盖经济、政治、文化和社会等多重层面的差异性，而无法对规则进行适用。我们需要对不同区域间制度基础的差异性进行理性分析与综合考量，进而对"规则能否适用"进行判断。

2. 制度落实的调适性——规则如何适用

第一个层面侧重于对规则能否适用进行判断，第二个层面则侧重于对规则如何适用进行思考。对于规则如何适用的核心争议点即为规则的本土化调适。本土化的概念源于法律移植中的本土化，是指将域外国家或国际组织的法律经验与本国实际情况相结合，使之既体现法律移植精髓又符合本国国情。[①] 在制度型开放语境下的规则本土化，可参考前述理解。本土化调适是规则开放对接的必由之路，对制度基础的差异性有所判断后，还需经过本土化调适，如此规则方可最终落到实处。

因此，在制度型开放中，既要考虑规则的对接，又要兼顾规则的本土化；既要考虑规则适用的灵活性，又要兼顾规则落实的有效性。

在制度型开放中，知识产权规则的问题与挑战是需要审慎对待的议题。各国需要加强对知识产权的保护和激励，同时加强国际合作，共同推动全球知识产权保护体系的完善和发展。对于我国而言，应当持续关注知识产权保护的顶层设计，统筹推进专利法、商标法、著作权法等的修订与对接工作。

二、知识产权开放与安全及其界限

（一）知识产权开放

1. 开放的内涵

对于知识产权开放的现有理论研究较少，学术界目前尚未形成较为明确统一的概念界定。对于知识产权开放之基本内涵，我们可以从以下几个方面进行理解：

从诞生背景来看，知识产权开放以制度型开放为依托，是制度型开放的应有

---

① 邵彭兵，郭剑平．法律全球化背景下法律本土化之应对——兼论中国判例制度本土化［J］．社会科学家，2022（3）：122-129.

内容。从基本内容来看，知识产权开放以知识产权法律规范为基本内容，有可能包含政策等其他方面。从表现形式来看，知识产权开放通常表现为对国际高标准知识产权规则的学习和对接。从开放过程来看，知识产权开放须对国际高标准规则进行合理且严格的鉴别调试与整合。从现实目的来看，知识产权开放是为了完善知识产权体系的建设，推进知识产权领域的制度型开放，助力知识产权强国任务目标的实现。

基于前述几个维度的分析，我们认为，知识产权开放是指，为推进知识产权领域制度型开放，在合理鉴别、调试、整合后，对高标准国际知识产权规则的借鉴、吸收与适用。

2. 开放的正当性

知识产权开放有其内在的正当性基础，因而我们需要推崇提倡。

首先，知识产权开放的正当性在于其是知识产权强国战略的路径选择。

其次，知识产权开放是制度型开放的应有内涵。这两点前文已有论述，此处不再重复。

再次，知识产权开放有利于国内知识产权法律体系的完善发展，是实现良法善治、建设法治中国的内在前提。知识产权开放的核心内容之一便是对国内知识产权法律规则的完善。

最后，知识产权开放有利于吸引优秀的国外企业，从而带动国家经济发展与技术进步。以欧美为代表的部分知识产权强国所推行的"TRIPs-plus"保护模式，使投资主体及跨国企业的知识产权得到高标准保护。适度开放对接部分知识产权规则，一方面可以提升我国知识产权保护力度与标准，缩小与发达国家之间的差距；另一方面可以为引进企业与外资提供良好营商环境，提升我国经济竞争力，带动经济发展。此外，知识产权开放可在一定程度上淡化知识产权壁垒。

3. 开放的主要难点

在知识产权规则开放对接进程中，我国除了将持续面临诸多问题以外，开放中还有如下主要难点：

（1）缺乏知识产权规则对接示范文本，不同国家区域规则出现分化。[①] 首先，规则分化是主体的诉求不同导致的。对于欧美等知识产权强国而言，其认为原有以 TRIPs 协定为基础的知识产权保护体系的保护力度较弱，因而出现超

---

① 张一婷．对接国际高标准知识产权规则的思路与对策［J］．开放导报，2023（6）：84-90.

TRIPs 保护，即前文提及的"TRIPs-plus"模式。反观发展中国家则因自身发展情况不同，认为现有国际知识产权体系过于强调版权、专利及商标等，而忽视了对遗传资源、民间艺术等知识产权客体的保护。随着技术发展，除传统知识产权保护议题外，实验数据、数据库、网络域名等均对知识产权保护提出要求。因此，在当前复杂背景下，缺乏规则对接范本成为我们进行知识产权领域制度型开放的一大难点。

（2）警惕对接跨度过大造成的负面效果，把握知识产权开放尺度。不同的规则背后有其内在逻辑，代表了不同的利益诉求。以 CPTPP 为例，其代表了美式利益诉求，我国虽尚未加入，但已在为加入做必要准备。但其中仍有部分条款值得商讨，如第 18.63 条（版权和相关权）（a）款规定，保护期限不得少于作者生前加作者死亡后 70 年。从我国著作权保护现状及文化产业发展来看，若将保护期增至 70 年，那么虽对著作权的保护力度有所提升，但无疑会阻碍智力成果在公共领域的流通与再创作，不利于我国文化产业的交流与发展。知识产权开放要求我们对开放尺度与步伐进行严格把控。

（3）事前评估、事中落实与事后管控的全过程开放体系有待构建，各类风险防范能力亟待提升。

（二）知识产权安全

1. 安全的内涵

安全是一种与风险相对应的社会状态，从经验意义上看，所谓安全就是相关主体没有危险、不受内外部威胁以及其他任何危害性因素影响的状态。[1] 而知识产权安全的内涵至少应该包含如下两个层面：其一是私人领域，私权主体的知识产权没有风险、不被损坏，这是由知识产权本身的民事私权属性所决定的。其二是公共领域，社会生活中国家及组织对知识产权的确认保护及风险防范，这是由知识产权所具有的一定的公共政策属性决定的。结合知识产权的特性，可以将知识产权安全界定为，相关主体在知识产权范畴内的权利与义务没有受损、不受内外部威胁以及其他任何危害性因素影响的状态。此处的内部威胁包含本国知识产权制度构建等，外部威胁包含国际知识产权战略及知识产权霸权主义等。

2. 安全的重要性

可从以下角度理解知识产权安全及其重要性：

---

[1]　马维野. 国家安全·国家利益·新国家安全观［J］. 当代世界与社会主义，2001（6）：14-18.

（1）知识产权安全与国家安全。2014 年 4 月，习近平总书记提出"总体国家安全观"的概念并做系统论述，新形势下中国的总体国家安全观正式成为一个理论存在，文化安全、科技安全、信息安全、生态安全、核安全等非传统的国家安全与传统安全一起，共同构成了新的国家安全体系。[①] 然而，根据历史与现实的双重判断，知识产权安全现在已然成为国家安全的重要组成部分，属于非传统安全的内容。

知识产权安全与文化安全、科技安全、军事安全等有千丝万缕的关系。在文化安全方面，著作权法为文学领域的独创性智力成果提供保护；在科技安全方面，著作权法与专利法为科学领域的成果及新技术提供保护；在军事安全方面，部分技术事关国家"重器"，也需要知识产权法律体系为其保驾护航。此外，知识产权安全与经济安全也密不可分、相互影响。因此，有学者认为，知识产权安全是企业创新驱动的进攻性利器、国家发展的战略性资源、体现国际竞争力的核心要素，并成为国家安全体系中非传统安全的新形式之一。

（2）知识产权安全与国际投资。吸引国际投资的前提是给予投资主体良好的营商环境，知识产权安全则是投资主体的重要考量内容之一。企业知识产权得到高标准保护是知识产权安全的评价标准，其相关权益与企业生存、生产及发展不可分离。商标、专利、商业秘密等均是投资主体较为关注的重要领域。

在国务院 2023 年 23 号文件中知识产权相关内容占比较大，其重要程度不言自明。对于上海自贸区而言，该文件无疑推动了自贸区知识产权安全与保护，为国际投资的进入提供良好的营商环境。

（3）知识产权安全与经济发展。知识产权是民事私权的一种，具有财产权属性，权利主体可以通过权利的行使获取经济利益。

在私益范畴，知识产权安全是包括自然人、法人及非法人组织在内的权利主体得以有效行使其知识产权并实现其经济目的的前提。如果一个企业的专利、商业秘密不能处于相对安全的状态，可以被他人获取或侵害，其权利变现的诉求不能得到满足，那么私益范畴的经济利益就无法得到保护。知识产权安全除了在私益范畴的积极作用外，在公益范畴的作用也较为显著。其一，公益是多种私益的集合，对私益范畴的积极作用在一定程度上等同于对公益范畴的积极作用。其

---

① 刘鑫，毛昊. 知识产权国家安全治理：制度逻辑与体系建构 ［J］. 科学学研究，2022，40（12）：2246-2257.

二，知识产权安全与国家安全相互关联，其本身便是非传统安全的一类，对于国家经济发展而言具有重要意义。

一方面，知识产权保护能够为技术创新提供一定的激励机制，鼓励创新者投入时间、精力和资金进行创新研发，从而推动技术进步和产业升级。这对于提高国家的整体经济实力和国际竞争力具有重要意义。另一方面，知识产权保护也能够促进市场竞争的公平性，维护市场秩序。在知识产权得到有效保护的情况下，企业能够依靠自身的创新成果获得市场竞争优势，从而推动整个行业的健康发展。此外，知识产权安全还与经济结构调整密切相关。知识产权保护可以引导资源向知识密集型产业流动，推动经济结构的升级和转型。这有助于优化产业结构，提升产业竞争力，进一步推动经济的高质量发展。

3. 安全的风险分析

知识产权开放固然可以为我国法律体系完善与经济基础发展提供助力，但潜在的安全风险也应为大家所知悉。在现有国际知识产权保护体系以及自由贸易协定的助推下，国际社会对知识产权保护的力度与广度都得到了提升，但在国际交往与经贸发展中知识产权安全风险无处不在。

（三）开放与安全的界限及平衡

通过前文对开放与安全的多重论述，我们可以得出如下结论：在推动知识产权开放的同时，必须关注知识产权安全，以开放推动安全，以安全保障开放。

1. 界限

知识产权开放与安全的界限在何处？我们在界定两者时，需要综合考虑国家利益、创新需求、市场竞争等多方面因素。

对于知识产权开放而言，应以当前国际高标准知识产权规则为界限，不建议有较为超前的突破。在当前制度开放对接仍有空间之余，应以安全为底线、红线。

对于知识产权安全而言，我国应以国家安全为底线，以促进知识产权保护与发展为核心，以经济发展为中心，持续关注知识产权安全。对于以欧美为代表的贸易保护主义、霸权主义，我国应时刻保持谨慎态度，以适度的制度开放来主动提升制度自信，保障多主体知识产权安全。

2. 平衡

知识产权开放是我国现实需求，知识产权安全是必须坚守的底线。平衡两者是必然路径。一方面，要推动知识产权的适度开放；另一方面，也要注重知识产权安全保护，维护主体合法权益和良好市场秩序。

首先，针对法治建设，需要完善顶层设计，提升知识产权法治水平。其次，针对技术创新，需要积极发展前沿技术，助力知识产权强国战略。再次，针对国际交往，需要加强国际合作，推动知识产权国际合作，关注发展中国家诉求。最后，针对人才队伍，加强涉外人才培养，增强国际规则谈判能力，掌握国际规则话语权。推动构建开放、包容、普惠、平衡、共赢的知识产权国际保护体系。① 除此之外，针对知识产权开放，需要由相关部门负责建立健全专门的风险评估与管理体系。

总之，知识产权开放与安全相互关联、相互制约。在推动知识产权开放的同时，也要加强知识产权安全保护，实现知识产权的合理利用和有效保护，保障我国国家层面及个人层面知识产权安全，助力知识产权强国战略落实。

本章小结

当前"逆全球化"态势明显，国家间规则博弈日趋激烈，以美国为首的发达国家致力于构建符合其利益的国际经贸规则。我国坚持推进高水平对外开放，稳步推动规则、规制、管理、标准等制度型开放，这不仅能够应对竞争激烈的国际局势，也能够配合国内科技创新水平的提高，优化升级先进领域的制度规则，完善经贸规则体系，为我国高水平对外开放指明方向，促进高质量发展。我国坚持"点—轴—面"的渐进式开放路径，从部分行业和局部地区开始，逐步将开放的成功经验复制到全行业乃至全国。制度型开放将在要素分工的背景下，构建稳定的国内制度环境，巩固既有经济发展成果，推动我国突破要素流动阻碍，实现国内制度与国际通行规则相对接，强化国内经济与国际经济的联系，提高中国在全球经济治理体系中的话语权。

知识产权法律规则是国际经贸领域的制度基础，加强知识产权保护是我国高水平对外开放的重要举措之一。中国知识产权制度正处于稳步发展建设的过程中，但仍与国际知识产权通行规则之间存在一定的差距，推进知识产权制度建设

---

① 张一婷. 对接国际高标准知识产权规则的思路与对策［J］. 开放导报，2023（6）：84-90.

是我国制度型开放过程中的重要内容。当前市场竞争日趋激烈，我国国家经济与科技发展已达到一定水平，自主创新已成为引领经济发展的重要引擎，较强的知识产权保护政策能为企业专心创新、安心发展保驾护航。因此，保护知识产权就是保护技术创新，知识产权制度不仅将为创新者提供专有性保护，也将进一步促进行业整体技术水平的提升。在国际贸易中，知识产权规则逐渐与各类贸易协定挂钩，知识产权保护已成为市场准入的基本条件，知识产权规则的制定与协调成为各国贸易谈判的主要焦点。面对发达国家提出的所谓"高标准"知识产权保护规则，一方面，我们应理性接收并内化先进的规则条款；另一方面，也要考虑国家所处的发展阶段，警惕知识产权霸权条款。

推动知识产权领域制度型开放，不仅有利于中国知识产权法律体系的完善、拓宽知识产权保护范围、加大知识产权保护力度、提升知识产权执法水平，也有利于招商引资、吸引国外企业，推动国家经贸合作与交流。因此，在推动知识产权制度开放的过程中，应平衡好知识产权开放与安全的关系，保障知识产权的发展性、安全性与开放性，助力知识产权强国战略的实施。

第二章

商业标识与制度型开放

第一节 商业标识保护高标准国际规则的发展历程

一、国际条约中对商业标识保护的发展

（一）《巴黎公约》

《保护工业产权巴黎公约》（以下简称《巴黎公约》）是世界上最早签订的保护工业产权的国际条约。自 1883 年签订以来，经过多次修订和补充，已经成为国际知识产权保护体系中的重要组成部分，为全球商业标识保护提供了基本的法律框架和标准。《巴黎公约》第 4 条规定了成员国之间商标注册的优先权原则，[①] 申请人在一个成员国提交商标注册申请后，在一定期限内在其他成员国提交相同商标注册申请时，可以要求优先权。第 6 条是商业标识保护的集中体现。其中，第 6 条之一规定了商标注册条件及同一商标在不同国家所受保护的独立性，即在本联盟一个成员国内注册的商标应视为与在本联盟其他成员国内注册的商标是相互独立的。第 6 条之二明确了对未注册驰名商标的保护。第 6 条之三规定了国徽、官方检验印章和政府间组织徽记禁止作为商标注册和使用。第 6 条之

---

① 《巴黎公约》原文为："已在本联盟的一个成员国内正式提出申请专利、实用新型、工业品外观设计或商标注册的人，或其权利合法继受人，在本联盟其他成员国内提出申请，在下列规定的期限内享有优先权"。

四规定了商标的转让。第 6 条之五规定了在本联盟一个国家注册的商标在联盟其他国家所受的保护。第 6 条之六是服务标记的保护。第 6 条之七是代理人或代表人抢注的规定。

（二）《与贸易有关的知识产权协定》

《与贸易有关的知识产权协定》（以下简称 TRIPs 协定），是 WTO 框架下的重要国际协定，旨在规范各国在知识产权保护方面的行为，确保知识产权的充分、有效保护，并防止其成为国际贸易的障碍。

TRIPs 协定对商标权的保护做了专门的规定。在基本原则方面，TRIPS 协定在《巴黎公约》确立的"国民待遇原则""优先权原则"基础上增加了"最惠国待遇原则"。关于商标注册条件，TRIPs 协定第 15 条规定了可以作为商标注册的标志，即"任何能够将一企业的商品或服务与其他企业的商品或服务相区别的标志或标志的组合，均应能构成可注册的商标"。在此基础上，允许成员国将标志的视觉可感知性作为商标注册条件，即"成员国可以将视觉可感知性作为商标注册的条件，但不得仅因商标包含个人姓名、文字、字母、数字、图形要素或色彩组合，或是这些元素的组合而拒绝注册"。同时，TRIPs 协定明确商品商标的规定适用于服务商标。尽管 TRIPS 协定签订时声音、气味或全息图等非传统商标尚未出现或普遍应用，但其对商标的定义具有很强的包容性，能够适应不断发展的商标实践。第 16 条对驰名商标提供了"跨类"保护，即在不类似的商品或服务上，也应防止第三方的复制、模仿或翻译，特别是当这种使用可能导致混淆，或损害驰名商标注册人的利益时。第 22 条对地理标志提供了保护，要求成员国为地理标志提供法律保护，以防止误导公众或侵犯权利人的利益。

TRIPS 协定规定了详细的知识产权执法措施，包括民事程序、行政程序和刑事程序，以及临时措施、边境保护等救济措施。TRIPs 协定第 41 条规定，成员国应在立法中规定制止知识产权侵权行为的执法措施，确保权利人获得足够的赔偿，并保证执法程序公平公正，不妨碍正常的国际贸易秩序。针对蓄意以商业规模假冒商标等情形，成员国还需提供刑事程序的监禁、罚金等救济措施。

可见，TRIPs 协定对商业标识的保护范围和强度，远远超过了《巴黎公约》等工业产权条约，实现了国际知识产权保护体系的模式转变和保护水平的提高，标志着知识产权国际保护制度迈入了一个新的发展时期，在促进知识产权国际保护标准趋于统一方面发挥了重要作用。

（三）《商标法新加坡条约》

2006 年通过的《商标法新加坡条约》（STLT）是在原有的《商标法条约》（TLT）基础上修订和扩展而来的，适用于任何可以由具体缔约方法律规定注册的商标类型，包括传统商标以及非传统商标，如声音、全息图、动作和颜色组合商标，以及由嗅觉及听觉标志构成的商标。《商标法新加坡条约实施细则》详细列举了立体商标、全息图商标、动作商标、颜色商标、位置商标，以及含有非可视性标志的商标注册申请要求，如声音商标的表现物应当为五线谱乐谱，或者为构成该商标的声音的一份文字说明，或者为该声音的一段模拟格式或数字格式的录音，或者为上述各项的任何组合。[①]《商标法新加坡条约》旨在优化和简化国家和地区商标申请和维持商标注册方面的行政程序，确认了商标形式的多样化，扩大了商标保护范围，鼓励使用电子方式提交商标注册申请，以提高效率和降低成本，并进一步完善了商标使用许可制度。

二、自由贸易协定中商业标识保护制度的发展

（一）《跨太平洋伙伴关系协定》

2002 年，新西兰、智利和新加坡在墨西哥 APEC 峰会上就签署自由贸易协定举行了谈判，文莱 2005 年 4 月加入谈判，并最终签署《跨太平洋战略经济伙伴关系协定》。由于该协定的初始成员国为 4 个，故被称为"P4 协定"。2009 年，美国正式宣布将参与谈判，旨在打造一项具有先进水平、融合创新理念、覆盖广泛领域和地域的亚太区域综合性合作协定，并邀请澳大利亚、越南、秘鲁等国家一同加入，美国逐步开始全面主导《跨太平洋伙伴关系协定》（以下简称 TPP 协定）的谈判。2010 年，马来西亚加入谈判。2012 年，加拿大、墨西哥等国加入谈判。2013 年，日本加入谈判。2016 年 2 月 4 日，在新西兰奥克兰，美国、日本、澳大利亚等12 个参与国的代表共同签署了 TPP 协定。TPP 协定中的知识产权章节，旨在提供更高标准的保护。就商标保护而言，TPP 协定减少了商标注册条件的限制，增加了受商标法保护的客体。例如，要求各缔约方不得将视觉可感知性作为商标注册的条件，并尽可能将气味商标纳入可注册的范围；强调了对集体商标和证明商标的保护，并要求将可作为地理标志的标记纳入商标法的保护体系中，给予地理标志与商标同等的保护。TPP 协定填补 TRIPs 协定的空白，要求各缔约方提供基于《统一域

---

① 参见《商标法新加坡条约实施细则》细则三"关于申请的细则"。

名争议解决政策》的争端解决机制；禁止误导性使用国名使消费者误认商品原产地；规定商标的初始注册和每次续展的有效期不得低于10年；在TRIPs协定基础上进一步扩大对驰名商标的保护，对未注册驰名商标提供跨类保护；规定详细的知识产权执法措施，包括民事救济、临时措施和禁令、刑事救济等。

（二）《全面与进步跨太平洋伙伴关系协定》

2017年1月，美国宣布退出TPP协定。在日本的主导下，TPP协定剩余的11个国家于2018年3月8日签署了《全面与进步跨太平洋伙伴关系协定》（以下简称CPTPP协定）。CPTPP协定保留了原TPP协定的绝大部分内容，但搁置了部分条款，其中11项与知识产权有关。中国于2021年9月16日正式提出申请加入CPTPP协定，并表示将按照CPTPP协定的规则进行全面研究评估，梳理可能需要采取的改革举措和修改的法律法规。CPTPP协定设知识产权专章，在第18章C节对商标做出相关规定，包括商标注册条件、驰名商标保护、地理标志、域名等，完全保留了TPP协定的内容，将气味商标和声音商标强制性纳入保护范围，并取消了驰名商标认定中不合理的限制条件，将域名纳入知识产权保护的客体范围，并引入了相关争议解决规则。CPTPP协定保留了TPP协定中大部分知识产权执法措施，并适用于数字环境下的知识产权保护，尤其是对知识产权侵权加重了刑事处罚，扩大刑事责任的适用范围。与TRIPs协定不同，CPTPP协定要求成员国必须加入《商标国际注册马德里协定议定书》和《商标法新加坡条约》。[①]

（三）《区域全面经济伙伴关系协定》

《区域全面经济伙伴关系协定》（以下简称RCEP协定）由东盟国家在2012年提出，经过8年的磋商，于2020年11月15日成功签署。2021年4月15日，中国正式完成了RCEP协定的核准程序，标志着全球人口数量最多、成员结构最多元、发展潜力最巨大的自贸区正式成立。RCEP协定突出以"发展"和"平衡"为核心目标，集中体现发展中国家在全球经贸治理中的利益诉求，努力谋求区域内知识产权综合发展水平。无论是RCEP协定参与国的类型，还是协定达成的最终内容，都比CPTPP协定体现出更多的包容性、灵活性和发展性。[②]"从历史沿革的角度看，RCEP协定实质上是15个成员方在TRIPs协定的基础上进行的全面更新，RCEP协定的知识产权章节较好地平衡了亚太区域内各成员方之间不同的

---

① 邵思蒙. 国际知识产权规则变迁研究［D］. 长春：吉林大学，2022.
② 徐慧，朱志妍，孟雪凝. 我国知识产权对接CPTPP规则差距比较及改革举措研究［J］. 全球化，2023（3）：58-69.

经济发展水平和不同的知识产权保护制度，同时全面提升了本自贸区范围内的知识产权保护水平，在顾及各成员方社会公共利益的同时，也对知识产权人的相关权益进行了更高程度的保护。"① RCEP 协定也是目前中国已经加入的经贸协定中知识产权章节的内容最全面的规定。

RCEP 协定第 11 章第 3 节、第 4 节分别对商标及地理标志的保护作出了规定。RCEP 协定同样减少了对商标注册条件的限制，第 19 条将商标概念界定为"能够将企业的商品或服务与其他企业的商品或服务区分开来的任何标记或任何标记的组合"，明确规定"缔约方不得将标记可被视觉感知作为一项注册条件，也不能仅因该标记由声音组成而拒绝商标注册"，并且具体列举作为商标注册的要素"包括人名、字母、数字、图形元素、立体形状、颜色组合在内的标记以及此类标记的任何组合"。RCEP 协定对驰名商标、地理标志的保护也作出了规定，但未提及对网络域名的相关保护。相比 CPTPP 协定，RCEP 协定增加了"恶意商标"相关条款，首次在国际知识产权立法层面明确了打击商标恶意注册的规定，对维护公平竞争的市场秩序和商标注册秩序具有重要意义。协定第 27 条规定，"每一缔约方应当规定其主管机关有权驳回申请或注销注册根据其法律法规属于恶意的商标申请或商标注册"，并解释，"一缔约方的主管机关可以考虑该商标是否与他人的驰名商标相同或近似"作为判断"恶意商标"的标准。可见，RCEP 协定还为"恶意商标"的认定标准提供了一定的指引。

（四）《日本—欧盟经济伙伴关系协定》

2019 年正式生效的《日本—欧盟经济伙伴关系协定》（以下简称日欧 EPA 协定）第 14 章规定，双方根据《巴黎公约》和 TRIPs 协定第 1 部分要求推动相关知识产权保护，避免不公平竞争。双方相互承认相关商品及地理标志，其中包括日本神户牛肉、日本酒等 56 种商品，以及欧盟 200 多种农产品。相较于其他协定，日欧 EPA 协定规定了最为详尽的地理标志保护规则，即要求缔约方建立地理标志的注册和保护体系，对地理标志的注册、保护、使用、异议、撤销、与商标的关系及例外等做出具体安排，排除了 TRIPs 协定中的例外和豁免条款的适用，明确受保护的地理标志不得注册为商标。② 但是，日欧 EPA 协定中并未提及

---

① 王智慧，李青松. RCEP 背景下国际知识产权新规则评述及中国应对［J］. 中阿科技论坛（中英文），2022（6）：186-189.

② 褚童. 巨型自由贸易协定框架下国际知识产权规则分析及中国应对方案［J］. 国际经贸探索，2019，35（9）：80-95.

有关商标注册限制条件及域名保护的相关规定，对驰名商标的保护也只是在TRIPs 协定的范围内进行规定，并没有进行扩大保护。

（五）《中美第一阶段经贸协议》

2020 年签署的《中华人民共和国政府和美利坚合众国政府经济贸易协议》（以下简称《中美第一阶段经贸协议》）将知识产权放在首章，其中，第 6 节对地理标志保护进行了规定，具体涉及第 1.15 ~ 1.17 条的内容。关于地理标志的保护，主要规定了三个方面的内容：一是对中国签订地理标志相关国际协定的限制；二是关于通用名称的认定标准和地理标志构成通用名称的法律后果；三是关于复合名称地理标志的保护。《中美第一阶段经贸协议》要求国际协定对地理标志的保护不会影响进口到中国的产品对其在先商标和通用名称的使用，并要求给予他国对国际协定中列举的地理标志提出异议的机会。

在商标领域，《中美第一阶段经贸协议》第 1 章第 8 节规定了打击恶意商标注册条款，[①] 体现了中美在打击"恶意商标"方面的强烈需求，也已经成为国际社会的共同关注。[②] 在采用商标注册取得制度的国家和地区，商标注册不以实际使用为必要条件，商标申请审查和注册的效率较高，但也导致了商标囤积注册和抢注现象，尤其是囤积和抢注境外具有较高知名度的商标，侵害了商标所有人的权益，也扰乱了商标注册秩序。《巴黎公约》和 TRIPs 协定关于驰名商标保护的规定难以奏效，迫切需要在国际层面协调制止商标恶意注册的规则。《中美第一阶段经贸协议》有关防止和打击恶意抢注商标行为的规定，对保护商标权利人的合法权益、维护商标注册秩序、营造更加公平有序的营商环境，具有重要意义。

（六）《美墨加协定》

2018 年 11 月，美国、墨西哥、加拿大三国领导人在阿根廷首都布宜诺斯艾利斯签署《美国—墨西哥—加拿大协定》（以下简称《美墨加协定》），更新原有的《北美自由贸易协定》。在第 20 章知识产权章节，《美墨加协定》参照 CPTPP 协定中的规定，不论是在著作权、商标、专利、商业秘密，还是知识产权执法层面，都提供了高标准的保护，有的规定甚至明显高于美国所签署的其他经贸协定。

对于商标保护，《美墨加协定》从商标权利内容、权利限制、保护期、侵权

---

① 《中美第一阶段经贸协议》第 8 节第 1.24 条指出，为加强商标保护，双方应确保商标权充分和有效的保护和执法，特别是打击恶意商标注册行为。

② 马忠法，王悦玥. 论 RCEP 知识产权条款与中国企业的应对 [J]. 知识产权，2021（12）：88-113.

判定等方面做出了明确的规定。协定第 20. C. 1 条明确，缔约方不得将可被视觉感知性作为商标注册条件，应允许声音进行商标注册，并尽力将气味商标纳入注册范围。第 20. C. 2 条规定，商标包括集体商标和证明商标，地理标志能够在商标体系下得到保护。第 20. C. 3 条规定，重申侵犯商标专用权的"混淆可能性"标准，并指出相关商品或服务商使用相同商标时，可能存在混淆可能性。第 20. C. 5 条第 1 款明确不得将"商标已在缔约方或其他司法管辖区内注册、位于驰名商标清单中或事先被认定为驰名商标"作为驰名商标的认定条件。第 20. C. 5 条第 2 款沿用了 CPTPP 协定中关于驰名商标特别保护的规定，不论驰名商标是否注册。第 20. C. 9 条规定，无论是商标的初始注册，还是续展注册，其有效期限均不得少于 10 年。

对于域名保护，《美墨加协定》第 20. C. 11 条第 1 款规定，应根据《统一域名争议解决政策》确定的原则，或建立低成本、高效率、公平合理易操作、不排除司法程序的争端解决机制。第 20. C. 11 条第 2 款是有关权利人救济方面的规定，规定了最低的保护限度，即至少在行为人存有主观恶意且为营利目的，登记或持有与商标相同或容易混淆域名的情形下，为权利人提供适当救济措施。

对于地理标志保护，《美墨加协定》第 20. E. 1 条规定了两种方式的并行保护，一种是通过商标注册保护，另一种是通过专门法律保护。第 20. E. 2 条就缔约方建立保护或确认地理标志的行政程序做出详细规定，要求缔约方应设立行政程序用以保障或认定地理标志，并且在程序处理上符合透明化的要求，设立撤销或第三人异议机制。第 20. E. 3 条规定了不予承认或确认对地理标志保护的理由。第 20. E. 4 条规定了是否为通用名称的判断。[①]

第二节　高标准国际规则商业标识保护制度的新特征

一、减少商标注册的限制条件

传统商标法律制度将商标注册条件限定在视觉可感知的标志，但随着科学技

---

① 刘迪，阮开欣.《美国—墨西哥—加拿大协定》知识产权章节评介之商标、版权条款 [J]. 中国发明与专利，2019，16（2）：26-29.

术和经济生活的发展，声音商标、气味商标等非可视性商标在商业活动中发挥越来越重要的作用。相关国际组织努力做出协调，减少商标注册条件，简化商标注册程序。TRIPs 协定第 15 条规定"各成员方可以标志在视觉上被感知，作为商标注册条件"，而 CPTPP 协定、RCEP 协定、《美墨加协定》等都要求缔约方不得将标志的视觉可感知作为商标注册条件，也不得仅以该标记由声音组成为由拒绝注册商标。CPTPP 协定、《美墨加协定》也明确指出，缔约方应尽最大努力注册气味商标。在国家层面，美国是较早接受声音商标的国家之一，其商标法案《兰哈姆法》允许包括声音在内的各种标记作为商标注册，只要这些标记具有显著性并能够指示商品或服务的来源。[①] 美国第一个获得注册的声音商标是全国广播公司（NBC）的三声钟声。气味商标使用特定的气味来识别和区分商品或服务的来源，美国和欧盟均认可气味商标的可注册性，但成功案例较少。在中国，声音商标的注册及保护也经历了从拒绝到接受的过程。2013 年，修订后的《商标法》首次将声音商标纳入保护范围，中国首例声音商标"中国国际广播电台广播节目开始曲"注册成功，标志着中国对声音商标的保护进入了实践层面。当然，承认声音可以作为商标注册，但并非所有声音都可以注册为商标。一些声音可能因为缺乏显著性，是通用性声音或功能性声音而不能注册为商标。例如，动物叫声或摩托车引擎声这类在商品使用中不可避免的声音，或者简单、普通的音调，可能缺乏显著性而不能作为商标注册。我国目前对于气味商标的注册还没有明确规定。

二、未注册驰名商标的跨类保护

《巴黎公约》和 TRIPs 协定仅禁止在相同或类似商品上注册和使用与他人未注册驰名商标相同或近似的商标。CPTPP 协定第 18.22 条第 2 款在《巴黎公约》和 TRIPs 协定驰名商标保护规定的基础上，将驰名商标的跨类保护扩展到未注册驰名商标，即未注册驰名商标所有人有权禁止他人在不相同及不类似商品上的注册和使用，为未注册驰名商标域外的保护提供了便利。而且，CPTPP 协定通过注释对"驰名"的认定标准做出说明，要求缔约方内相关范围的公众知晓此驰名商标即可，无须将范围延伸至全部公众。[②] RCEP 协定第 3 节第 26 条规定了驰

---

① 美国《兰哈姆法》将商标定义为"任何文字、名称、标志或装置，或者以上元素的组合，被用来指示商品的来源"。

② 管育鹰. CPTPP 知识产权条款及我国法律制度的应对［J］. 法学杂志，2022，43（2）：95-108.

名商标的保护范围，在 CPTPP 协定的基础上增加了对相同或者近似商标的解释，即缔约方可以将"对驰名商标的复制、摹仿或者翻译"视为"与驰名商标相同或者近似"。

三、对地理标志的专门保护

地理标志是指表明某产品来源于某特定地区，该产品的特定质量、声誉或其他特征主要归因于该地区特定的自然因素或人文因素。地理标志是现代商业标识的重要组成部分，高标准国际经贸规则都加强了地理标志的保护要求，缔约方可以将其通过商标制度或专门法律制度加以保护。

CPTPP 协定将地理标志相关规定纳入商标的章节，通过商标制度对地理标志加以保护。协定第 18.30 条至第 18.36 条共 7 条规定了地理标志的确认、保护、行政认可、异议处理、撤销流程以及相关程序规则。第 18.32 条规定，如果一缔约方通过特定的行政程序对地理标志进行保护或承认，应允许利害关系人基于特定理由对一地理标志的保护提出异议和注销请求，包括地理标志与已存在且注册在先的商标或正在申请中的商标相混淆、与已拥有权利的在先商标发生混淆，以及该地理标志在相关缔约方的通用语言中作为相关商品的常用名称被广泛使用。地理标志保护往往与农业产品贸易紧密相连，农产品拥有独特的品质、声誉或其他特性主要归因于该地区的自然因素和人文因素。国际上关于地理标志作为商标保护的案例众多，如苏格兰威士忌协会积极保护其地理标志，确保只有产自苏格兰并符合特定生产标准的威士忌才能使用"苏格兰威士忌"这一名称。再如，香槟是法国巴黎东北部地区的一个省名，"香槟"和"Champagne"是香槟酒委员会的地理标志，香槟以其独特的加工制作方法而闻名于世，任何不符合原产地命名规定条件的起泡酒都不能使用"香槟"这一名称。在国际经贸协定中设定地理标志保护专门条款，有助于确保所有缔约方的地理标志产品在国际贸易中获得公平的竞争环境，增强这些产品在国际市场上的竞争力。

四、强化域名保护的相关规则

随着互联网经济的蓬勃发展，与互联网相关的知识产权保护客体和保护范围不断扩大，域名逐渐成为一种重要的知识产权保护客体。CPTPP 协定第 18.28 条将域名纳入第 18 章 C 节的商标保护范畴，要求每一缔约方应依照本国法律对国家顶级域名进行保护，提供根据 ICANN 批准的《统一域名争议解决政策》所确立的原则设立，或按照上述原则设计的适当的争议解决程序，并至少在行为人恶意营利而登记或持有与他人商标相同或相似域名的情形下，为商标权人提供适当的救济。RCEP 协定、《美墨加协定》关于域名保护的相关规则与 CPTPP 协定的规定基本一致，赋予了域名更高强度的保护。

五、减少商标许可限制

TRIPs 协定有关商标许可的规定主要体现在第 21 条"许可和转让"条款。协定指出，各成员方可以对商标的许可和转让规定条件，但不得强制商标的许可和转让。CPTPP 协定中关于商标许可的规定主要旨在确保商标权利人能够有效管理其商标权，为商标权利人和被许可人提供明确和可预测的法律环境，同时为商标的合法使用提供清晰的法律框架。CPTPP 协定要求成员国允许商标使用许可的备案，但协定第 18.27 条规定商标许可的有效性不以许可备案为前提，即使商标使用许可未备案，该许可也不应影响商标权利的独立性，即商标专用权与使用权可以分离。CPTPP 协定并未对商标使用许可的地域范围做出限制，成员国可以根据国内法律和实践来确定许可的地域范围。

六、强化商业标识保护执法

CPTPP 协定中知识产权执法的规定为 18.71 条至 18.80 条，包括执法程序的一般义务、权利归属的推定、民事程序与救济、临时措施、边境措施、刑事程序和处罚、商业秘密等。协定第 18.77 条规定了刑事程序和处罚措施，要求缔约方对具有商业规模的假冒商标、侵犯版权或相关权利的情况适用刑事程序和处罚，特别是对于具有商业规模的蓄意侵权行为。RCEP 协定同样规定了较为完整的知识产权执法程序，协定第 58 条规定，每一缔约方应保证制定知识产权执法程序，实施程序应当公平和合理，并且在实施执法措施时，应考虑侵权行为的严重性与惩罚措施或救济措施之间的比例，要考虑第三方利益。在民事救济一节中，规定了明知或有合理理由知道自己从事侵权行为的侵权人向权利人支付足以补偿所受损害的赔偿金。第 64 条规定了商标假冒的临时措施，司法机关有权采取临时措施责令扣押涉嫌侵权货物。第 74 条规定了对具有商业规模的故意商标侵权行为的刑事处罚，"每一缔约方应当将具有商业规模的故意进口盗版货物或假冒商标货物视为非法行为"，适用刑事程序和处罚。《中美第一阶段经贸协议》在第 7 节盗版和假冒产品的生产和出口中，规定了对于销毁假冒商标商品的边境措施、民事司法程序及刑事执法程序。日欧 EPA 协定未就知识产权刑事执法要求做出规定。

七、打击恶意注册商标问题

RCEP 协定第 27 条针对"恶意商标"的专门规定与第 26 条"驰名商标的保护"并列是创新之举，与现有的 TRIPs、CPTPP 等协定相比，RECP 协定为打击恶意商标注册提供了国际规则层面的明确依据，要求成员方在国内法中明确"恶意商标"的认定标准，驳回相关商标申请或注销相关商标注册，并通过注释进一步建议可以将"是否与驰名商标相同或者近似"作为判断恶意的依据之一。除 RCEP 协定外，《中美第一阶段经贸协议》第 8 节第 1.24 条和 1.25 条也明确规定了打击恶意商标注册的内容。为履行《中美第一阶段经贸协议》义务，中国 2019 年修改的《商标法》在商标注册、商标异议以及商标无效等各阶段均规定了禁止"不以使用为目的的恶意商标注册申请"，[①] 并将这一行为列为禁止注册的绝对事由、无效宣告的绝对条件以及滥用诉权的免责情形。因此，在规制恶意商标注册方面，中国《商标法》2019 年修改后已经达到 RECP 协定和《中美第一阶段经贸协议》的要求。可见，区域或双边协定促进了成员方之间在商标注册和保护方面的合作，明确了商标恶意注册的认定标准和程序，有利于形成统一的规制恶意注册商标的国际规则和国际实践。

八、增加程序性新规定

《商标法新加坡条约》旨在通过简化和协调成员方的商标注册程序，使各成员方的商标注册制度更加简便、透明和统一，有助于申请人在不同国家和地区提交商标注册申请文件，降低交易成本，提高商标审查效率，缩短商标注册周期。如《商标法新加坡条约》关于"一标多类"申请的规定，以及商标申请或注册有关的请求、声明、函件等文书的电子提交和电子送达的规定，都极大地简化了商标注册程序，提高了商标注册申请和审查的效率。

RCEP 协定也对商标电子申请的处理和商标注册电子数据库做出了明确规定。协定第 22 条第 2 款要求"每一缔约方应当提供（一）商标电子申请的处理、注册及维持制度；以及（二）可以公开访问的商标申请和注册的在线电子数据库"。我国正在进行的《商标法》第五次修订拟新增"加强智能化建设、商标信

---

① 分别参见《中华人民共和国商标法》第四条、第三十三条、第四十四条的规定。

息共享"条款，积极回应 RCEP 协定对商标申请和注册电子文书、电子数据库的倡议性要求和约束性规定，不但对完善电子申请、电子文书、电子送达和电子档案等做出了规定，而且将商标申请和注册的电子文书、电子数据库应用到电子证据领域，提升商标业务办理的电子化和便利化程度。[①]

第三节　商业标识高标准国际规则与我国制度型开放

一、商业标识高标准国际规则的影响

（一）商业标识保护水平不断提高

伴随着新兴技术革命发展和大国竞争的激烈，国际社会日益重视加强知识产权全球治理。国际知识产权规则体系呈现明显的区域化趋势，尤其是以美国为首的发达国家，将双边投资条约和自由贸易协定作为推行高标准知识产权规则的重要手段，国际知识产权保护经历了由区域化向全球化发展，又由全球化向区域化发展的过程，保护范围和执法力度不断提高。如 CPTPP 协定和 RCEP 协定在 TRIPs 协定的基础上进一步扩大商标注册的范围，提高驰名商标保护标准，强化对商标侵权违法行为的执法措施。

TRIPs 协定第 15 条规定，各成员国可以将标志的视觉可感知性作为商标注册的条件。但新技术、新产业、新业态和新模式催生了商标使用的新需求和商标构成要素的新类型，非传统商标在商业活动中发挥着越来越重要的作用，大多国家的商标法中可以作为商标注册的标志逐步实现了从文字、图形等传统平面标志，到立体、颜色组合等可视标志，再到声音等听觉标志、气味等嗅觉标志的发展，为协调各国商标立法保护标准和程序性规则，区域、多边或双边投资和自由贸易协定对此加以明确规定。如 CPTPP 协定要求，缔约方不得将标志的视觉可感知性作为商标注册条件，也不得仅以该标志由声音组成为由拒绝注册，鼓励缔约方尽最大努力注册气味商标，这代表着商标保护范围逐渐扩大、保护水平不断提高的国际趋势。高标准国际规则不仅提升了各国商标保护的水平，也促进了商

---

① 参见 2023 年 1 月国家知识产权局发布的《中华人民共和国商标法修订草案（征求意见稿）》第 95 条。

标保护实践的国际趋同，商标权利人可以期待在不同国家获得相似的保护水平，这为跨国公司的运营提供了便利。

（二）高标准国际规则鼓励性条款增多

长期以来，发达国家在全球经贸中处于领先地位，世界经贸秩序和知识产权全球治理格局也由发达国家主导。随着中国、巴西、印度、南非等新兴经济体的崛起，特别是中国在全球经济中的影响力不断增强，发达国家在知识产权全球治理上的垄断话语权逐步被打破。新兴经济体国家出于本国经济社会发展的内生需求，陆续通过修改国内法不断提高知识产权保护水平，也加强知识产权国际合作，积极参与国际知识产权规则的制定，推动完善知识产权及相关国际贸易、国际投资等国际规则和标准，维护国际知识产权秩序和多边治理格局。

在知识产权国际规则建立初期，发达国家主导知识产权全球治理格局，发展中国家多是被动参与。由于发展中国家话语权低、信息不对称等，TRIPs 协定中发展中国家被动承担了较多超出其发展水平的约束性义务，CPTPP 协定进一步推高了知识产权保护标准。但是，与 CPTPP 相比，由于参与 RCEP 协定的大部分成员均为发展中国家，尤其是东盟内部还存在较不发达国家，RCEP 协定中大部分源于 CPTPP 协定的条款或是被加入了一些有利于发展中国家的限定性条件，或是直接从约束性条款"降级"为鼓励性条款，[①] 既为发展中国家对接高标准国际规则提供了统一的样本参照，又留给发展中国家一定的过渡期和灵活性，反映出发达国家难以再强迫发展中国家承担标准过高的约束性要求，而是将其设置成鼓励性条款，倡导发展中国家根据自身经济社会发展水平逐步提高保护标准。如在知识产权执法方面，CPTPP 协定中第 18.77 条"有关边境措施的特殊要求"所规定的边境保护适用的通关程序和地域范围除适用于一般进口、出口外，还包括过境等。第 18.77 条"刑事程序和处罚"明确，每一缔约方"应当"规定在贸易过程中具有商业规模的蓄意进口和国内使用他人商标的行为适用刑事程序和处罚。而 RCEP 协定第 65 条"依权利人申请中止放行"措施仅适用于进口程序。RCEP 协定第 74 条"刑事程序和处罚"中要求，缔约国应当规定具有商业规模的故意的商标侵权行为和故意进口假冒商标货物行为适用刑事程序和处罚外，倡导缔约国可以对具有商业规模分销或销售故意进口假冒商标货物行为适用刑事程

---

① 马忠法，王悦玥. RCEP 与 CPTPP 鼓励性知识产权条款与中国因应 [J]. 云南社会科学，2022（4）：142-153.

序和处罚。可见，在适用边境措施、刑事程序和处罚方面，相较于 CPTPP 协定，RCEP 协定的要求具有很大程度的鼓励性，体现出发展中国家在知识产权国际规则谈判过程中话语权的有效提升，发达国家不能再以约束性条款单方向发展中国家施加强制性义务。

二、商业标识高标准国际规则的中国应对

（一）中国商业标识保护制度的发展及变迁

中国的商业标识保护制度经历了从初步建立到逐步完善的发展过程。改革开放初期，中国参照国际条约制定商标法律规范，特别是 1982 年《商标法》的颁布，标志着中国商标保护制度的正式建立。随后，为适应加入 WTO 的需要，我国对《商标法》进行了多次重要修订，扩大了商标保护范围，完善了注册条件和程序，提高了保护标准，加大了执法力度。1993 年，《商标法》进行了第一次修改，增加了对服务商标的注册和保护，明确了注册不当商标的撤销规定等。2001 年，《商标法》进行了第二次修改，将集体商标、证明商标、立体商标列为保护对象，加强了对驰名商标、地理标志的保护等。2013 年，《商标法》进行了第三次修改，首次将声音纳入可注册商标的范围，体现了对非传统商标保护的关注，并且新增了诚实信用原则，设置了"一标多类"制度等。2019 年，《商标法》进行了第四次修改，强化了对商标的使用要求，打击商标囤积行为等。目前，《商标法》正在进行第五次修改，国家知识产权局于 2023 年 1 月 13 日公布了《中华人民共和国商标法修订草案（征求意见稿）》，为中国商业标识法律制度对接高标准国际经贸规则提供了契机。

（二）对接高标准国际经贸规则的路径

虽然中国现行《商标法》等相关法律法规对商标基本制度的规定达到了 TRIPs 协定等国际条约对成员国的保护义务要求，但对标高标准国际经贸规则，在诸如商标注册构成要素、驰名商标保护、地理标志保护、商标侵权混淆可能性推定等方面，仍有进一步提升的空间。

1. 适时将气味商标纳入保护范围

在商标注册条件方面，RCEP 协定与 CPTPP 协定都明确要求"缔约方不得将标记可被视觉感知作为一项注册条件，也不得因该标记由声音组成而拒绝商标注册"，体现了国际层面对可作为商标注册的标志构成要素的中立原则，明确要求承认非视觉商标的可注册性，尽最大努力为气味商标的注册提供便利。对接高

标准知识产权规则，我国首先要评估国内商业标识法律制度发展现状，及其与高标准知识产权规则的差异，积极落实 RCEP 协定，对标正在申请加入的 CPTPP 协定，并关注《美墨加协定》。中国在签署 RCEP 协定以前，已经通过大规模修法满足其标准并有所超越。[①] 中国正在申请加入 CPTPP 协定，虽然 CPTPP 协定未强制性要求缔约方对气味商标进行注册保护，但不得将标志的视觉可感知性作为商标注册条件，且应尽最大努力注册气味商标。从标志内在属性来看，限制可作为商标注册的标志范围，非因标志不具备显著特征、便于识别，不能作为商标注册和使用，而是出于对公共政策和立法技术的考虑，以及便于商标注册申请审查的实际需要。中国《商标法》已经明确了三维立体商标、声音商标等非传统商标的可注册性及审查标准，在条件成熟时将气味商标、味觉商标等非传统商标纳入注册商标保护范围。气味商标与视觉可感知商标的主要不同之处在于人类对其的感知方式不同，人类通过嗅觉感知气味商标，如果能通过嗅觉识别某种具有显著特征的气味，并且将该种气味与某一商品或服务来源建立联系，气味就能起到识别商品或服务来源的功能，符合《商标法》第九条"申请注册的商标，应当有显著特征，便于识别，并不得与他人在先取得的合法权利相冲突"的规定。当然，气味商标显著特征的审查认定与其他类型商标不同，可以根据气味本身的显著特征，以及气味与相关商品或服务之间的关联性，再结合相关公众的认知状况，以及气味商标的使用时间、范围等实际使用情况予以综合判断。如美国孩之宝公司于 2017 年 2 月 14 日申请培乐多（Play-Doh）彩泥的气味商标，美国专利商标局在审查过程中认为培乐多彩泥的气味具有独特性，足以使消费者识别彩泥的商品来源，培乐多彩泥的气味一直保持不变，在彩泥上使用具有显著性，且不具有功能性，因而核准该气味商标的注册申请。[②]

当然，受人们感知习惯影响和商标注册审查实践所限，气味商标的注册及保护存在着诸多困难。在商标注册方面，气味商标注册申请需要提交哪些文件、如何描述气味商标、商标审查部门如何审查气味的相同或近似；在商标保护方面，如何确定气味商标的保护范围、从证据角度固定气味商标的使用，都给近似气味商标注册以及商标侵权的认定带来挑战。我国可以根据《商标法新加坡条约实施

---

① 张惠彬、王怀宾. 高标准自由贸易协定知识产权新规则与中国因应 [J]. 国际关系研究，2022（2）：84-108.

② 一品知识产权. 有点咸，又有樱桃香气？美国第 12 个气味商标诞生了 [EB/OL]. http：//www.epbiao.com/anli/26771.html.

细则》的规定，制定专门的气味商标注册审查指引，要求气味商标申请人提交包括表现物、说明商标类型和细节等的申请材料，对于气味商标，采用气味的文字描述、气味气相色谱分析图样描述和判断嗅觉阈值等相结合的方法进行确定。

2. 加强未注册驰名商标保护

国际协定要求缔约方不得将已经在相关国家或地区范围内的商标注册作为驰名商标保护的条件，即不管在先驰名商标是否经过注册程序，只要他人使用相同或近似商标容易导致相关公众混淆，或误认商品或服务与在先驰名商标持有人之间存在特定联系，驰名商标持有人的利益有可能受损，成员方就应当采取适当措施，驳回在后商标注册申请或注销商标注册并禁止使用，将未注册驰名商标的保护范围扩展到不类似的商品或服务。

中国《商标法》第十三条第二、三款分别规定了对相同或者类似商品上未注册驰名商标的保护，以及对不相同或者不类似商品上已注册驰名商标的跨类保护，对已注册驰名商标和未注册驰名商标的区别保护符合国际公约的义务。驰名商标最早来源于1925年《巴黎公约》海牙文本，以防止抢注驰名商标等不正当行为。TRIPs协定第2条重申要求成员方按照《巴黎公约》第6条之二对驰名商标提供保护。由于TRIPs协定主要是对商标注册条件和注册商标保护的规定，该协定第16条之一"授予的权利"就是注册商标专有权，故TRIPs协定第16条之二明确了《巴黎公约》第6条之二对驰名商标的防止混淆保护适用于服务，第16条之三将已经注册的驰名商标保护拓展到不相同或类似的商品和服务，只要容易使相关公众产生联系、损害驰名商标持有人利益。但是，根据世界知识产权组织《关于驰名商标保护规定的联合建议》（以下简称《联合建议》）第2条的规定，无论是寻求《巴黎公约》第6条之二的注册豁免还是TRIPs协定第16条第3款的跨类保护，在认定驰名商标时均不得要求该商标已经注册，不管是在寻求保护国还是在其原属国。尽管《联合建议》不具有强制约束力，但这种做法在一定程度上得到了签署《联合建议》的国家和地区的认可，也为国际条约和区域、多边及双边协定的谈判和签署提供了参考。从比较法角度来看，法国采用商标权注册取得制度，《法国知识产权法典》第713-5条第2款规定，驰名商标跨类保护同样适用于未注册驰名商标。①

随着互联网与跨境电子商务、海外代购等新兴贸易形式的发展，以及境外旅

---

① 王太平. 论我国未注册驰名商标的反淡化保护［J］. 法学，2021（5）：132-145.

游购物现象的普及，商标知名度早已突破了商标使用和商品最初销售地域范围的藩篱，未在中国境内注册的驰名商标成为商标恶意抢注的重点目标；而在中国境内使用、已经驰名但没有注册的商标，以及在中国没有注册但在国外已经注册的驰名商标，面对中国境内市场主体在不相同和不类似商品或服务上的抢注，难以得到中国《商标法》的跨类保护。中国企业"走出去"过程中同样面临境外市场主体的抢注。商标的价值在于使用，驰名商标保护的正当性在于驰名商标蕴含的财产价值及驰名商标持有人的财产利益，驰名商标的特殊性体现在因商标使用而产生的显著性与知名度，与是否注册无关，注册与否并不改变驰名商标的属性，注册本身也不是商标主管机关对商标是否"驰名"的确认，注册的驰名商标和未注册的驰名商标不存在本质的区别，驰名商标跨类保护在"驰名"之外不应再叠加"注册"要求，是否容易导致相关公众混淆误认及可能损害驰名商标所有人的利益结果的认定，也不因驰名商标是否经过注册而改变。

中国《商标法》对于未注册驰名商标的保护是履行《巴黎公约》和 TRIPs 协定等国际公约义务的结果，但是 TRIPs 协定只是成员国应履行的最低限度国际义务。事实上，在 TRIPs 协定谈判初期文本中，对已注册与未注册的驰名商标均给予跨类保护。只不过由于世界上多数国家采用商标权注册取得制度，不愿承担比《巴黎公约》更多的国际义务，保护未在本国注册的驰名商标。因此，作为谈判妥协的结果，TRIPs 协定仅对已注册的驰名商标实行跨类保护，对未注册的驰名商标仍然延续《巴黎公约》的规定，给予相同或类似的商品或服务上的保护。中国《商标法》第十三条第三款对驰名商标不予注册并禁止使用的规定限于"已经在中国注册"，这与 CPTPP 协定第 18.22 条第 2 款对驰名商标跨类保护之"无论是否注册"的要求存在明显的不同。①

未在中国注册的驰名商标在不相同和不类似商品或服务上被抢注的问题由来已久，商标持有人难以获得救济，即便是他人在相同或类似商品或服务上使用与未注册驰名商标相同或近似的标志，也只能禁止其使用，并参照侵害注册商标专用权的规定适用损害赔偿。同样，很多中国企业在走向海外的过程中不断遭遇商标抢注纠纷，由于相关国家对未注册驰名商标的保护不健全，中国企业要么花费高价把商标买回来，要么接受合营或者其他苛刻条件，要么更换统一的商标标志

---

① 王莲峰，曾涛. 国际视角下我国未注册驰名商标保护制度的完善［J］. 知识产权，2021（3）：54-68.

重新注册新的商标。因此，无论是从"引进来"吸引境外投资、创造更多的就业机会、营造一流营商环境的角度看，还是从为中国企业"走出去"保驾护航的角度来看，对未注册驰名商标提供在不相同和不类似商品或服务上的跨类保护，并明确规定其侵权责任承担方式，都具有重要的意义。

3. 完善地理标志法律保护制度

CPTPP 协定第 18.19 条要求缔约方应规定商标包括集体商标和证明商标，可作为地理标志标记纳入商标制度的保护范围；第 18.20 条进一步规定，"注册商标的所有权人享有专用权，以阻止第三方未经该所有人同意而在贸易过程中对与所有权人已注册商标的货物或服务有关的货物或服务使用相同或相似标记，包括在后的地理标志，如果此种使用会导致出现混淆的可能性。在对相同货物或服务使用相同标记的情况下，应推定存在混淆的可能性"。CPTPP 协定第 18.30 条要求缔约方认识到地理标志可通过商标或专门制度或其他法律手段加以保护。

RCEP 协定第 11 章第 3 节和第 4 节分别对商标、对地理标志进行了规定，第 20 条"证明商标和集体商标的保护"第 2 款要求"缔约方应当规定可作为地理标志的标记能够依照其法律法规在商标制度下得到保护"。第 29 条"地理标志的保护"要求缔约方"应当确保其法律法规中有充分和有效保护地理标志的方式"，包括"通过商标制度或专门制度或其它法律途径得到保护"。可见，RCEP 协定允许缔约方选择采用商标制度或地理标志专门制度进行平行保护，或者将地理标志作为特殊的商标类型进行保护，或者采取符合 TRIPs 协定要求的其他保护方式。

2001 年，中国《商标法》第二次修改时第十条完善了地名作为集体商标、证明商标组成部分的例外规定，第十六条从正面规定了地理标志的保护，即"若商品并非来源于该标志所标示的地区，误导公众的，不予注册并禁止使用；但是，已经善意取得注册的继续有效"。除了《商标法》保护之外，《地理标志产品保护规定》《农产品地理标志管理办法》等还为地理标志提供了专门保护。2023 年，国家知识产权局公布的《中华人民共和国商标法修订草案（征求意见稿）》第六条第三款明确"地理标志可以作为集体商标与证明商标申请注册"。可见，对地理标志的法律保护，中国《商标法》将其纳入商标保护范畴，禁止他人误导性注册和使用，同时还制定了地理标志保护的专门性法律，形成商标法与专门法并行保护模式，符合 CPTPP 协定和 RECP 协定对商标、地理标志的平行保护规则。但相较于 CPTPP 协定及 RECP 协定，中国商标法律实践中虽然事实上已经通过集体商标或证明商标对地理标志加以保护，但仍需进一步完善《商标法》《地理标志产品保护规定》《农产品地理标志管理办法》等相关法律，细化地理标志专门保护规则，完善国外地理标志（含意译、音译或字译）在中国获得保护的法律规则，明确异议处理及注销事由等相关规定，对地理标志产品施加高水平保护。[①]

三、积极参与全球知识产权治理

（一）维护和发展知识产权多边治理体系

1883 年，比利时、法国、巴西等 11 个国家于法国巴黎签订保护工业产权首个国际公约——《巴黎公约》，开启了知识产权全球治理的立法实践。当时，欧洲作为世界政治、经济和科技的中心，自然成为知识产权全球治理的引领者。然而，两次世界大战后，美国迅速崛起为世界政治经济强国，并借助知识产权制度强化其贸易优势，将贸易机制与知识产权保护结合在一起，并主导推动缔结了影响深远的 TRIPs 协定，形成了以 WTO 多边体制为中心的全球知识产权治理格局。然而，美国以保护技术创新为主要目标推行 TRIPs 协定，在知识产权治理中更多地将其视为推进本国战略和获取利益的工具，并未充分考虑发展中国家与发达国家在创新和知识获取上的差异。随着以中国、印度、巴西等国为代表的新兴经济体崛起，发展中国家在全球知识产权治理中积极争取自身的发展权益，发达国家通过知识产权保护巩固和强化贸易优势地位的效果逐渐减弱，转而利用知识产权规则实施贸易保护主义，制造贸易壁垒，废弃知识产权作为全球科技创新和贸易合作的桥梁作用，偏离开放、包容和普惠的价值，并通过单边、双边和区域性经贸协定，忽视发展中国家在全球知识产权治理中的基本诉求和关切。

当今世界正经历百年未有之大变局，国际竞争格局正发生深刻变化，不稳定性、不确定性明显增强。世界朝多极化趋势发展，以经济和科技实力为基础的综合国力的较量，关键是创新力的竞争。一方面，世界主要国家和地区遵循"创新无界限"，积极参与跨国家、跨组织的开放式创新、协同创新；另一方面，发达国家奉行"贸易保护主义"，以技术主权遏制技术追赶型国家崛起，极力阻碍发展中国家沿着全球价值链攀升，知识产权成为最重要的战略资源和国际竞争力的

---

① 参见《国务院关于印发〈全面对接国际高标准经贸规则推进中国（上海）自由贸易试验区高水平制度型开放总体方案〉的通知》（国发〔2023〕23 号）第 40 条和第 41 条。

核心要素。发达国家试图改革和重构以 WTO 与 WIPO 为主导的全球知识产权保护体系，通过多边、双边协定使国际知识产权秩序碎片化、知识产权保护措施单边化，提高知识产权贸易壁垒。尽管如此，从全球发展实践来看，以 WTO 的 TRIPs 协定和 WIPO 管理下的知识产权国际条约体系为核心构建起来的知识产权国际规则体系，仍然是实现全球贸易自由化和推动知识产权保护一体化最重要的工具，在协调发展中国家与发达国家分歧、统一知识产权保护水平中发挥了重要作用。[1]

中国不仅是知识产权国际规则的遵循者，更是积极参与者和推动者。中国加入了包括《巴黎公约》《伯尔尼公约》和 TRIPs 协定在内的一系列知识产权国际公约，与多个国家和地区建立了知识产权合作机制。面对知识产权全球治理格局的深刻变革，中国应坚定不移地进一步扩大对外开放，参与知识产权国际合作与竞争，尤其加强在 WIPO、WTO 等国际框架和多边机制中的合作，推进与经贸相关的多双边知识产权对外谈判，完善知识产权相关的贸易、投资等国际规则和标准，推动知识产权国际规则向着开放包容、平衡有效的方向发展，积极维护现行知识产权全球治理的多边框架体系，为全球知识产权治理积极贡献中国智慧、中国力量和中国方案，推动构建更加公正、合理、有效的知识产权国际新秩序。

（二）积极主导和参与区域性知识产权合作

WIPO 和 WTO 是全球知识产权治理的两大传统体系，WIPO 框架下的相关国际公约和 WTO 框架下的 TRIPs 协定是知识产权国际规则的主要载体。但是，随着发达国家绕开 WTO 体系和 WTO 机构改革受阻，各类区域、双边经贸协定越来越成为构建知识产权规则的新平台，代表着国际知识产权规则的发展方向。与中国已经加入的包括《巴黎公约》《伯尔尼公约》和 TRIPs 协定在内的一系列知识产权国际公约相比，CPTPP 协定、《美墨加协定》等经贸协定中的知识产权规则明显高于国际条约的最低保护标准，导致中国在高标准国际经贸规则谈判中处于相对被动地位。而且，作为发展中国家，中国的利益诉求与发达国家不同，根据中国自身发展需求灵活选择适合的道路和策略，更加符合中国的发展利益，也更能体现区域性知识产权规则的包容性、灵活性和发展性。

近年来，中国全程参与 RCEP 协定的谈判，并与成员国高质量实施 RCEP 协定，以及正在申请加入 CPTPP 协定、DEPA 协定，显示出中国积极参与区域性知

---

① 马一德. 全球治理大局下的知识产权强国建设 [J]. 知识产权，2021（10）：41-54.

识产权谈判的决心和信心。尤其是中国正在与100多个国家开展"一带一路"倡议框架下的国际合作，这是构建人类命运共同体理念的重要实践之一。开展"一带一路"倡议下的知识产权合作必然是中国从"参与"转变为"主导"知识产权全球治理的重要举措。^① 未来，中国应加强落实国家知识产权局与世界知识产权组织签署的关于加强"一带一路"知识产权合作的政府间协议，践行"共商、共建、共享"的原则，与相关国家和地区高质量共建"一带一路"，深入推进金砖国家、中国—东盟、中国—中亚、中蒙俄、中非等区域性框架下的知识产权合作交流，努力扩大知识产权"朋友圈"，通过"小多边"组建新的知识产权合作机制，深化"一带一路"倡议下的专利加快审查试点、商标品牌培育、地理标志保护与合作、绿色专利技术普惠推广、知识产权人才培养、专利代理机构服务合作等，提高共建"一带一路"国家的知识产权发展水平，促进在发展中国家具有优势地位的民间文艺、传统知识、遗传资源等议题方面尽快达成共识，扩大发展中国家在国际知识产权规则制定方面的话语权和影响力，维护国家知识产权多边治理体系和国际知识产权保护均衡发展。

当然，中国主导区域性知识产权合作面临涉外法治建设与国内法治建设的双重挑战。对外应充分考虑发展中国家尤其是不发达国家的发展现状和发展诉求，在构建人类命运共同体理念的指导下，贯彻普惠包容的基本原则，以促进高质量发展为共同目标，带领参与共建"一带一路"国家和地区提升知识产权立法水平，加强知识产权保护执法合作，完善知识产权司法保护、行政保护、国际仲裁等体制机制，增强共建"一带一路"国家和地区的知识产权保护获得感。对内应积极主动对接高标准国际经贸规则，及时修改国内相关法律法规和管理标准，促进经济社会高质量发展。随着中国知识产权事业的不断推进和发展，我国主导的区域性知识产权规则将展现出更强的制度自信，统筹推进涉外法治和国内法治成为新时代中国特色知识产权制度建设、文化建设的新实践。

（三）坚定维护中国企业海外利益

中国特色社会主义进入新的发展阶段，党中央和国务院统筹国内国际两个大局，站在新发展阶段的历史方位对中国知识产权事业的重大顶层设计，制定《知识产权强国建设纲要（2021—2035年）》，提出到2035年基本建成中国特色、

---

① 马忠法，王悦玥. RCEP与CPTPP鼓励性知识产权条款与中国因应［J］. 云南社会科学，2022（4）：142-153.

世界水平的知识产权强国目标，拉开了新时代建设知识产权强国的宏伟蓝图，在中国知识产权事业发展史上具有重大里程碑意义。

部分发达国家推行贸易保护主义，对中国实施"脱钩断链"，中国企业"走出去"面临更加严峻的知识产权风险。面对外国政府主导的知识产权调查，建议中国政府商务和知识产权主管部门、行业组织、智库专家等相互协作，商务和知识产权主管部门也应会同地方政府和中国国际贸易促进委员会等部门，统筹推进辖区内的海外知识产权纠纷应对工作，形成工作合力，积极应对国外政府主导的知识产权调查。

同时，中国企业"走出去"要加强知识产权风险意识，增强运用知识产权国际规则解决问题的能力，在海外主动申请专利、注册商标。比如，2023年中国申请人提交的马德里商标国际注册申请共5743件，而国内商标注册申请量则达到718.8万件。马德里商标国际注册申请量不仅与国内商标注册申请量有较大的差距，也与中国海外贸易投资规模不相称。可见，我国企业对商标国际注册与保护的重视程度和运用能力远远不够。实践中，很多企业缺乏海外品牌保护意识，等到要拓展某国市场时，才想到去该国申请注册商标，但此时往往发现其商标早已被他人抢注。中国应持续加强知识产权保护的国际合作，提高企业知识产权创造、管理、保护和运营能力，建设海外知识产权信息服务平台，建立海外知识产权纠纷应对机制，加强海外知识产权纠纷维权援助，支持企业海外获权和维权，坚定维护中国企业海外利益。

综上，中国应当积极参与全球知识产权治理，维护和完善知识产权多边治理体系，持续推进区域知识产权合作，为我国经济发展营造良好的外部环境。具体而言，中国首要任务是对标高标准国际规则，统筹商业标识保护国内法治与涉外法治，协调国内相关规则与中国已经加入或正在申请加入的区域、多边协定中的高标准规则。同时，我国应当积极主导区域性知识产权规则的谈判、制定，增强向国际社会提供知识产权规则的软实力，引领构建国际知识产权保护的新秩序。在完善国内商业标识法律体系过程中，应当在积极履行国际条约、区域协定和双边协定的基础上，根据自身发展的内在需求，走中国特色的知识产权发展道路，为全球知识产权治理体系变革贡献中国智慧、中国方案、中国力量。

本章小结

　　国际知识产权保护的历史发展过程是知识产权保护范围和保护标准不断提高的过程。从《巴黎公约》和《伯尔尼公约》到 TRIPs 协定，再到如今方兴未艾的区域、多边、双边投资协定和自由贸易协定，国际知识产权保护经历了由区域化向全球化，再由全球化向区域化的螺旋式发展过程，保护标准不断攀升。商业标识保护制度方面，从 TRIPs 协定对商标注册条件的视觉可感知性要求，到CPTPP 协定、RECP 协定等允许气味商标的注册，商标保护的客体范围呈现出逐渐扩大的趋势，商标保护强度进一步增强。本章阐述了高标准国际条约及多边贸易协定中商业标识保护制度的新特征，包括商标注册范围、地理标志、域名、驰名商标、商标许可、商标恶意注册问题及执法措施的相关新发展。在自由贸易协定体制下，发展中国家也在积极尝试通过强化区域性的合作，从内部形成新的知识产权合作框架，构建符合其利益需求的国际知识产权规则。高标准国际规则对中国商业标识保护提出了更高要求，中国应进一步扩大对外开放，主动对接高标准国际规则。同时，积极参与、主导区域性规则谈判，打破发达国家在知识产权全球治理上的垄断话语权，发起"一带一路"倡议、参与 RCEP 协定和中日韩自贸区谈判，积极参与知识产权全球治理，形成新的国际经贸规则制定模式。①

---

① 张乃根."一带一路"倡议下的国际经贸规则之重构［J］.法学，2016（5）：93-103.

第三章

专利与制度型开放

第一节　专利法律制度

一、专利权概论

专利权的客体指的是可以被授予专利保护的对象，具体来说，主要包括以下三种类型：

发明：指对技术问题的新的解决方法或者提出一个新的产品。发明应当具有新颖性、创造性和实用性。这类专利通常包括但不限于药物、机械、电子设备、化学物质和制造过程。

实用新型：有时被称为"小发明"，指的是对产品的形状、结构或其组合的新的技术方案。实用新型需要满足新颖性和实用性的要求，但与发明相比，其创造性要求不那么严格。实用新型专利通常用于保护改进的工具或设备，如改进的工具设计或机械部件。

外观设计：涉及产品的外观形状、图案或颜色的新颖设计，这种设计必须是新颖的且具有独特性。外观设计的专利保护不涉及任何技术特性或使用方法，而是专注于产品的美观外观。这类专利常见于消费电子、家具、服装和其他时尚产业产品。

每种类型的专利权客体都有其特定的保护目的和应用领域，它们共同构成了专利法下的保护体系，旨在鼓励技术创新和设计创新，从而推动科技进步和经济发展。专利权通过赋予发明者或设计者一定时期的独占权，激励他们投入资源进行研发，同时也为公众带来了新技术和新产品。

（一）发明

在知识产权的框架中，发明是指一种新的解决技术问题的方法或产品。它是专利法中的核心概念，代表了人类智慧的实际应用，以创造出新的或改进的技术解决方案。发明的概念在各个国家和地区的专利法中都占有核心地位，尽管具体的法律定义和要求可能略有不同。

1. 获得发明的实质性要件

在讨论获得发明的实质性要件时，我们主要关注三个核心标准：新颖性（novelty）、创造性（inventiveness，也常称为非显而易见性）和实用性（utility）。这些标准构成了专利法中判断一个发明是否可以被授予发明专利的基础。下面将详细解释这三个要件，并探讨它们在专利审查过程中的应用。

（1）新颖性（novelty）。新颖性要求发明在申请专利之前，公众尚未知晓。这意味着发明不能是已公开的知识，无论这种公开是通过书面、口头还是通过实施的方式进行的。任何人在任何地方公开的相同发明都会破坏其新颖性，从而使发明不符合获得专利的资格。

在实践中，专利局会通过检查先前的专利申请、科技论文、会议记录等多种渠道来确定一个发明是否具有新颖性。如果在现有技术中找到了与申请专利相同或相似的技术，申请人的发明将不被认为是新颖的。

（2）创造性（inventiveness）。创造性，或称非显而易见性（non-obviousness），要求发明相对于现有技术不是显而易见的。这意味着，即使某些现有技术的组合能达到相同的效果，如果这种组合对于该领域的技术专家来说并非显而易见，发明仍然可以被认为是具有创造性的。这一要求防止了仅通过微小改进或显而易见的修改技术就能获得专利权。

判定创造性通常涉及所谓的"先进水平技术人员"（person skilled in the art）的观点，这是一种假想的角色，代表一个具有普通知识和技能的从业者。专利局会评估此人是否能够仅通过现有的知识就想到这项发明。

（3）实用性（utility）。实用性要求发明必须具有实际用途，即它必须在工业上是可用的。这不仅要求发明能够被制造或使用，而且要求发明能产生有益的效果。这意味着，纯粹理论性的发明或者无法实现的概念不能获得专利保护。

此外，实用性还要求发明的描述必须足够完整，使得相关领域的技术人员能够实施该发明。申请人必须在申请文件中详细说明如何使用和制作该发明，包括提供任何特殊的制造技术或使用方法。

在实际操作中，这三个标准共同作用，确保只有真正有价值、有创意且实用的技术创新才能获得专利保护。专利申请过程中，申请人需要充分准备，详细地在申请文件中阐述其发明如何满足这些要求。同时，专利局的审查员将利用各种信息资源对申请进行验证，以确保每项发明都符合法律规定的标准。

2. 专利的种类

在专利法中，发明可以被分为几种不同类型，每种类型针对不同的技术领域和创新方式。以下是几种常见的发明类型：

（1）产品发明。这类发明涉及具体的物理产品或物质的创新。例如，新的化学物质、药物配方、电子设备、机械装置等。产品发明的关键在于其物理形态或组成的新颖性和创造性。

（2）过程（方法）发明。这涉及一种新的做事方法或技术流程。过程发明可以是工业制造过程、软件算法、业务流程等。例如，一种新的金属精炼技术、一种新的数据加密方法或者是一种新的教育训练程序。

（3）使用发明。这类发明涉及现有产品的新的使用方式。这种类型的发明不一定涉及产品本身的任何物理改变，而是提出了一个全新的应用场景或方法。例如，已知药物的新用途。

（4）组合发明。这类发明涉及将已知的元素以新的方式组合，从而实现创新的效果。这种类型的发明通常在组合的整体上显示出新颖性和创造性，即使单个组件可能是已知的。

（5）改进型发明。很多发明是对现有技术的改进。这类发明通过提高效率、减少成本、增加安全性或提供其他优势来改善已有的技术或产品。改进型发明在技术领域极为常见，是持续创新的重要形式。

每种类型的发明都必须满足专利法的基本要求，包括新颖性、创造性（非显而易见性）和实用性，才能被授予专利权。这些分类帮助明确不同类型的创新，以确保技术进步得到适当的法律保护和激励。专利局在审查专利申请时会考虑这些因素，以判断申请是否符合专利授予的标准。

3. 发明与其他知识产权形式的对比

发明在知识产权体系中与其他形式的创意产权有明显的区别：

（1）与专利权的关系。发明是申请专利的基础。只有符合上述条件的发明才能申请获得专利保护。专利权是一种法定的独占权利，允许发明人或其权利继承人在一定时间内独占其发明的制造、使用、销售或进口权利。

（2）与版权的区别。版权保护的是文学、艺术和科学作品的表达形式，而不是其背后的想法、程序、操作方法或数学概念。相反，发明专利保护的是功能性的技术解决方案。

（3）与商标的区别。商标保护的是区分商品或服务来源的标识、标志或名称。与发明专利的技术性和实用性相比，商标更多关注营销和品牌识别。

（4）与工业设计的区别。工业设计专注于产品的外观设计，涉及线条、颜色或形状的美学考虑。而发明则侧重于技术内容和功能实现，不涉及外观的美观性。

（二）实用新型

1. 实用新型的特点

（1）新颖性要求。实用新型的新颖性要求通常不如发明专利严格。它只要求在申请前，相同的技术方案没有被公开过。即使是较小的改动，只要能提供实用的效果，也可能符合新颖性的要求。

无须证明创造性：实用新型不要求显著的创造性步骤（非显而易见性），这是与发明专利最大的不同。它主要是针对那些对现有产品进行小改进或优化的技术创新，这些改进虽然不具备高度的创造性，但能提高产品的功能或使用效率。

（2）保护期限较短。实用新型的保护期通常比发明专利短，大多在 10 年左右，而发明专利一般为 20 年。这反映了实用新型涉及的技术内容通常相对较简单，更新换代较快。

审查程序较简单：多数国家的实用新型专利审查过程较为简单快速，不进行实质性审查，主要检查形式上的要求，如文档完整性和符合申请规范等。这使实用新型专利的授予速度通常比发明专利快。

（3）实用新型的适用性。实用新型专利非常适合中小企业和个人发明家，因为他们通常没有足够的资源来进行颠覆性的技术发明，但可以通过持续的小改进来维持技术竞争力。例如，一个简单的机械装置的改进（使其更加耐用、更易操作或更节能），都可能符合实用新型专利的要求。

2. 申请和实施

申请实用新型专利时，需要提交相关的技术资料，包括技术方案的详细描述、图纸以及清晰定义的权利要求。在一些国家，实用新型专利的申请和授予流程相对简单，使创新者可以快速获得专利保护，迅速将专利投入市场。

总之，实用新型专利在全球许多国家的知识产权体系中扮演着重要角色，它通过较低的门槛和快速的审查过程，鼓励了大量的小规模创新活动，对促进技术进步和经济发展具有积极意义。

（三）外观设计

在知识产权领域，外观设计指的是对产品的外观、形状、图案或颜色组合所进行的创新设计。这类设计的专利保护，通常被称为"设计专利"（在一些国家和地区也称为"外观设计注册"），它保护的是产品的美学特征和视觉效果，而不涉及任何技术或功能特性。

1. 外观设计的关键特点

（1）美学性和视觉感受。外观设计的保护重点在于产品的美观和视觉效果。这包括产品的形状、线条、颜色配置、纹理或装饰细节等，这些因素共同决定了产品的整体外观。

（2）不涉及功能性。设计专利的授予标准不考虑产品的技术功能或性能。即便设计元素具有一定的功能性，设计专利的授予也仅基于其视觉效果的独创性和新颖性。

（3）新颖性和独创性。要获得设计专利的保护，外观设计必须是新颖的，即在申请保护前不得公开过任何相同或相似的设计。此外，设计还须具有独创性，这意味着它应具有显著区别于已知设计的视觉特征。

2. 外观设计的法律保护

设计专利为设计者提供了一定期限的独家使用权，这通常包括生产、销售、出口或进口该设计产品的权利。设计专利的保护期限因国家而异，通常为 10～25 年。

设计专利的申请过程包括提交详细的设计图样和（如果需要）描述，以说明设计的新颖和独特之处。一些国家对外观设计的保护进行实质审查，而其他一些国家则仅进行形式审查。

3. 外观设计的商业意义

外观设计对于消费品行业尤为重要，如时尚、家具、电子产品和其他消费者可视接触的产品。良好的设计不仅能提高产品的市场吸引力，还能提升品牌形象，从而在竞争激烈的市场中为企业带来优势。

设计专利的保护也鼓励创造者和制造商投资于新的设计开发，这些设计往往能够吸引消费者的注意力并推动产品销售。同时，设计专利能够防止其他厂商复制或模仿创新设计，保护原创者的商业利益。

外观设计在知识产权体系中扮演着至关重要的角色，它通过法律手段保护那些具有视觉吸引力且在美学上独到的设计。对设计的保护不仅促进了创意产业的繁荣发展，也为消费者提供了丰富多样的产品选择，推动了整个市场的创新和活力。

4. 外观设计和技术发明的区别

外观设计和技术发明是知识产权领域中两种重要的概念，它们都可以通过专利（在外观设计的情况下通常称为设计专利）获得保护，但侧重点和保护的内容存在明显差异。以下是这两者之间的主要区别：

（1）保护的焦点。

外观设计：专注于产品的外观特征，包括形状、图案、颜色或它们的组合；保护的是产品的视觉效果和美学属性；不涉及任何技术或功能性特征。

技术发明：专注于技术解决方案和功能性创新；涵盖新产品、方法或对现有技术的改进；通常涉及提高效率、功能性、成本效益或其他技术优势。

（2）保护的要求。

外观设计：必须具有新颖性，即在申请保护前未被公开；需要具有独创性，表现为对视觉形态的显著创新；审查过程主要评估设计的美学和视觉吸引力。

技术发明：同样要求新颖性，即在全球范围内未被公开；必须表现出创造性（非显而易见性），对相关技术领域的专业人员而言不是显而易见的；必须具有实用性，即能够实际生产或使用，并提供实际效益。

（3）法律保护期限。

外观设计：保护期通常较短，不同国家规定不同，一般为 10~25 年。

技术发明：保护期限通常更长，一般为 20 年。

（4）商业应用。

外观设计：对于依赖产品外观吸引消费者的行业至关重要，如消费电子、时尚和家具设计等；设计的独特性和吸引力可以直接影响产品的市场表现和销售。

技术发明：对科技、工业、医药等领域具有深远影响；发明的实用性和技术创新往往是公司竞争力和市场领先地位的关键。

（5）经济价值。

外观设计：设计的独特性可以为产品创造显著的市场差异化，提高消费者的品牌忠诚度。

技术发明：技术进步可以开辟新的市场，提高生产效率或改进产品，带来巨大的经济效益。

总之，外观设计和技术发明在知识产权保护中各有侧重，前者保护设计创意和美学价值，后者保护技术创新和功能实用性。根据产品的特点和市场需求，企业和个人可以选择适当的保护策略，以最大化其创新成果的商业价值和竞争优势。

5. 外观设计和美术作品的区别

外观设计和美术作品都属于创意产业的一部分，但在知识产权的框架下，它们被视为不同的类别，主要由于它们的目的、功能和保护方式存在本质区别。了解这些区别对于正确申请相应的知识产权保护至关重要。

（1）定义和目的。

外观设计：

定义：外观设计指的是对产品的形状、图案或颜色等视觉特征的设计，主要考虑的是产品的外观美观性和市场吸引力。

目的：外观设计的目的是增强产品的市场竞争力，通过独特的外观设计吸引消费者，提高产品识别度。

美术作品：

定义：美术作品包括绘画、雕塑、摄影和其他形式的视觉艺术，主要是艺术表达和美学价值的体现。

目的：美术作品的创作主要是为了艺术表达和审美享受，它通常不考虑实用功能或商业价值。

（2）功能性和实用性。

外观设计：

功能性：外观设计通常与产品的功能性紧密相关，设计的实施必须考虑产品的使用功能和制造工艺。

实用性：设计的保护通常是为了商业利益，防止他人复制同一产品的外观。

美术作品：

功能性：美术作品主要是为了艺术表达，通常不涉及任何实用功能。

实用性：作品的价值在于其原创性和艺术性，而非其功能性。

（3）知识产权保护方式。

外观设计：通过设计专利（或外观设计注册）保护，侧重于防止其他制造商或设计师复制相同的产品外观。设计专利保护通常有时间限制，如在多数国家为 10~25 年。

美术作品：通过版权保护，侧重于保护作者的表达和创作不被未经授权的使用或复制。版权保护的期限通常较长，一般是作者生前加上死亡后 70 年（不同国家可能略有差异）。

（4）商业应用。

外观设计：设计通常为了商业生产而进行，设计的复制品在市场上直接与原设计竞争。设计的商业应用直接关联到产品的销售和市场表现。

美术作品：艺术作品的复制（如印刷品、限量版复制画等）通常不会直接与原作竞争。美术作品的商业价值更多体现在艺术品收藏和展览等方面。

总之，外观设计与美术作品在知识产权保护、功能性、目的和商业应用方面都有显著的区别。了解这些差异有助于创作者和企业为其创作选择合适的保护方式，并确保其知识产权得到适当的利用和维护。

二、专利权的申请

与著作权不同，专利权无法自动获得，获得专利权须向国家专利机关提出申请，获得申请后才可以获得。

（一）专利权的申请人

专利申请人可以是任何具备法定资格的个人或实体，他（它）们希望获得并行使专利权。申请专利的类型主要包括以下几种：

1. 个人申请人

这是最常见的类型之一，涉及个体发明家或创新者。个人申请人通常在独立进行发明和创新活动时提出专利申请。他们可能是自由职业者、学者或业余爱好者，通过自己的努力发明了新的产品或技术。

2. 公司申请人

很多专利申请是由企业进行的，尤其是在科技、制药和工程领域。公司作为申请人，通常在其研发部门进行创新开发，企业申请专利是为了保护其商业利益，防止竞争对手复制其创新。在大多数情况下，如果发明是由公司员工在其职责范围内完成的，那么专利申请的权利归公司所有。

3. 大学和研究机构

教育和研究机构也是专利申请的常见主体。许多大学和研究机构拥有活跃的研发部门，专门从事基础研究或应用科学研究。它们申请专利旨在保护研究成果，可能用于后续的商业化过程或作为与其他公司和机构合作的基础。

4. 政府机构

某些国家的政府机构在特定技术领域内也会进行创新研究，并申请专利。这类专利通常用于推广特定的公共政策目标，如环保技术、公共安全设备等。

5. 合伙企业

合伙企业是由两个或多个个体或实体组成的，它们共同开发新技术或产品，并共同申请专利。这种类型的申请人在合作研发项目中比较常见，特别是当项目需要跨领域知识和技能时。

6. 国际组织和合作项目

在某些情况下，国际组织或跨国合作项目也会成为专利申请人。这类申请通常涉及多国科研团队的合作，专利的申请和管理可能由一个中心机构来负责。

无论申请人的类型如何，所有申请人都必须遵守相应国家或地区的专利法规，确保其申请符合新颖性、创造性和实用性的要求。此外，专利申请过程中还需要提交详细的技术资料和说明，以证明其发明的有效性和独特性。

（二）职务发明、合作发明和委托发明

在专利法的框架内，根据发明的创造背景和参与者的关系，可以将发明分类为职务发明、合作发明和委托发明。这些类别决定了发明权利的归属和管理方式，对于管理知识产权尤其重要。

1. 职务发明

（1）定义。职务发明是指员工在履行其职务期间，或者主要利用雇主提供的物质条件所完成的发明。这类发明通常属于雇主，即公司或组织，而非员工个人。

（2）权利归属。在大多数法域，职务发明的专利权归雇主所有。雇主负责专利申请的费用并享有由此产生的所有经济利益。然而，根据当地法律，发明人通常也有权获得一定的奖励或报酬。

2. 合作发明

（1）定义。合作发明是由两个或多个合作者共同完成的发明。这些合作者可以是个人、公司或研究机构等。

（2）权利归属。合作发明的专利权通常按照各方的贡献比例共有，除非合作者之间有其他的书面协议。合作方需共同申请专利并共同管理专利权，包括专利的维持、商业化过程以及收益分配。

3. 委托发明

（1）定义。委托发明是指一方（委托人）委托另一方（受托人）进行研发活动所完成的发明。这类情形通常发生在公司外包研发项目给外部研发团队或个人的情况中。

（2）权利归属。委托发明的专利权归属依据双方的合同协议决定。通常，委托方会在合同中规定专利权的归属，以确保对技术控制和商业化的权利。受托方负责按照委托方的要求完成研发工作，但除非合同另有规定，否则通常不享有专利权。

在处理职务发明、合作发明和委托发明的权利归属和管理时，明确的书面协议是非常关键的。这有助于避免潜在的争议，并确保所有参与方的利益都得到合理的保护和补偿。此外，各种类型的发明可能需要不同的管理策略，尤其是在涉及跨国合作或多方利益相关者时，合同的详细和透明尤为重要。

（三）专利申请文件

在中国，专利的申请过程是由中国国家知识产权局（CNIPA，原英文缩写名SIPO）管理的。专利申请包括发明专利、实用新型和外观设计三种类型。这里主要介绍发明专利的申请文件和步骤，实用新型和外观设计的申请过程类似但更简化。

1. 专利申请文件

为了申请专利，以下是必须准备的主要文件：

（1）申请书。包括申请人的名字和地址、发明创造的名称、发明人的名字等基本信息。

（2）说明书。这是申请中最重要的部分，必须详细描述发明的技术领域、背景技术、发明内容（包括技术问题和解决方案）、实施例以及发明的有益效果。说明书应当足够详细，以使相关技术领域的技术人员能够实施该发明。

（3）权利要求书。明确列出申请专利保护的具体技术点。权利要求定义了专利保护的范围，是判定专利侵权的依据。

（4）摘要。摘要应简要说明发明的技术方案和主要用途，通常包括 150 ~ 300 字。

（5）附图（如适用）。如果发明涉及具体的实施方式或者设计，应提供相应的图纸，以帮助理解发明的结构和工作原理。

2. 申请步骤

（1）准备申请文件。确保所有文件都准确无误，完整地描述了发明的所有技术方面和创新点。

（2）提交申请。可以通过中国国家知识产权局的在线系统提交，或者直接到局办公室提交纸质申请。

（3）形式审查。申请提交后，首先进行形式审查，确保所有必需的文件都已提交，且格式符合要求。

（4）实质审查。发明专利申请在通过形式审查后，需提交请求进行实质审查。实质审查是评估发明是否满足新颖性、创造性和实用性要求的过程。

需要注意的是，实质审查请求应在申请日后三年内提出，否则申请将被视为撤回。

（5）审查意见回复。如审查员在审查过程中发现问题，会提出审查意见，申请人需要在规定时间内回复并可能需要修改权利要求或其他申请文件。

（6）授予专利。如果发明符合所有法律要求，CNIPA 将授予专利权。

整个过程可能需要几年时间，具体时长取决于申请的复杂程度以及审查过程中的互动。此外，申请人应密切关注申请的状态，并在必要时与代理机构（如专利律师）密切合作，以确保申请过程的顺利进行。

（四）申请日与优先权

在专利法中，申请日和优先权是两个非常重要的概念，它们对专利申请的处理和最终的专利权范围有着直接的影响。

1. 申请日

申请日是指专利申请首次被正式提交给专利局的日期。这个日期非常关键，因为它标志着专利保护的开始，并且在评估该发明的新颖性和创造性时，所有后续发布的技术信息都不会被视为先前技术。这意味着，申请日或之前已经公开的所有技术信息将被视为评估发明新颖性的背景技术。

在申请过程中，确保正确和及时地提交申请文件非常关键，因为申请日的确定依赖于完整文件的提交。如果初次提交的申请文件不完整，可能需要补充文件后才能获得正式的申请日。

2. 国际优先权

在专利领域，国际优先权是基于《巴黎公约》的一项非常重要的规定，它允许发明人在一个缔约国第一次提交专利申请后，在后续的一段时间内（通常为

12个月）在其他缔约国提交相同主题的专利申请，而这些后续申请可享受最初申请的日期作为优先日期。

《巴黎公约》全称为《保护工业产权的巴黎公约》，是一个国际条约，旨在提供跨国界的知识产权保护。公约规定了所谓的"优先权"原则，这是国际专利申请过程中的一个核心概念。

优先权的意义：国际优先权允许发明人保护其发明在全球范围内的新颖性和创造性。在首次申请日之后的12个月内，即使有人发布了相同的技术信息，或者有人在其他国家提交了相同的专利申请，也都不会影响其后续申请的新颖性。

目的：

策略规划：发明人或企业可以在不丧失新颖性的前提下，评估其发明的市场潜力和商业价值，然后决定在哪些其他国家或地区申请专利。

成本效益：发明人可以首先在一个国家提交申请，并在12个月的优先权期限内准备资金和资源逐步在其他国家提交申请。

全球保护：通过这一机制，发明人可以有效地在全球范围内扩展其专利保护，防止在这一期间的任何披露影响其新颖性。

首次申请：发明人在一个缔约国（如中国）提交首次专利申请，这将成为后续申请的优先基础。

声明优先权：在后续申请中（在其他缔约国），申请人必须明确声明希望依据首次申请享有优先权，并在申请文件中注明首次申请的日期和国家。

提交证明材料：申请人需在规定的时间内（通常要求在后续申请后几个月内）向申请国的专利局提交首次申请的证明文件，如申请副本或相关证明。

重要性：国际优先权是全球化时代下，对发明创新进行国际保护的关键工具。它不仅有助于发明人在全球范围内保护其知识产权，还促进了技术的国际交流和商业化。通过有效利用国际优先权，企业和个人可以更好地在全球市场中部署其技术和产品，确保在竞争中保持优势。

3. 国内优先权

在专利法中，国内优先权是一个特定的法律概念，指的是在同一个国家内，发明人在首次提交专利申请后，在一定的时间内（通常为12个月）提交另一个相关的专利申请，并且可以将后续申请的有效日期追溯到第一次申请的日期。

国内优先权允许发明人在初次提交专利申请后，有更多的时间进一步开发他们的发明、评估市场潜力或改进其技术方案，同时仍保留对最初发明的权利要求。这对于处于早期研发阶段的发明尤为重要，当发明人可能需要额外的时间来完善发明或考虑商业化策略时，国内优先权为其提供了必要的灵活性和保护。

首次申请：发明人在本国的专利局首次提交专利申请，该申请可以是发明、实用新型或外观设计专利。

申请国内优先权：在首次申请日之后的 12 个月内（优先权期），发明人可以在同一国家提交新的专利申请，并要求享有基于首次申请的优先权。

声明优先权：在提交后续申请时，必须在申请文件中明确声明要求国内优先权，并指明首次申请的日期和申请号。这有助于专利局确认优先权的有效性和相关性。

提交证明材料：申请人可能需要向专利局提供首次申请的相关证明，如申请副本或受理通知，以便专利局核实和确认优先权的要求。

国内优先权的优势：

保护新颖性：通过国内优先权，发明人可以防止在进一步研发和准备第二次申请期间由于自己的首次申请造成的技术公开影响新颖性。

灵活性增强：发明人可以根据首次申请的反馈和市场研究，调整或改进他们的发明，然后提交第二次申请，同时保留首次申请日作为优先日。

成本效益：发明人可以更加经济有效地规划他们的专利策略，先提交一个初步的申请以确保新颖性，然后在有了更多信息和资源后提交一个更为完善的申请。

（五）专利申请的审查

1. 形式审查

当提交专利申请时，专利局会进行形式审查，确保申请文件符合法定的形式要求和格式规定。以下是形式审查的主要方面：

文件完整性：专利申请文件必须完整，包括所有必填的表格、申请书、说明书、权利要求书、摘要以及相关的附图等。

语言要求：申请文件通常需要使用专利局认可的官方语言撰写，如英文、法文、中文等。同时，需要确保文件中的文字清晰、准确，没有拼写错误或语法问题。

格式规范：申请文件的格式需要符合专利法规定的要求，如字体、字号、行距、页边距等方面的规定。此外，附图的格式和标注也需要符合规范。

描述要求：说明书必须清楚、准确地描述发明的内容，包括技术领域、背景、发明的实质、实施方式等。申请人需要确保描述充分且不含有模糊或模棱两可的表述。

权利要求书：权利要求书是申请的核心部分，需要准确地定义发明的范围和要求专利保护的内容。权利要求书需要与说明书保持一致，不得超出说明书所揭示的技术范围。

摘要：摘要是对发明的简要描述，需要包括发明的主要特点和技术效果。摘要也需要与说明书和权利要求书保持一致。

形式审查的目的是确保申请文件的规范性和完整性，使其符合专利法律的要求，这样才能进入到后续的实质审查阶段。在形式审查过程中，申请人通常可以根据专利局的要求进行补正或修改，以满足法定的要求和标准。

2. 实质性审查

专利的实质性审查是指专利局在通过形式审查后，对申请的专利内容进行技术和法律上的审查，以确定是否符合授予专利权的条件。这个审查过程主要包括以下几个方面：

技术审查：专利局会对申请的发明或创造进行技术审查，评估其是否具有新颖性、非显性和工业适用性。这通常需要对相关技术领域进行深入研究和比较分析，以确定申请内容是否达到了专利保护的标准。

新颖性审查：申请的发明或创造必须具有新颖性，即在申请日之前，该技术在全球范围内没有被公开披露或使用过。专利局会对相关文献、专利数据库和技术资料进行检索，以确认申请内容的新颖性。

非显性审查：除了新颖性，申请的发明或创造还必须具有非显性，即该技术不能通过常规的技术手段和专业知识来推导或预见。专利局会评估申请内容是否具有创造性和非显性特征。

工业适用性审查：申请的发明或创造必须具有工业上的实际应用价值，即能够在工业领域得到实际应用并产生经济效益。专利局会对申请内容的实际应用性进行评估。

法律审查：除了技术审查外，专利局还会对申请内容进行法律审查，确保申请符合专利法律的要求和标准，如不得违反公序良俗、不得侵犯他人合法权益等。

在实质性审查过程中，专利局可能会要求申请人提供更多的技术信息或解释，进行补正或修改申请内容，以满足专利法律的要求。审查周期通常较长，因为需要对申请内容进行深入细致的评估和研究。最终，如果申请内容符合专利法律的要求，专利局将会授予专利权给申请人。

三、专利权的使用

（一）专利的复审与无效

1. 复审

专利的复审是指对已经被初审拒绝或者被他人提出异议的专利申请进行的再次审查过程。这个过程通常包括以下几个步骤：

申请复审：申请人在专利局初审被拒绝或者遭受异议后，可以向专利局申请复审。复审申请需要提交相关的申请文件和理由，说明为何认为专利局的初审决定是错误的或不合理的。

审查受理：专利局在收到复审申请后，会对申请文件进行审查受理，确认申请符合复审条件，并开始复审程序。

复审审查：专利局对复审申请进行技术和法律审查，重新评估申请内容的新颖性、非显性、工业适用性等技术要求，以及符合专利法律规定的法律要求。

听证程序：在复审过程中，专利局可能会组织听证会，让申请人和异议方或利益相关人提交证据、陈述理由，进行辩论和讨论。听证会有助于专利局更全面地了解申请内容和异议理由，作出更准确的审查决定。

复审决定：经过复审审查和听证程序后，专利局将会作出复审决定，决定是否撤销初审决定、是否授予专利权或者是否维持原有决定不变。复审决定通常会附带理由和解释。

上诉：如果申请人或异议方对复审决定不满意，可以向专利局提起上诉，要求进一步审查或者申请行政复议。上诉程序将在法定程序和期限内进行。

复审程序的目的是确保专利申请得到公正、全面的审查，保护专利权利人的合法权益，同时维护专利制度的公平和透明性。复审过程相对于初审来说通常会更加复杂和耗时，因为涉及更多的证据和争议点。

2. 无效

专利的无效是指针对已经授予的专利权提出申请，请求专利权的撤销或者宣告无效的程序。专利的无效程序可以由专利权人、第三方利益相关者或者专利局自行发起。以下是关于专利无效的详细说明：

申请无效：任何人都可以向专利局提出专利无效申请，理由可以是专利不符合新颖性、非显性、工业适用性等技术要求，或者专利权人违反了法律规定等。无效申请需要提交相关的证据和理由，证明专利的无效性。

审查受理：专利局在收到无效申请后，会对申请文件进行审查受理，确认申请符合无效程序的要求，并开始无效审查程序。

无效审查：专利局对无效申请进行审查，评估申请中所提出的无效理由和证据是否足够证明专利的无效性。审查过程可能包括技术审查和法律审查。

听证程序：在无效审查过程中，专利局可能会组织听证会，让专利权人和申请人提交证据、陈述理由，进行辩论和讨论。听证会有助于专利局更全面地了解申请内容和无效理由，作出更准确的审查决定。

无效决定：经过无效审查和听证程序后，专利局将会作出无效决定，决定是否撤销或宣告专利权的无效。无效决定通常会附带理由和解释。

上诉：如果专利权人对无效决定不满意，可以向专利局提起上诉，要求进一步审查或者申请行政复议。上诉程序将在法定程序和期限内进行。

专利的无效程序旨在确保授予专利权的公正性和有效性，防止不符合专利法规定的专利权的滥用和侵权行为。无效程序通常比较复杂，因为涉及专利技术和法律两个方面的评估和判断。

（二）专利权的例外

专利权的例外指的是专利法规定的一些情况，即使某项技术符合专利保护的要求，但在特定情况下仍然可以被允许使用或者被视为是合法的使用。以下是一些常见的专利权例外情况：

（1）合理使用。在某些情况下，即使某项技术受到专利保护，但他人可以在合理的范围内使用该技术，如个人使用、私人研究或者以教育为目的的使用等。

（2）医药专利的例外。在一些国家的专利法中，对医药品的专利保护存在一些特殊规定，如允许他人生产并销售仿制药以满足公共卫生需求。

（3）非商业用途。在某些情况下，对专利技术的非商业使用可能被视为例外，如非营利性组织或者个人出于公益目的的使用。

（4）临时许可。专利权人可以授予他人临时许可，允许其在一定期限内使用专利技术，如为了解决紧急情况或者技术交叉许可等。

（5）国家安全。在一些国家的法律中，国家安全或者国家利益可能被视为特殊情况下的专利权例外，允许政府对某些技术进行限制或者使用。

（6）竞争法例外。某些国家的竞争法中可能包含专利权的例外规定，如允许竞争对手在某些情况下使用专利技术以促进市场竞争。

需要注意的是，专利权的例外在中国的法律中是受到限制和条件约束的，不是完全的例外情况。专利权人仍然享有对其专利技术的合法权益，而他人的合理使用或者特殊情况下的使用需要符合法律规定和程序，不得侵犯专利权人的合法权益。

（三）专利的期限和终止

专利权可以在多种情况下终止，这些情况可能基于法律规定、专利权人的自愿选择或其他特定的情况。以下是关于专利权终止的详细说明：

（1）专利权期满。专利权到期后，专利权自动终止。根据中国的专利法，发明专利期限为20年，实用新型专利期限为10年，外观设计专利期限为15年。在期限届满后，专利技术进入公有领域，任何人都可以自由使用。

（2）专利权放弃。专利权人可以自愿选择放弃专利权，这通常需要向专利局提交书面申请并办理相应手续。放弃专利权意味着专利权人不再享有对专利技术的排他性使用权。

（3）专利权转让。专利权人可以将专利权转让给他人，转让后，原专利权人不再享有专利权利益，转让的专利权由新的权利人享有。转让通常需要签订书面协议并在专利局登记。

（4）专利权宣告无效。他人可以向专利局提出专利权宣告无效申请，如果专利局审查认为专利确实不符合授予专利权的条件，可以宣告专利权无效，专利权即终止。

（5）专利权侵权诉讼。如果专利权人在侵权诉讼中败诉，法院可能会判决撤销专利权或者宣告专利权终止。

（6）专利权人死亡。专利权人的死亡可能导致专利权的终止，除非专利权人的继承人继承专利权或者通过合法途径转让专利权。

需要注意的是，专利权的终止可能会对相关利益产生影响，专利权人在决定终止专利权或者其他情况下，需要慎重考虑并遵循法律程序进行操作。

四、专利权的转让与许可

1. 转让

专利权的转让是指专利权人将其拥有的专利权利益（包括专利的排他性使用

权和相关权利）转让给他人的行为。以下是关于专利权转让的详细说明：

转让方式：专利权可以通过书面合同方式进行转让。转让合同通常包括双方的身份信息、转让的专利权范围、转让条件、转让价格（如果有的话）、生效日期和签字盖章等必要要素。

权利归属：专利权转让后，原专利权人不再享有转让的专利权利益，而转让的专利权归属于新的权利人。新的权利人可以享有专利的排他性使用权，包括制造、使用、销售、许诺销售、进口等权利。

登记手续：专利权的转让需要在专利局登记。在中国，专利权转让需要向国家知识产权局提交转让申请，提供转让合同及相关材料，并办理登记手续。登记完成后，转让方变更为新的权利人。

权利保护：转让合同通常包括转让方对专利权的真实性和合法性的保证，以及对专利权的维护和保护责任。转让后，新的权利人有责任保护专利权的合法权益，如防止他人的侵权行为。

转让价格：专利权的转让通常伴随着一定的转让价格，可以一次性支付也可以分期支付，具体根据双方协商的情况确定。

公告要求：在专利权转让完成后，通常需要根据法律要求向公众公告转让事宜，确保相关权利人的知情权和利益。

总之，专利权的转让是一种常见的知识产权交易行为，需要双方遵循法律规定和程序进行操作，以保障转让的合法性和有效性。

2. 许可

专利权的许可是指专利权人授权他人在一定的范围内使用专利技术的行为。专利权许可通常由双方签订书面合同，明确许可的范围、期限、条件和权利义务等内容。以下是关于专利权许可的详细说明：

许可方式：专利权可以通过独占性许可、非独占性许可或者排他性许可等不同方式进行许可。独占性许可是指专利权人只授权一家或少数几家使用专利技术，非独占性许可是指专利权人可以向多家企业授权使用专利技术，而排他性许可则是专利权人在一定范围内不再行使专利权。

许可范围：专利权的许可范围通常包括被许可人可以使用的专利技术内容，如具体的技术实施方式、产品范围、地域范围等。许可范围必须在专利权的有效范围内。

期限：专利权许可通常有明确的期限，可以是一定的时间段或者特定的项目期限。到期后，许可自动终止，除非双方协商续约。

许可条件：专利权许可的合同通常包括许可条件，如许可费用、使用方式、质量标准、技术支持、保密义务等。许可条件可以根据双方的协商进行调整和确定。

权利义务：专利权许可的双方在合同中通常规定了各自的权利义务，如专利权人保证提供许可的专利技术、被许可人支付许可费用、保护专利技术的机密性等。

登记手续：专利权许可需要在专利局登记，确保许可行为的合法性和有效性。在中国，需要向国家知识产权局提交许可登记申请，提供许可合同及相关材料。

总之，专利权许可是一种常见的知识产权交易行为，需要双方遵循法律规定和合同约定进行操作，以确保许可的合法性和有效性。

3. 专利权的强制许可

专利权的强制许可是指在特定情况下，专利权人被迫授权他人使用其专利技术的一种措施。这种情况通常发生在竞争法规定的反垄断或者反竞争行为中，以保护公共利益和促进市场竞争。以下是关于专利权强制许可的详细说明：

法律依据：专利权的强制许可通常是根据国家竞争法或者专利法规定的特定条件和程序进行的。这些法律规定旨在防止垄断行为、保护公共利益、促进技术创新和市场竞争。

申请条件：通常情况下，申请专利权的强制许可需要满足一定的条件，如被授权人必须能够合理使用专利技术、专利权人滥用专利权导致市场竞争受损、专利技术对公共利益具有重要性等。

审查程序：申请专利权的强制许可需要向相关机构提交申请，并经过审查程序。审查通常包括对申请人的资格、申请理由、专利权人的反驳意见等进行综合评估。

许可条件：一旦专利权的强制许可获得批准，会明确规定许可的范围、期限、许可费用等条件，并对双方的权利义务进行约定。

公告和登记：强制许可的决定通常需要向公众公告，并进行登记。公告可以让公众了解相关情况，而登记则可以确保许可行为的合法性和有效性。

需要注意的是，专利权的强制许可是一种特殊情况下的措施，通常在市场竞争受损或者公共利益受到侵害的情况下才会被采用。专利权的强制许可需要遵循法律程序和条件，确保合理性和公正性。

五、专利侵权与救济

（一）专利侵权

专利侵权是指他人在未经专利权人许可的情况下，擅自使用、制造、销售、进口或者许诺销售专利技术的行为，侵犯了专利权人的合法权益。以下是关于专利侵权的详细说明：

侵权行为：专利侵权行为包括直接侵权和间接侵权两种形式。直接侵权是指他人直接使用、制造、销售专利技术等，而间接侵权则是指为他人提供侵权产品或者教唆他人侵犯专利技术。

侵权主体：专利侵权主体通常包括实施侵权行为的企业、个人或者其他组织。在确定侵权主体时，需要考虑侵权行为的实施者、受益者和共同侵权者等。

侵权判断：专利侵权的判断通常需要符合三个要素，即实施侵权行为的行为人、侵犯专利权的技术内容、侵权行为的时机。如果这三个要素都符合，就可以认定为专利侵权行为。

专利侵权的行为多种多样，主要包括以下几种形式：

（1）制造侵权。未经专利权人许可，他人在生产过程中使用了专利技术，制造了涉及专利技术的产品，从而侵犯了专利权。

（2）销售侵权。未经专利权人许可，他人销售或者许诺销售侵犯专利技术的产品，使侵权产品进入市场。

（3）使用侵权。未经专利权人许可，他人使用了专利技术，如在生产过程中使用了专利技术中的方法或者器件，或者使用了专利技术产品。

（4）进口侵权。未经专利权人许可，他人将侵权产品从国外引入本国市场，导致侵权产品在国内市场流通。

（5）许诺侵权。未经专利权人许可，他人向第三方许诺销售或者使用侵权产品，即便实际没有进行销售或者使用，也构成侵权行为。

（6）教唆侵权。未经专利权人许可，故意诱导或者引导他人实施专利技术侵权行为，如提供专利技术的制造方法或者将使用方法给他人。

（7）间接侵权。指为他人提供侵权产品或者服务，或者提供侵权产品的制造、销售、使用等技术支持，导致他人实施专利技术侵权行为。

（8）仿制侵权。未经专利权人许可，他人制造或者销售与专利技术相同或者类似的产品，虽然可能不完全一样，但侵犯了专利权。

（二）专利侵权的救济

1. 救济种类

专利侵权的救济方式主要包括以下几种：

警告通知：专利权人可以向侵权行为人发出警告通知，要求其停止侵权行为并承担相应的责任。这通常是解决侵权问题的第一步，希望通过协商达成解决。

协商和解：专利权人和侵权行为人可以通过协商和解的方式解决侵权问题。协商和解通常包括达成和解协议、支付赔偿或者许可费用、停止侵权行为等内容。

起诉侵权行为：如果侵权行为人不愿意协商解决或者无法达成和解协议，专利权人可以向法院提起侵权诉讼。法院将依法进行审理，并根据事实和法律规定判决侵权责任和赔偿金额。

要求停止侵权行为：专利权人可以要求法院判令侵权行为人停止侵权行为，如停止制造、销售、使用侵权产品，防止继续损害专利权人的权益。

赔偿损失：专利权人可以要求侵权行为人赔偿经济损失和商业损害。赔偿金额通常包括直接损失、利润损失、市场份额损失、商业声誉损失等。

扣押、没收侵权产品：法院在判决侵权行为成立时，可以依法扣押或者没收侵权产品，并销毁或者处理侵权产品，以防止侵权行为继续发生。

行政救济：在一些情况下，专利权人可以向行政部门投诉或者申请行政救济，要求行政部门进行调查、裁决或者处罚侵权行为人。

公告和登记：侵权行为得到判决后，专利权人可以要求对侵权行为进行公告，并在专利局进行登记，以确保侵权行为的公开和记录。

需要注意的是，选择合适的救济方式需要根据具体情况和法律规定进行评估和选择。有时候可能需要结合多种救济方式进行综合处理，以达到最佳的维权效果。

2. 民事救济

专利侵权的民事救济是指专利权人通过民事诉讼途径，向法院请求判决侵权行为成立，并要求侵权行为人承担相应的民事责任和赔偿义务。以下是关于专利侵权的民事救济的详细说明：

起诉侵权行为：专利权人可以向法院提起专利侵权的民事诉讼，申请法院判决侵权行为成立，并要求侵权行为人承担相应的法律责任和赔偿义务。

证据调查：法院在受理专利侵权案件后，会进行证据调查和审查，包括对专利技术的有效性、侵权行为的实质、侵权行为人的行为等方面的调查。

侵权判定：法院将根据法律规定和证据调查结果，判定侵权行为是否成立，包括是否侵犯了专利权人的专利技术、侵权行为的时机和方式等。

判决停止侵权：如果法院认定侵权行为成立，会判决侵权行为人停止侵权行为，如停止制造、销售、使用侵权产品等行为。

赔偿损失：法院会根据侵权行为的实际情况和专利权人的损失情况，判决侵权行为人承担赔偿责任，包括经济损失、利润损失、市场份额损失、商业声誉损失等方面的赔偿。

销毁侵权产品：法院可以判决扣押或者没收侵权产品，并要求侵权行为人销毁侵权产品或者对侵权产品进行处理，以防止侵权行为的继续发生。

其他民事救济：法院还可以根据实际情况判决其他民事救济措施，如发布道歉声明、公开承认侵权行为、支付诉讼费用等。

专利侵权的民事救济是保护专利权人合法权益和维护市场秩序的重要手段，专利权人可以通过民事诉讼获得相应的赔偿和法律保护。

3. 行政救济

专利侵权的行政救济是指专利权人或者其他利害关系人可以向行政部门投诉或者申请行政救济，要求行政部门进行调查、裁决或者处罚侵权行为人的行为。以下是关于专利侵权的行政救济的详细说明：

投诉行政部门：专利权人或者其他利害关系人可以向相关行政部门投诉侵权行为，如国家知识产权局、工商行政管理部门等。投诉通常需要提供详细的侵权证据和相关材料。

调查取证：行政部门在接到投诉后，会进行调查取证，包括对侵权行为的实质、侵权产品的生产、销售和使用情况等方面进行调查。

裁决或处罚：行政部门在调查取证后，可以根据法律规定作出裁决或者处罚决定，如责令停止侵权行为、没收侵权产品、罚款、吊销经营许可证等。

行政处罚：侵权行为人如果被行政部门认定为侵权行为成立，可能会面临行政处罚，如罚款、责令停产停业、吊销营业执照等。

行政调解：行政部门也可以进行行政调解，促使双方达成和解协议，解决侵权纠纷。

监督和执法：行政部门还负有对侵权行为的监督和执法责任，确保侵权行为得到有效制止和处理。

需要注意的是，行政救济是一种依法行政的手段，专利权人或其他利害关系人可以选择行政救济或者民事救济，根据实际情况和需要进行选择。行政救济通常更加迅速高效，但结果可能受行政部门的判断和裁决影响。

第二节　专利制度型开放重点：标准必要专利研究
——以高通案为例

通常来说，专利所有权人有权决定是否将专利许可给竞争对手、许可费率是多少，然而，当专利被纳入标准，成为经营者进入某一行业或达到行业要求而不可避免使用的专利，即成为标准必要专利（Standard Essential Patent，SEP）。标准制定组织（Standard Setting Organisation，SSO）要求 SEP 权利人作出承诺，保证将以 SSO 在其知识产权政策中所列明的公平、合理、无歧视原则（Fair, Reasonable and Non-Discriminatory，FRAND）条款为指导，向所有标准使用者授予实施许可①。以高通公司（高通）为例，高通与欧洲电信标准协会（ETSI）、电信行业协会（TIA）和电信行业解决方案联盟（ATIS）等多个 SSO 签订协议。作为蜂窝通信标准流程中的一部分，其数项专利对于 SSO 所采用的蜂窝标准来说必不可少，包括通用移动电信系统（UMTS）、码分多址（CDMA）和长期演进（LTE）。也就是说，高通的上述专利因被纳入国际标准，执行蜂窝通信标准时就必然被使用，因而其他经营者要想进入通信市场，就无法避免地会使用这些专利，这些专利即为标准必要专利。

专利权具有与生俱来的垄断属性，成为标准必要专利后，竞争者为了满足行业标准，从而参与到市场中来，必须获得该专利的许可，就易产生"劫持"（hold up）效应。"专利劫持"指的是，持有行业核心技术的专利权人，在专利成为行业标准后，因机会的锁定，收取远高于被纳入标准前的价值的专利许可费②。美国第

① 宁立志，覃仪. 论标准必要专利中 FRAND 承诺的法律性质 [J]. 私法，2019，32（2）：184-214.

② Joseph Farrell, John Hayes, Carl Shapiro, Theresa, et al. Standard setting, patent, and hold-up [J]. Antitrust Law, 2007, 74（3）：603-670.

七巡回法院波斯纳法官曾说，FRAND 承诺的目的是将必要专利许可费限制在专利本身的价值范围，这个价值有别于专利成为标准必要专利后产生的额外价值，即劫持的价值[①]。而"反向劫持"（hold out）是指被许可人以反垄断举报为要挟，向标准必要专利权人寻求较低许可费率或许可条件[②]。随着信息科技的进步特别是智能移动终端的普及，无线通信行业 SEP 相关的反垄断案件层出不穷。高通的专利许可费用高昂且按照手机整机计算，让厂商怨声载道，并称之为"高通税"。作为在无线通信行业拥有最多 SEP 的专利许可经营者、芯片制造商和销售商，高通近年来掀起了全球反垄断行政执法与诉讼的浪潮。

一、高通的全球专利与反垄断案件概览

（一）美国联邦贸易委员会（FTC）诉高通

经过数年的调查，2017 年 1 月 20 日，FTC 起诉高通的三项滥用行为：①"无许可，无芯片"政策。②拒绝许可竞争对手。③与苹果公司签订独家协议违反 FTC 法案第五部分（a）款以及美国联邦法典 45 条（a）款[③]，构成垄断。经过两年的审理，美国加州北区法院在 2019 年 5 月 21 日作出一审判决，认定高通在芯片销售和专利许可两个领域构成垄断，对高通下达以下四项永久禁令：①不得以芯片供应作为专利许可的条件，善意协商或重新协商许可条款。②依照 FRAND 规则向芯片供应商提供完备 SEP 授权，对授权条款有争议时可提交仲裁或司法机构确定。③不得就芯片供应达成任何明示或事实上的独家交易协议。④不得干预客户就法律执行或监管事宜与政府机构沟通。并且，为确保高通遵守上述措施，法院要求高通在 7 年内向 FTC 提交年度合规与监管报告。

这是高通在美国司法程序中第一次被认定为垄断，判决书详尽披露了高通关于拒绝许可、捆绑销售、差别许可费率等反竞争行为，并详细论证其对市场竞争的损害，在标准必要专利反垄断规制的方面具有里程碑作用。然而，美国能源部、司法部和国防部认为，判决结果将动摇美国在 5G 等无线通信技术领域的领先地位，并以国家安全为由表示明确反对。2019 年 8 月 11 日，第九巡回上诉法院推翻了加州北区法院的判决，并撤销上述四项禁令。

---

① 王先林. 中国反垄断法实施热点问题研究 [M]. 北京：法律出版社，2011.

② 王瀚. 美国标准必要专利中反向劫持问题研究 [J]. 学术界，2018（3）：189-199+279-280.

③ FTC. Federal trade commission v. qualcomm incorporated：Federal trade commission's pretrial brief [EB/OL]. https：//www.ftc.gov/enforcement/cases-proceedings/141-0199/qualcomm-inc.

（二）高通诉韩国公平贸易委员会（KFTC）

2016 年 12 月 12 日，KFTC 指出高通的三项不合理行为：①拒绝或限制许可专利给芯片竞争对手。②在磋商中利用市场支配地位优势强制签订不平等许可协议，将芯片销售与专利许可绑定。③仅提供专利组合并在未经合理估值的情况下，单方面决定协议条款，强迫制造商接受不平等条款。对高通处以 10300 亿韩元（约 9.12 亿美元）的罚金，创韩国反垄断罚款最高纪录。此外，KFTC 对高通下达如下三项禁令：①就专利许可协议，高通应与芯片制造商善意磋商，禁止强加不平等限制性条款，如限制买家或芯片用途，还特别指出在磋商过程中，如双方无法达成合意，应寻求独立第三方机构的裁决并遵守裁决。②禁止以芯片供应作为要挟，强迫执行专利许可协议。③禁止迫使手机制造商接受专利许可不平等条款，并且应制造商要求，应就现有协议进行重新磋商。并且，高通应告知手机和芯片制造商以上措施，并将协议更新情况报告给 KFTC[①]。

高通对此处罚决定不服，随后将 KFTC 诉至法院。2019 年 12 月 4 日，韩国首尔高等法院判决支持 KFTC，认定高通滥用市场支配地位，构成垄断。韩国曾在 2009 年对高通的第一轮反垄断处罚中，针对歧视性专利许可、提供忠诚回扣、对过期专利收费等违法行为作出处罚，但因未撼动高通垄断的根基和系统而收效甚微。此次韩国吸取了上一次的经验，从框架上瓦解其反竞争模式。

（三）欧盟委员会（EC）对高通的处罚

EC 在 2015 年对高通分别展开两项调查：①自 2011 年起向苹果公司支付数十亿美元，作为忠诚折扣确保苹果使用高通独家基带芯片。②掠夺性定价（Predatory Pricing）：高通以低于成本的价格销售部分芯片组，迫使竞争对手 Icera 退出市场[②]。两项调查基于《欧盟运行条约》第 102 条"一个或数个在欧盟共同市场内或某个重要地区拥有市场地位的企业，滥用市场地位，影响成员国之间的交易时，应予以禁止"和《欧洲经济区协定》第 54 条禁止滥用市场支配地位的规定。

---

① KFTC. KFTC imposes sanctions against qualcomm's abuse of SEPs of mobile communications［EB/OL］. https：//www. ftc. go. kr/eng/cmm/fms/solution. do? param1 = FILE _ 000000000079561&param2 = 0&param3 = A&param4=BBSMSTR_000000002402.

② European Union. Commission fines qualcomm € 997 million for abuse of dominant market position［EB/OL］. http：//europa. eu/rapid/press-release_IP-18-421_en. htm.

EC 认定，高通滥用市场支配地位，限制竞争对手的竞争，通过向关键客户支付大笔金额实现独家使用高通芯片。这种安排不是客户获得短期内的降价，而是通过排他性条件否定了竞争对手的竞争可能性。通过一系列的定性和定量证据，EC 认定高通的行为同时损害竞争对手和消费者的利益。评估主要依据：①主导地位。②高通为换取独家经营权所支付的巨额款项。③广泛证据（包括苹果公司内部文件）表明，高通的付款减少了苹果公司转向竞争对手的动机。④苹果公司在 LTE 基带芯片市场的重要性：苹果公司在 LTE 芯片需求中占据相当大的份额（平均占 1/3）；苹果公司是智能手机和平板电脑制造商的"领头羊"，可以影响其他客户和制造商的采购和设计选择；在这种情况下，在与苹果公司的交易中排除竞争和在 LTE 市场排除竞争具有关联性。⑤缺乏可证明的正当化措施。EC 拒绝了高通提交的"价格—成本"测试，因测试结果未能支持高通声称的独家支付不具备反竞争效果的争辩。EC 认定，高通的非法行为对竞争产生了重大不利影响，将竞争对手排除在市场之外，剥夺了欧洲消费者的真正选择和创新。

针对上述行为，EC 于 2018 年 1 月 24 日对高通处以 2017 年营业额 4.9% 的罚款，计 9.97 亿欧元。

（四）我国国家发展和改革委员会（国家发展改革委）对高通的处罚

根据我国《反垄断法》，国家发展改革委对高通展开反垄断调查，认定高通存在以下滥用市场支配地位的行为：①对过期无线标准必要专利收取许可费。②强制免费反向许可。③许可费以手机整机批发净售价作为计算基础。④非无线标准必要专利许可的搭售。⑤以被许可人接受上述不平等条件，以及不能就此主张权利或提起诉讼，作为供应基带芯片的要件。[①]

2015 年 2 月 9 日，国家发展改革委责令高通停止上述滥用市场支配地位的五项行为，并处高通 2013 年度境内销售额 8% 的罚款，计 60.88 亿元。据央视报道，高通已在三日内将罚款全数缴清。

（五）中国台湾公平交易委员会对高通的处罚

中国台湾公平交易委员会认定高通存在以下滥用市场支配地位的行为：①SEP 与 Non-SEP 合并授权。②以手机整机作为计价基础，且费率偏高。③无

---

① 中华人民共和国国家发展和改革委员会. 行政处罚决定书（发改办价监处罚〔2015〕1 号）[EB/OL]. https://www.ndrc.gov.cn/xwdt/xwfb/201502/t20150210_955999.html.

偿交叉授权。④未提供专利授权清单。⑤拒绝授权芯片竞争者。⑥无许可无芯片。⑦将芯片折价销售给苹果公司，以获得独家交易。① 其中，认定的前四项行为中有三项与国家发展改革委认定的违法事实相同，而①、③、④项均因高通提供专利组合授权，在交易中缺乏自愿平等的协商环节，使被许可人被迫接受不平等条件，继而违反 FRAND 原则并且造成对市场竞争的损害。而后面三项违法行为与美国 FTC 起诉的三项违法行为相同，不同的是，中国台湾公平交易委员会将三项行为整体作为一个高通的授权框架，因这一整套行为违反中国台湾"公平交易法"第九条第一款的规定。

中国台湾公平交易委员会在 2017 年 10 月 20 日作出的处分书中，除责令高通停止涉案违法行为，另处 234 亿元新台币（约合 51 亿元人民币）罚款之外，还特别要求：在处分书送达次日起 30 日内，书面通知芯片竞争者和 OEM，可在收到通知起 60 日内提出修改专利许可协议，高通应本着善意诚信原则协商，修改处分书列举的不公平条款，向公平交易委员会定期报告修改进度，并特别指出，不得限制协议方通过法院或第三方仲裁机构解决争议。

2018 年 8 月 10 日，中国台湾公平交易委员会与高通达成和解，除已缴纳的 27.3 亿元新台币罚金外，其余免除。高通保证：①重新协商授权条款。②不再签署独家折价协议。③无歧视提供专利授权。④未遵循 FRAND，不向供应商提起任何诉讼。⑤协商期间不拒绝提供芯片。⑥定期向公平交易委员会报告执行情况。⑦在 5G 等产业方面与中国台湾合作②。受到韩国处理方式与 FTC 起诉理由的影响，中国台湾在处分书中也未直接处理许可费的问题，而将着眼点放在了矫正市场竞争的损害，在其后的和解中，虽然罚金有所减免，但保留了"无歧视提供 SEP 授权"等要求。

对于高通行为的认定及惩罚措施，各国竞争法执法机构或法院仍处在探索与相互学习、影响中。要解答高通在全球范围的商业模式是否构成滥用市场支配地位，而应被纳入反垄断法的规制中的难题，需要从学理和实践角度研究与论证以下问题：①拥有标准必要专利这种决定性优势，能不能推定拥有市场支配地位；②"无许可，无芯片"是否违反专利权用尽原则；③拒绝交易与搭售行为的反垄断违法性；④高通与苹果公司的合作协议是否构成忠诚折扣与独家交易；⑤合

---

① 台湾公平交易委员会．处分书公处字第 106094 号［EB/OL］．https：//www.ftc.gov.tw/internet/main/search.aspx? cx=008703389700745845436；lrlnqscewcm&q=.

② https：//www.ftc.gov.tw/internet/main/doc/docDetail.aspx? uid=126&docid=15551.

理许可费率的确定。

二、高通全球案件的重点辨析

（一）相关市场的界定与市场支配地位的认定

要解决上述问题，第一步是界定相关市场。目前实务中和学理上在界定时，会提到"相关商品市场"和"相关地域市场"，这两个市场并非彼此独立，而是需要结合考量的两个维度。

1. 相关商品市场

根据我国《国务院反垄断委员会关于相关市场界定的指南》中的定义，相关商品市场"是根据商品的特性、用途及价格等因素，由需求者认为具有较为紧密替代关系的一组或一类商品所构成的市场"，简而言之，就是哪些商品在竞争，也就是商品的可替代性。需求的交叉弹性是衡量一种商品的价格变化对另一种商品的需求量的影响。如果 A、B 商品可以互相替代，那么消费者通常会在 A 涨价时购买 B。例如，如果黄油涨价而其他一切保持不变，消费者可能会尝试替代品，人造黄油的需求量可能就会增加。需求的交叉弹性的计算方法是：商品 B 需求量变化的百分比除以替代品 A 价格变化的百分比。结果为正，意味着若 A 的价格上涨，B 的需求量相应上涨；结果为负，意味着若 A 的价格上涨，B 的需求量相应下降，这适用于一些需配合使用的商品，例如，咖啡涨价而其他一切保持不变，那么搅拌棒的需求量就会下降；如果计算结果为一个很小的数值，例如，市场上有很多速溶咖啡品牌，某品牌因价格上涨导致销量下降，但由于可替代品牌较多，并未实质影响其他品牌速溶咖啡的销量，这种情况说明这种咖啡具有可替代性，也即证明其不具有市场支配力量。① 在分析可替代性时，除了考虑商品的物理性能和使用目的，还应将价格纳入分析框架。例如，同样是墨镜，高端奢侈品墨镜与普通墨镜、豪华汽车与普通汽车，尽管物理性能和使用目的相同或相近，但因为它们在价格方面存在巨大的差异，所以消费者一般不会将之视为同一种商品。

无线通信技术标准是由行业个体共同制定的标准方案，使不同无线通信终端产品得以接入同一无线蜂窝网络。为执行此标准，符合资质的通信网络运营商、通信终端和基带芯片生产商需投入大量资金建设网络基础设施，加上代际兼容问

---

① 张志奇. 相关市场界定的方法及其缺陷［J］. 北京行政学院学报，2009（4）：89-94.

题，使被纳入技术标准的标准必要专利不可替代。欧盟委员会在"三星案"中指出，"欧洲经济区生产 UMTS 技术标准产品的企业在这个技术领域没有可替代技术，三星公司在这个标准拥有的每个必要专利都可以构成一个相关产品市场"。[①] 可见，一个技术标准可能包含多个标准必要专利，如果市场上没有替代品，那么其中的每个标准必要专利都将成为一个相关市场。

关于高通的相关商品市场，有以下两方面：其一是无线 SEP 许可市场，其二是基带芯片市场。对于基带芯片市场，CDMA、WCDMA 和 LTE 为 3G 与 4G 时代主流无线通信技术标准，这个标准之内的每一项标准必要专利都不存在替代品，故而每一项都可能构成独立的相关商品市场，但并不当然。对于不同技术标准下生产的基带芯片产品而言，不同标准之间的产品因性能的差异不具有替代性，故而每个标准下的芯片市场都宜被划分为一个相关商品市场，分别是 CDMA、WC-DMA 和 LTE 基带芯片市场。

2. 相关地域市场

欧共体委员会《关于相关市场界定的通告》第 8 条规定："相关地域市场是指所涉企业进行商品或服务供求活动的地区，该地区的竞争条件是充分同质的，并与相邻地区的竞争条件明显不同，因而能将其余相邻地区区分开来。"简而言之，就是指竞争得以存在的地域区间。在考虑商品在何种地域区间竞争时，应考虑的因素包括"商品的运输成本和运输特征"和"地域间的贸易壁垒"，[②] 包括政策原因带来的壁垒。同样地，在考虑相关地域市场时，也可用"需求的交叉弹性"进行分析，即一个地区的商品涨价，消费者转而购买其他地区的替代品的难易程度。

由于专利的独特属性，使其在一国或一个地区受保护，其市场范围就是这一国或这一地区。高通持有数个国家和地区的标准必要专利并进行组合许可，那么从地理区间上来说，其市场范围就是这些国家和地区的总和。对基带芯片而言，其价格、运费、属性等方面一般不存在地域间差异，生产商在全球范围内出售，与其他生产商在全球范围内竞争。正如 1999 年的美国微软垄断案，杰克逊法官认定，微软的英特尔操作系统的地域市场是全球范围，CDMA、WCDMA 和 LTE 基带芯片的相关地域市场也被多国认定为全球市场。

---

① 王晓晔. 标准必要专利反垄断诉讼问题研究 [J]. 中国法学，2015 (6)：217-238.

② 侯利阳. 论反垄断法中的相关市场：源流、方法与反思 [J]. 竞争法律与政策评论，2018，4 (00)：39-67.

（二）高通的市场支配地位与滥用

并非任何标准必要专利都构成独立的相关市场，市场支配地位的认定也不应因拥有专利权而推定为必然。然而，标准的实施减损了原本相关市场的竞争，专利权人很容易借助标准的强制性和单一性扩张权利，将基于法定垄断权获得的私有权利演化为"经济权力"，从而拥有反垄断法判定的市场支配地位。① 在包括欧盟、美国、中国等在内的反垄断案件中，执法和司法机关根据个案分别采用两种方法，例如，2013 年 FTC 在对摩托罗拉公司进行反垄断调查时指出，摩托罗拉公司因持有的标准必要专利不具有替代性方案而具有垄断能力，因而针对摩托罗拉公司采用"推定说"。其他大多数案件，执法和司法机构普遍采用"认定说"，即考虑其他竞争性因素进行综合判断。

在对高通市场支配地位的认定方面，大部分的行政处罚决定书、判决或裁定均公布了高通分别在基带芯片市场和无线 SEP 许可市场中的份额。例如，2015 年，我国国家发展改革委认定：①高通在无线 SEP 许可市场占有 100%的市场份额。②基带芯片市场中，在 CDMA 占 93.1%、WCDMA 占 53.9%、LTE 占 96.0%，均超过了 50%。美国加州地区法院认定高通在 CDMA 市场的占有率为：2010 年 95%，2014~2016 年 96%，截至 2016 年底 92%；在 LTE 市场的占有率为：2014 年 89%，2015 年 85%，2016 年 77%，2017 年 64%。KFTC 认定高通在 CDMA、WCDMA 和 LTE 基带芯片市场的市场份额如表 3-1 所示。

表 3-1　KFTC 认定高通在 CDMA、WCDMA 和 LTE 基带芯片市场的市场份额

单位：%

年份	2008	2009	2010	2011	2012	2013	2014	2015
LTE	—	—	34.2	58.8	94.5	96.0	84.8	69.4
CDMA	98.4	97.6	96.4	94.3	92.4	93.1	91.6	83.1
WCDMA	38.8	47.4	45.7	55.0	50.4	53.9	48.8	32.3

除此之外，各国均对高通的市场控制力、价格影响能力、芯片和专利许可的替代可能性、竞争者的依赖程度以及进入相关市场的难易程度等竞争性因素展开了详细论证与分析。

---

① 袁波. 标准必要专利权人市场支配地位的认定——兼议"推定说"和"认定说"之争 [J]. 法学，2017（3）：154-164.

拥有市场支配地位本身并不违法，而滥用市场支配地位才违法。[①] 虽然各国或地区在认定高通具有市场支配地位方面结论一致，但在滥用行为或者说违法行为的认定方面有很大的差别。高通在全球不同国家或地区滥用市场支配地位行为的情况如表3-2所示。

表3-2　高通在全球不同国家或地区滥用市场支配地位的行为

行为	中国	韩国	中国台湾	欧盟	美国
过期专利收许可费	√				
免费反向许可（交叉授权）	√	√	√		
手机整机批发净售价作为计算许可费基础	√		√		
搭售非无线标准必要专利许可（合并授权）	√		√		
不主张权利或提起诉讼协议	√				
拒绝或限制许可芯片竞争对手		√	√		√
无许可，无芯片		√	√		√
独家交易协议			√	√	√

接下来详述滥用行为中的主要争议点。

（三）"无许可，无芯片"政策

"无许可，无芯片"政策（no license-no chips policy），是指OEM（Original Equipment Manufacturer，这里指下游手机制造商）从高通购买的基带芯片不带有其专利授权，OEM须先行签署独立的专利许可协议，才能获得高通提供的基带芯片。而高通不但在元件供应商中"鹤立鸡群"，在标准专利持有人中也是独树一帜：FTC指出，通常来说，如果标准专利持有人和潜在的被许可人无法就许可条件达成共识或提交仲裁，双方均可向法院提起诉讼，根据FRAND规则确定许可费。如在2013年微软诉摩托罗拉的案件中，起初许可人主张每个游戏摇杆收取6~8美元的许可费，后法院根据FRAND规则将许可费确定为每个游戏摇杆0.4美元。又如2014年瑞昱半导体公司诉LSI公司案，因许可人主张的许可费超过了产品的售价而被诉诸法院，最终法院裁定许可费为产品售价的0.19%。这样的话，由于许可双方都知道对于过高的许可费或其他不平等条件可以诉诸法院解决，所以，许可条款的谈判和磋商"在法律的庇护下"进行。然而，如果诉诸

---

① 王先林. 滥用市场支配地位之法律规定［N］. 中国工商报，2015-07-01（005）.

法院的成本高于合理许可费，这个选项就变得形同虚设，继而因一方带有不公平的优势而使谈判和磋商无法受到法律的庇护。正如高通的情况，若 OEM 不接受标准必要专利许可的不平等条件，高通就停止供应芯片。因 OEM 严重依赖高通芯片，芯片断供会带来巨大的商业亏损，OEM 只能被迫接受高额许可费和一系列不平等条件：①许可费畸高。②对过期专利收费，许多跟 CDMA 相关的专利已经过期了，高通的许可费率依然没有丝毫下降。③要求交叉许可，高通要求 OEM 提供 SEP 和 non-SEP 的交叉许可，以此来将权利传递给其他 OEM，但没有对这些交叉许可提供任何对价。

FTC 在起诉书中主张"无许可，无芯片"政策违反了专利权用尽（patent exhaustion）原则。专利权用尽原则是指，专利产品经专利权人或被授权人首次销售后，产品上的专利权已用尽，专利权人不得再行主张权利，而买受人自由使用、再销售所购的产品，不受专利权人控制。① 这包括两种情形：其一，专利权人出售的是专利产品，但该专利产品在售出后会作为组件制造另一产品；其二，专利权人出售的是用于制造该最终专利产品的零部件或中间产品。两大法系国家采用不同的理论基础适用专利权用尽原则，德国等大陆法系国家采用默示理论，与专利权用尽原则择一适用。专利权用尽原则是对专利权的限制，即使专利权人在出售产品时设置了限制性条件，也不阻止专利权用尽原则的适用，对于购买者有绝对的侵权豁免；而默示许可原则是一种相对的豁免。② 而普通法系国家未加区分，均适用专利权用尽原则。从我国《专利法》第六十九条第（一）项来看，我国采用了专利权绝对、完全用尽的原则。对高通来说，根据专利权用尽原则，制造商的任何权利终于设备或原件的售出。如消费者购买手机无需从销售商处获得专利许可一样，消费者买下即获得对其使用和出售的控制。OEM 从上百家元件供应商处购买上百种手机元件，其中只有高通要求签署另外的专利许可协议。

"无许可，无芯片"政策违反专利权用尽原则而带来了实质的竞争损害，高通不但"税"高于 FRAND 标准许可费，而且通过排除、限制市场竞争来维持其垄断地位。对 OEM 来说，考虑的是包含芯片和许可费的整体费用（all-in cost）。假如高通提高芯片价格，会促使 OEM 寻找替代产品，进而增加市场的竞争力。事实上，高通采取的是提高整体费用的后者——许可费，这样一来就减少了

---

① 刘强，沈伟.专利权用尽的售后限制研究——以专利权保留规则的构建为视角［J］.知识产权，2016（2）：56-64.

② 尹新天.中国专利法详解［M］.北京：知识产权出版社，2011.

OEM 对竞争者产品的需求，进而极大地减少了竞争对手的销量和利润。因研发芯片需要大量的资金投入，竞争者研发和创新的动力被减弱，同时也限制了竞争对手研发下一代无线通信科技的能力。另外，OEM 会将许可费用的提高以手机价格传导给消费者，损害消费者利益。

（四）拒绝或限制授权给芯片竞争对手

高通违反自己做出的 FRAND 承诺，仅将标准必要专利授权给 OEM，而拒绝授权给基带芯片的竞争对手，这一策略是为了配合前文中的"无许可，无芯片"政策。如果授权给芯片竞争对手，那么竞争对手不需要高通的芯片，若许可费过高可诉诸法院，由法院确定合理的许可费，故而许可费的磋商与谈判"在法律的庇护下"；OEM 得以从竞争对手处买到承载高通专利许可的芯片，就不担心高通芯片的断供，从而同样可使许可费的确定"在法律的庇护下"。故而，这一原则不但违反 FRAND 承诺，而且具有反竞争的恶意。

这里需要探讨的是，法院此时应担任何种角色：违反 FRAND 承诺是否必然违反竞争法而可以被法院裁判，但进一步地，法院是否应支持专利权人的禁令请求权呢？

美国加州北区法院的 Lucy H. Koh 法官指出：①高通终止了自愿且有利可图的交易。②高通拒绝许可竞争对手是出于反竞争的恶意。③SEP 许可零售市场是存在的。结合以上反竞争因素判断，在《谢尔曼法案》下，高通有义务向竞争对手提供专利授权，高通违反 FRAND 承诺，拒绝授权的行为是违法的。

关于禁令请求权，各国判例和法律法规不尽相同，甚至前后出台相反规定：2013 年 1 月，美国司法部和专利商标局发表声明，否定美国国际贸易委员会给予标准必要专利权人 FRAND 禁令救济，并指出与竞争政策不一致。随后的 6 月，美国国际贸易委员会给予三星公司 FRAND 禁令救济，禁止苹果公司某些产品的进口，此禁令亦引发了争议，美国贸易代表因该禁令不符合竞争政策与社会公益，对此禁令进行了否决。2009 年，德国联邦最高法院在其发布的橘皮书标准案中，说明法院何时会驳回诉前禁令，并认定 SEP 权利人滥用市场支配地位：①潜在的被许可人曾经提出过一个合法合理的要约，表示愿意受到要约的约束。②如 SEP 权利人暂未接受前述要约，潜在的被许可人应向第三方账号提存许可费。①

---

① https://orangebook.tetrapak.com/chapter/standards-and-regulations.

我国在 2015 年国家市场监督管理总局的法规中规定，具有市场支配地位的经营者没有正当理由，不得在其知识产权构成生产经营活动必需设施的情况下，拒绝许可其他经营者以合理条件使用该知识产权，排除、限制竞争。① 认定前款行为需要同时考虑下列因素：①是否造成不合理损害。②消费者利益和社会公益。③可替代性和竞争必要性。在高通和苹果的诉讼中，我国福州市中级人民法院在 2018 年 12 月 10 日作出的裁定中，支持了高通的禁令请求，裁定因侵犯高通的两项专利，苹果公司不得对华出口、销售部分 iPhone。

综上，违反 FRAND 承诺与违反反垄断法之间的内在联系是该种行为对竞争造成了损害，若其并没有产生排除、限制竞争的后果，则不能认定不公平的许可费构成对市场支配地位的滥用。② 关于是否支持禁令请求权，各国立法与司法审判还未统一。

（五）与苹果公司的独家交易协议

不同于其他 OEM，苹果公司不是高通的直接许可人，而是通过合同与高通许可的厂商合作。但因这些厂商将高通的许可费传导给苹果公司，苹果公司与其他 OEM 一样认为高通违反 FRAND 承诺。经过磋商，苹果公司与高通先后达成三个协议：

（1）2007 年协议：高通退还从苹果公司合同商处收取的超过每部手机上限的许可费，条件是苹果不出售或许可生产 WiMax 标准手机，WiMax 是由 Intel 主推的 4G 标准。

（2）2011 年协议：高通同意 2011~2016 年提供一大笔退款，条件是苹果公司在所有新款 iPhone 和 iPad 上使用高通芯片。如果在此期间苹果公司推出一款非高通芯片的手机，苹果公司将放弃未来所有退款，而且根据新手机推出的时间，还可能被要求退还过去的退款。

（3）2013 年协议：除其他条款外，加入了一项新的条件，即苹果不能发起也不能促使他人对高通提起 FRAND 诉讼。此补充协议产生于 2012 年苹果公司计划向高通的竞争对手 Intel 购买芯片之后。

根据以上协议，2011~2016 年，高通向苹果公司支付了数十亿美元的退款。FTC 认为，这笔费用不应属于给苹果的合理折扣，而属于忠诚折扣。利用忠诚折

---

① 《禁止滥用知识产权排除、限制竞争行为规定》。
② 任天一. 标准必要专利多边贸易与单边定价：冲突与应对［J］. 科学经济社会，2020，38（2）：70-79.

扣手段实现的独家交易，与排他性协议达到了同样的效果。根据我国国家市场监督管理总局的发文，忠诚折扣是指经营者以交易相对人在一定时期内累计的商品交易数量、交易金额、交易份额为条件或根据其他忠诚度表现给予的折扣。① 通常，忠诚折扣是基于买卖双方合意的市场自主安排，忠诚折扣的违法认定经历了本身违法到合理分析的演变与发展。② 但在经营者具有市场支配地位的情况下，可能形成掠夺性定价，而具有竞争法上的不正当性。③ 2018 年欧盟对高通处罚的原因之一就是高通滥用市场支配地位，通过忠诚折扣使苹果公司在 iPhone 和 iPad 产品中使用高通芯片。

对芯片供应商来说，苹果公司是具有全球影响力的 OEM，独家交易协议极大程度削弱了芯片市场的竞争活跃度。Koh 法官从以下方面论证了高通通过事实上的独家协议维持垄断地位，损害市场竞争，从而违反了《谢尔曼法案》：①独家协议的反竞争性。②高通承认若没有与苹果公司的交易，竞争对手就难以生存——根据高通的内部计算，独家交易协议不仅让对手在市场上丧失大量份额，更让对手无法再在市场上立足。③5 年之久的协议具有反竞争效果。④与其他 OEM 的独家协议也与之配合，进一步限制了竞争对手的市场进入。⑤如果没有独家协议，高通在与苹果公司的交易中也可获利。因而最终认定高通具有市场支配地位。

高通在上述基础上，又通过此项排他性安排达到了有效反竞争的效果，不断循环巩固和扩展垄断力，最终形成了相互作用的纵向一体化商业模式。

（六）合理许可费率的确定

高通的许可费比同类 SEP 许可费高数倍，Koh 法官指出，高通的基带芯片实际的价格包含三方面：①OEM 购买芯片支出的价格。②该芯片符合 FRAND 规则的标准必要专利许可费。③附加费用，这是确保芯片不断供必须支付的额外费用。而且，高通的许可费计算不是以芯片作为计费基础，而是以整部手机的批发价格作为计费基础，按约 5%收取许可费。除了蜂窝移动功能，现在的智能手机包含许多其他功能，如照相机、高识别触摸屏、强大的应用程序和图形处理程序，相比过去，高通的标准必要专利对手机的贡献降低了，但整机费率仍然不

---

① http://www.samr.gov.cn/fldj/tzgg/xzcf/201703/P020190529958341177232.pdf.

② 顾正平.2017 年国际反垄断十大经典案例评析［J］.竞争政策研究，2018（2）：73-89.

③ 李俊峰.“忠诚折扣”的垄断违法性判定——以利乐公司行政处罚案为材料［J］.当代法学，2019，33（2）：82-92.

变。因对手机整机计费，OEM 即使用了其他品牌的芯片，也需就整部手机向高通支付许可费，这是极不合理的。

美国在进行许可费的合理性分析时通常使用在 1970 年确立下来的 15 项因素。法庭或陪审团在一个假设的磋商中基于这 15 项因素确定许可费，从而判断其合理性。判断考虑因素基本上可以归结为以下六点：①FRAND 应根据相同或相关行业的比较来判断。②FRAND 应使专利持有人和制造商都得到总利润的一部分。③FRAND 应考虑许可费对制造商的累积影响。④FRAND 应考虑专利人持有的 SEPs 数量和 SEPs 总数量的比较。⑤FRAND 应考虑专利在被引入标准之前的价值，以避免专利持有人的意外收获。⑥FRAND 应考虑专利持有人的研发成本，此项成本参照研发相关技术的必要成本。①

然而在现实中，纵然有了上述的指引和原则，但因专利的专业性和不公开性，对于许可费合理性的认定也一直存在难点。

2013 年 9 月，在 In re Innovation IP ventures 案中，美国 Holderman 法官将实施专利的最小销售单元作为 FRAND 许可费率的计价基础。② 同样地，联邦巡回法院在 Laser Dynamics Inc. v. Quanta Computers 案中，也认为许可费应基于专利的最小销售单元，而非整个产品。然而，法官 Davis 在 Csiro v. Cisco 案中，认为芯片只是专利的载体，正如油墨和纸张不能体现图书的价值，芯片亦不能作为专利的计价基础。

除英国外，其他法院在标准必要专利纠纷案中，未主动裁决标准必要专利全球许可费率。③ 标准必要专利的许可费率本应属于权利人与实施人按照 FRAND 原则进行商业磋商的内容，若非在市场失灵的情况下，司法机构不应主动介入。当跨国公司的标准必要专利纠纷涉及多个国家主体时，全球许可费率认定的管辖权更关乎国家司法裁判主权。英国法院的判决使全球 FRAND 费率的裁判问题上升为各国司法领域、产业领域乃至国际关系领域的关注点。

三、高通案件对我国专利执法与司法的启示

以上不同国家对高通反垄断案件几个争议点的处理，给予我国反垄断执法与

---

① Gunther Friedl, Christoph Ann. A cost-based approach for calculating royalties for standard-essential patents [J]. The Journal of World Intellectual Property, 2018, 21 (3): 369-384.

② 张广良. 标准必要专利 FRAND 规则在我国的适用研究 [J]. 中国人民大学学报, 2019, 33 (1): 114-121.

③ 仲春. 标准必要专利全球费率裁判思辨 [J]. 知识产权, 2020 (10): 13-22.

司法机构以下启示：

（1）高通垄断案件的核心在于纵向一体化商业模式。高通在多国滥用其市场支配地位，限制和排除竞争，收取高额专利许可费并附带种种不平等交易条件，通过这些行为表象究其深层原因，其核心在于高通的特别商业安排——纵向一体化的授权框架：以折扣基带芯片维持绝对竞争优势，分离基带芯片的销售与其专利许可。在许可费方面，设置高费率，以整机作为计费基数，对过期专利收费并迫使 OEM 进行交叉许可。这种授权框架让高通得以在无线标准必要专利许可市场和基带芯片市场的支配力互相传导、不断强化，形成一个形似合法的循环闭合系统。

目前，高通缴纳了我国国家发展改革委开出的罚款，承诺降低许可费的65%，并没有提出上诉，而对 KFTC 和美国 FTC 的处罚，却坚持上诉，这背后的原因值得探讨。我国的处罚是针对每个违法行为，并将重点放在了许可费规范上，进而保护消费者权益；而 KFTC 与 FTC 的处罚均要求向芯片竞争者提供许可，此项直接影响了高通纵向一体化商业安排，令其无法利用市场支配地位达到垄断目的，这是高通所不能接受的。

高通的商业安排引起了世界反垄断法领域的共同关注，虽然关注点与处理方式不尽相同，但从高通案可以看出，对滥用市场支配地位行为的规制不能只着眼或局限于某个特定行为，而还应从整体出发，考虑两个甚至多个相关市场进行综合调查，从根本上打击、矫正反竞争行为。

（2）为解决司法实践中因科技发展带来的新问题贡献中国智慧和力量。在全球范围内，高通有一半的收入来源于中国，对高通全球范围行为模式及各国应对的研究，具有知识产权领域反垄断研究的理论价值，同时具有执法与司法层面的实践探索价值。目前，除高通外，三星、华为、中兴、爱立信、LG、英特尔、夏普、诺基亚等公司均持有不同数量的标准必要专利。全球 5G 基带芯片的制造商除高通外，还有我国大陆的华为海思、紫光展锐，以及我国台湾地区的联发科等，为市场竞争注入了活力和血液。2020 年以来，全球无线通信行业的标准必要专利商业谈判大幅增长，专利许可模式日益多样化，而侵权行为的隐蔽性更强，由此产生的纠纷与案件增多并逐渐复杂化。不管是有反垄断百年经验的国家还是立法与执法经验相对较新的我国，都面临着新的问题与困境。

我国现已成为全球反垄断法的重要执法领域，很多案件都作为经典案例被各国所研究借鉴。在注重借鉴美国、欧盟等反垄断执法经验、总结案件的逻辑和法理的同时，也要注入中国智慧，进行符合我国国情与社会主义核心价值的理论研究与实践创新。近年来，出现了许多跨领域的新型垄断与反竞争的案件、行为。针对这些新情况：一方面，我国应综合考量国际法、知识产权法、竞争法及其他部门法和产业政策积极应对，进一步加强如听证程序、专家论证程序等制度建设，为开放的市场和平等活跃的竞争环境提供法律保障；另一方面，也应积极争取知识产权和反垄断领域的国际话语权，为我国出海企业提供有效的保护路径。

本章小结

　　本章分两部分，第一部分结合中国专利法，介绍专利权基础理论，包括专利权的客体、专利权的获得、专利权的转让与许可、专利权的保护等问题。第二部分结合专利制度型开放重点方向，研究国际热点与难点问题——标准必要专利。高通公司作为无线通信行业拥有最多标准必要专利的专利许可经营者、芯片制造商和销售商，近年来受到了高度关注。由于目前各国的行政处罚或司法裁判存在较大差异，并且处于探索与相互学习、影响中，对高通的全球专利案件进行梳理和总结具有理论和实践的双重意义。

第四章

著作权与制度型开放

第一节　著作权制度的基本设计

一、著作权法的历史修订

《中华人民共和国著作权法》（以下简称《著作权法》）诞生于 1990 年。其首次提出始于 1979 年中美贸易协定商谈中，美方重提版权保护问题，成为中国为版权立法的外在动力。同年 4 月，《关于中美贸易协定中涉及版权问题的请示报告》中的版权法立法请求获得批准。1990 年我国首部《著作权法》审议通过，于 1991 年 6 月 1 日正式实施。

（一）《著作权法》第一次立法修改

《著作权法》第一次立法修改工作于 1992 年提出。1992 年党的十四大提出建立社会主义市场经济体制，同年我国加入《伯尔尼公约》。伴随改革开放的逐步深化，也为缩小《著作权法》和国际公约实施存在的差距，修法的紧迫性和必要性日益提升。为回应高新技术发展对版权保护提出的新问题，也为了尽快加入世界贸易组织，履行加入过程中承诺的以及世界贸易组织确定的义务，新修订的《著作权法》于 2001 年 10 月 27 日经第九届全国人民代表大会常务委员会第二十四次会议审议通过。此次修改内容涉及作品类型、权利内容、合理使用以及广播电台、电视台播放已经出版的录音制品的付筹问题等。此外，还增加了"计算机软件、信息网络传播权的保护办法由国务院另行规定"的内容，将著作权人在计算机网络传播中的合法权益纳入保护范围。

（二）《著作权法》第二次立法修改

《著作权法》的第二次修改是在中美知识产权争端的推动下进行的。2007 年美国向世界贸易组织提出三项指控，其中一项针对我国《著作权法》第四条第一款"依法禁止出版、传播的作品，不受本法保护"。2009 年世界贸易组织专家组虽驳回美方其他大多数指控，但裁定我国《著作权法》第四条第一款不符合《保护文学和艺术作品伯尔尼公约》和《与贸易有关的知识产权协定》，应当予以修改，中美双方均接受了这一裁决结果。在此次裁决的推动下，2010 年 2 月 26 日第十一届全国人民代表大会常务委员会第十三次会议审议通过新修订的《著作权法》。此次修订有两条变动，一是删除第四条第一款，同时为了进一步明确国家对作品出版、传播的监管职责，增加第二款"国家对作品的出版、传播依法进行监督管理"；二是新增了著作权质押条款。

（三）《著作权法》第三次立法修改

由于修法所涉及的法律关系复杂、调整主体众多，第三次修改自 2012 年报请国务院审议修订草案送审稿到 2020 年审议通过经历了较为漫长的过程。在 2020 年 4 月 26 日第十三届全国人民代表大会常务委员会第十七次会议上作出的《关于〈中华人民共和国著作权法修正案（草案）〉的说明》（以下简称《说明》）中概括了第三次修法的背景及主要内容。《说明》中指出，本次修法的必要性在于"随着我国经济社会发展，著作权保护领域出现了一些新情况、新问题，亟待通过修改完善著作权法予以解决：一是随着以网络化、数字化等为代表的新技术的高速发展和应用，一些现有规定已经无法适应实践需要。二是著作权维权成本高、侵权赔偿数额低，执法手段不足，著作权侵权行为难以得到有效遏制，权利保护的实际效果与权利人的期待还有一定差距。三是现行著作权法部分规定有必要与我国近年来加入的国际条约以及出台的民法总则等法律进一步做好衔接"。关于修改内容，《说明》将其概括为三个主要方面：一是根据实践发展需要修改有关概念表述和新增制度措施；二是加大著作权执法力度和对侵权行为的处罚力度；三是加强与其他法律的衔接，落实我国近年来加入的有关国际条约义务。

二、现行著作权法的亮点

在第三次修改中，结合目前的生成式人工智能、数字藏品以及网络直播等新兴产业的爆发来看，有五大亮点非常具有前瞻性：

第一，增加惩罚性赔偿制度，法定赔偿上限提高到 500 万元，明确法定赔偿数额下限为 500 元。根据最高人民法院出版的《民法典理解与适用（侵权责任编）》，知识产权侵权赔偿仍要坚持"以补偿救济为原则，以惩罚性赔偿为补充"。惩罚性赔偿是高压线，防止司法不当干预市场经济活动。司法实践中，应当在当事人主张适用的前提下，根据惩罚性赔偿适用的构成要件进行适用、论证。同时，此次将著作权法定赔偿上限提高到 500 万元，为著作权侵权案件适用酌定赔偿、法定赔偿提供了新动力。但值得注意的是，法定赔偿限额提升后，与惩罚性赔偿的适用可能存在制度供给上的竞争，使当事人或法院怠于精细化地处理案件，径行适用法定赔偿。此外，法定赔偿数额的下限为 500 元的规定也引人注目。这一规定在此前的一审、二审公开征求意见稿中并未涉及，作出著作权侵权赔偿下限规定，彰显对侵犯著作权行为的加大惩治，有利于遏制现阶段图片、字体等类型纠纷频发但赔偿金额少的侵权现象，推动社会形成尊重著作权、尊重创新创造的氛围。

第二，规定视听作品，将类电作品改为视听作品。"电影作品、电视剧作品及其他视听作品""电影和以类似摄制电影的方法创作的作品"在这次著作权法修改中，统一改称为视听作品。这种变化反映了产业界迅速发展给著作权带来的挑战，如近些年兴起并且已经发展成数千亿元市场规模的网络游戏，网络游戏直播如何定性、网络游戏画面如何定性等；再如，音乐喷泉、灯光秀、烟花秀等如何归类定性。这些问题的出现，催生了视听作品的立法。

但是，关于视听作品的定义及构成要件没有作出规定。电影作品、电视剧作品与视听作品之间区别是什么？目前还没有答案。对该问题的解决还需要实践中的具体案例，从而逐渐达成共识。同时，要防止视听作品作为单独客体类型后的泛化适用，判断时应当在符合作品要件的前提下，进一步判断是否符合视听作品的构成要件。

第三，对广播权进行合理扩张。

"（十一）广播权，即以有线或者无线方式公开传播或者转播作品，以及通过扩音器或者其他传送符号、声音、图像的类似工具向公众传播广播的作品的权利，但不包括本款第十二项规定的权利；

（十二）信息网络传播权，即以有线或者无线方式向公众提供、使公众可以在选定的时间和地点获得作品的权利"。

信息网络传播权和广播权的修改，回应了当前较为突出的网络直播著作权侵权问题，以后网络主播未经许可翻唱、挂播他人作品，将落入权利人广播权的规制范围。法院审理网络直播、挂播等非交互式著作权侵权纠纷案件，将不再用原来的兜底条款进行救济，信息网络传播权和广播权的衔接将更紧密，法律适用也更为清晰明确。

第四，修改作品定义，作品客体类型开放。著作权法此次修改，对作品定义和作品类型作了修改。作品，是指文学、艺术和科学等领域具有独创性并能以一定形式表现的智力成果。符合作品特征的其他智力成果同样是作品。

对作品定义的修改，这应当是著作权法修改中最为根基的问题，也是源头问题。作品的定义虽然采用的是概括式概念描述的方法，但并未封闭，对作品的把握依然是判断作品的要件，即是不是在文学、艺术、科学领域，有没有独创性，能不能以一定形式表现。摒弃了原来实际上并无法律、行政法规规定的其他作品的兜底规定。这将为司法实践腾出可适用的空间，贯彻知识产权法定主义的原则。

第五，合作作品的著作权归属。著作权法修改对合作作品的规定汲取了著作权实施条例的规定，并对公报案例的裁判要点予以采纳。修改规定为"两人以上合作创作的作品，著作权由合作作者共同享有，通过协商一致行使；不能协商一致，又无正当理由的，任何一方不得阻止他方行使除转让、许可他人专有使用、出质以外的其他权利，但是所得收益应当合理分配给所有合作作者。没有参加创作的人，不能成为合作作者"。

合作作品突出强调有共同创作的主观意图，创作者有实质性的创作行为，如果仅是对原作品做一些简单的辅助性工作，不能认定为参与创作，其也就不能认定为合作作者。这样规定，尊重当事人意思自治，有协商约定的从其约定；无协商约定的，无正当理由不得妨碍作品的正常传播，所得收益归所有的合作作者。这样既保障了作者的经济收益，又不妨碍作品的正常传播流通。

第二节　著作权法律制度在制度型开放的重点方向

不断变化的数字贸易情况给现有的国际知识产权体系带来了新的挑战。在过去十年左右的时间里，人工智能、区块链、量子计算、大数据分析和物联网等信息和通信技术已经商业化，正在改变我们的工作方式、互动、生产和消费。与飞速进步的数字贸易形成鲜明对比的是相关制度的停滞。以知识产权制度为例，现有的知识产权制度依然停留在 TPRIS 时期，虽然在部分区域贸易中设置了高于TPRIS 的保护标准，但是在数字贸易领域，知识产权制度并没有任何相应革新。当旧的规则面对新的技术时，监管的脱节将引起一系列所有权归属的争议。

一、数据的著作权问题

在讨论数据产权保护之前需要先明确数据的内涵与外延，因为观察的领域不同，对应数据的定义也不同。[1] 本书对于数据的定义参考阿科夫（Akoff）的观点，即将数据定义为"代表对象和事件属性的符号，经过处理后的数据则是信息"。[2] 阿科夫对于数据的拆解实际上将数据保护分为了三层：第一层为信息层，即封装了人类可以理解的信息，也被称为内容层，关于这一层数据的保护性可以直接适用知识产权法，因为这些数据已经具备了可以被人理解的表达。第二层为代码层，信息以符号和象征的形式呈现，本书将重点分析有关这一层的数据保护。第三层在信息的物理载体中体现，它构成了物理对象的一部分，或通过物理对象的结构来表示，也被称为物理层。[3] 简而言之，以网页为例，网页显示的可被一般大众理解的文字是数据构成的内容层，背后的一连串代码所表示的计算机语言是代码层，接收网页的计算机则是物理载体。

（一）数据的定义与产权保护的法理

尽管数据的经济价值得到了明确的认可，但从法律和立法的角度来看，数据在某种程度上被认为是一个异类。有学者认为，如果不能解决数据是否可被私有化、数据归属等问题将产生制度的不确定性，这种不确定性将对数据经济产生大规模的负面影响。[4] 然而，针对数据建立产权制度也有其自身的担忧。

在关于数据经济的讨论中，有两个核心问题贯穿始终。首先，人们担心目前

---

① Kocharov A. Data ownership and access rights in the European Food Safety Authority ［J］. European Food and Feed Law Review，2009，4（5）：12.

② Ackoff R. L. From data to wisdom ［J］. Journal of Applied Systems Analysis，1989，16（1）：3-9.

③ Zech H. Data as a tradeable commodity-implications for contract law ［EB/OL］. https：//api. semantic-scholar. org/Corpus ID：158785762.

④ https：//ec. europa. eu/digital-single-market/en/news/study-emerging-issues-data-ownership-interoperability-re-usability-and-access-data-and.

的立法框架没有提供足够的保护和确定性来刺激数据经济的持续增长。其次，人们还担心，作为整个数据经济的前提，数据的获取可能会因为新规则的低效实施而受到阻碍。

1. 数据的定义

数据可以有多种定义，数据是原始位和信息片段，没有上下文；① 单个数据被认为是基准，是单个变量的单个值；② 是代表物体和事件属性的符号，信息由经过处理的数据组成，处理的目的是增加其有用性。③ 简而言之，可以将数据理解为信息的基础。数据是未被处理的符号；信息是具有附加意义的数据；信息效用性的来源是数据。这些概念之间有一个线性的流动，在经济和商业背景下，寻求数据保护的目的是获得进一步的信息。

2. 数据保护的法理

首先，所有权因法域的不同而不同。德国法律规定，对有形物的完全排他性支配权是所有权。相反，在法国法律中，对无形物（主要债券）的排他性权利（归属）也属于所有权。在英美法律中，所有权是指占有（possess）某物的排他性权利。中国《民法典》则规定，所有权人对自己的不动产或者动产，依法享有占有、使用、收益和处分的权利。因此能否对数据产生所有权观念，取决于该法律中是否认可数据的排他性支配权属于所有权。④ 本书并不认为数据拥有排他性，反而数据的特性是可复制性、非竞争性、非排他性、非耗竭性。⑤ 首先，数据本身是一个想法而不是物理实体，不能直接进行物理控制，因此在本质上不具备排他性的前提。其次，数据尤其是含有个人隐私的数据，在一些国家的法律制度下，如欧洲的通用数据保护条例（GDPR）、中国的个人信息保护法，均表示个人可以通知公司对受保护的个人信息数据进行删除。在这一前提下，公司并不拥有数据的完全支配权。从理论和原则上看，数据既不适合被赋予所有权，也不适合通过著作权保护。著作权不保护单一数据。因为著作权的存在是为了保护作

---

① Bourgeois D. T., Smith J. L., Wang S., et al. Information systems for business and beyond [M]. Washington: Saylor Academy, 2019.

② https://www.abs.gov.au/websitedbs/D3310114.nsf/Home/Statistical+Language? OpenDocument.

③ Ackoff R. L. From data to wisdom [J]. Journal of Applied Systems Analysis, 1989, 16 (1): 3-9.

④ van Erp S. Ownership of data: The numerus clausus of legal objects [A] //Brigham-Kanner Prop [C]. Rts. Conf. J, 2017 (6): 235.

⑤ 张平文、邱泽奇. 数据要素五论：信息、权属、价值、安全、交易 [M]. 北京：北京大学出版社，2022.

者身份和创造力，而不是"原始"知识和信息。关于数据的保护，欧盟曾建议应在代码层面而非语义层面保护数据的著作权。这背后的逻辑在于其希望通过授予数据一定程度的著作权保护，避免信息垄断和权利的过度扩张。

参考 Hardin 的《公地悲剧》，① 尽管这篇文章是从环保意识的角度撰写的，但该理论的核心是寻求社会资源的合理优化的路径，因此对于理解著作权等知识产权法理非常具有参考性。Hardin 以牧场放牧为例，在有限的牧场中，牧民在放牧的牛群中再增加一只动物来最大化自己的收益。这样的行动既有积极的一面，也有消极的一面。此举的积极意义在于增加了牧民的收益。它的缺点在于牛群的食量超出了草生长的速度，导致过度放牧。虽然每个牧民都能充分感受到积极的影响，但过度放牧的负面影响却在众多牧民之间蔓延，导致积极影响越来越小。以此类推，如果放任过度放牧将不可避免地导致公地毁灭，因为牧场是一种有限的资源。② 这个比喻表明，对资源的肆意使用会导致效率低和效用低。因此，正如 Hardin 暗示的那样，在这种情况下，更好的方法是废除公地，将它们私有化以确保其得到更有效的使用。Demsetz 在一篇主题相关的论文中提到了产权（Property）的创造。根据 Demsetz 的观点，产权的主要功能是创造激励机制，使外部性私有化。他把外部性定义为"外部成本、外部利益、金钱和非金钱的利益"。为了证明他的主张，Demsetz 使用了美国土著和毛皮商人的故事来阐明这一观点。在土著和商人之间进行毛皮贸易之前，部落并没有一套独特的土地产权。狩猎是自由进行的，没有划定边界的必要，因为当时不存在过度狩猎。在这种情况下，与狩猎产生的成本相比，管理财产边界的成本太高。然而，一旦毛皮交易开始，对毛皮的需求变得很高，从而提高了毛皮的价格和狩猎量，为了适应经济现实，财产制度必然发生变化，最终私人狩猎场被建立起来。他认为，当外部因素使私有化在经济上变得有效时，就会产生产权。③ 正如 Pejovich 所说，三种不同的情况可以被认为是产权变化和创造的催化剂。首先，技术变革和新市场的开放需要改变产权以适应新的现实。其次，要素的稀缺性和价格的变化可能会影响成本收益比，所以需要改变现有的产权或创建全新的产权。最后，从政治经济学的角度提出一个论点，政治组织有动力建立产权，将其用作创建、规范或关闭市

①② Hardin G. Extensions of "the tragedy of the commons" [J]. Science, 1998, 280 (5364): 682-683.

③ Nicita A., Rizzolli M., Rossi M A. Towards a theory of incomplete property rights [EB/OL]. www. jus. unitn. it/cardozo/review/2005/property. pdf.

场的政策工具。① 当将 Hardin 和 Demsetz 的理论观察应用于对数据创设产权时，情况有些不同，因为它偏离了土地或动物的有形属性。对现有数据的消费并不会耗尽它们，而且数据本质上可以轻松快速地传播，因此，Hardin 提出的"过度放牧"是不可能的。对于数据的产权来说，"过度放牧"发生在数据创造的激励层面。数据创造需要资源和努力，但数据又很容易传播和被非创造者使用。② 由于非创造者总是比数据创造者更有优势，数据公共资源被过度使用，导致缺乏新的数据创建。因此，受影响者建议通过创造知识产权私有化数据并授予财产类型的权利，保证未来数据的创造——这是知识产权产生的经典经济理由之一。如此一来，新数据的产生依赖于对先前数据的访问，这一情况实际就是"公地悲剧"的对立面。Heller 称其为"反公地悲剧"。"反公地悲剧"设想了这样一种情况，即产权和权利持有人的数量和相互之间的关系过于冗杂，导致使用成本过高，使用方式过于复杂而无法成功利用。这些障碍最终导致财产的使用不足和生产不足。③

3. 数据纳入著作权保护的考量

Heller 和 Eisenberg 以生物技术科学的研究活动为例解释"反公地悲剧"。在该领域，上游技术已经获得专利，若下游技术的潜在发明者试图商业化其发明，必须取得所有相关上游技术专利者的许可。④ 在这种情况下，知识产权制度就导致了经济效率低下。关于是否可以引入著作权保护数据有两个主要角度可以作为评估的参照：一是激励问题；二是涉及市场资源动作，即为改善市场运作而创造产权。⑤

首先是激励问题。这实质上是回答引入数据知识产权保护是否必然导致"公地悲剧"的问题。"公地悲剧"的根源在于"过度放牧"，但数据是尚未经过处理的信息，这并不是传统著作权客体。所有受著作权保护的信息和知识本质上都

① Pejovich S. Towards an economic theory of the creation and specification of property rights [J]. Review of Social Economy, 1972, 30 (3): 309-325.

② Bracha O. Give us back our tragedy: Nonrivalry in intellectual property law and policy [J]. Theoretical Inquiries in Law, 2018, 19 (2): 633-670.

③ Heller M. A. The tragedy of the anticommons: Property in the transition from Marx to markets [J]. Harvard law review, 1998, 111 (3): 621-688.

④ Heller M. A., Eisenberg R. S. Can patents deter innovation? The anticommons in biomedical research [J]. Science, 1998, 280 (5364): 698-701.

⑤ Drexl J. Designing competitive markets for industrial data [J]. Information Technology and Electronic Commerce Law, 2017, 8 (4): 257-292.

是某种努力和资源使用的产物，一般投入的资源和努力都非常多。著作权打算保护的正是这些投资，从而维持进一步创造的动力。数据不一定完全符合这一条件，尽管某些数据创建会产生巨大的成本，但数字世界中的数据通常可以以极低的边际成本全面创建。因此，授予数据著作权的合理性有待商榷。此外，著作权的一个特征是向公众传播，因此其客体需要被公开。数据可能不属于此类别，因为它通常是基于企业内部目的或作为其他经济或业务运营的副产品而创建的。在这种情况下，以后无论其市场价值如何，都会收集或生成数据。因此，数据的创造并不能归因于著作权的激励。尽管这些数据可能对其他人有价值，但它们的主要目的是内部而非外部。在这种情况下，对该数据进行著作权保护并不必要。

虽然一些公司生产和收集数据的确切目的是以后在市场上交换它们。在这些情况下，数据的价值不是来自它们在公司内部的使用，而是来自它们的市场可交易性。此类企业在开展业务时可能会产生巨额成本，为了激励数据的创建或收集而采取某种法律保护可能是合理的。但争议在于授予数据著作权是否正确。本书认为，企业无论是通过外部传感器捕获数据还是纯粹通过互联网捕获数据，都已经拥有足够的法律和事实工具来保护它们的投资。由于数据的存储方式，其已具备事实排他性。当技术保护措施到位时，对数据的访问不会向未经授权的人开放，任何非法访问都可以通过刑法或商业秘密保护来解决。甚至欧盟还提出了数据库保护，尽管它仅在某些情况下可用，但它确实为某些大型数据库提供了保护。除此之外，合同法也可以成为保护数据的方式。这些机制提供了多种方法来保持数据的排他性。

虽然一些学者会将商业数据与一般数据做区分，[①] 但本书并不认为商业数据需要被授予与普通数据不同的法律地位。首先，在实践中，难以界定哪些数据是商业数据、哪些数据是普通数据，并不是被企业掌握的数据就必然是商业数据，以游戏公司为例，其掌握的数据可以有玩家的个人数据、游戏的运行数据、市场数据、员工数据、代码数据、日志数据等。在缺少明确定义的前提下授予商业数据特殊保护更容易导致著作权的滥用。其次，真正重要的数据部分通过商业秘密保护已经足够了。虽然商业秘密也是知识产权的一种，但是与知识产权不同，商业秘密权是一项特殊的知识产权权利，不像著作、商标、专利权由国家公权力确

---

① 冯晓青. 知识产权视野下商业数据保护研究［J］. 比较法研究，2022，183（5）：31-45；孔祥俊. 商业数据权：数字时代的新型工业产权——工业产权的归入与权属界定三原则［J］. 比较法研究，2022，179（1）：83-100.

认予以公示，商业秘密权只能通过司法途径认定。但是想要获得法律的排他性保护，商业秘密就必须满足三项特征，即"秘密性""保密性""价值性"。以衢州万联网络技术有限公司与周慧民等侵害商业秘密纠纷案为例，① 上海市第二中级人民法院一审认为，网站用户注册信息是涉案网站在长期的经营活动中形成的经营信息，虽然单个用户的注册用户名、注册密码和注册时间等信息是较容易获取的，但是该网站数据库中的 50 多万个注册用户名、注册密码和注册时间等信息形成的综合的海量用户信息却不容易为相关领域的人员普遍知悉和容易获得，此外，上述用户信息又具有实用性，万联公司也对上述用户信息采取了保密措施。因此，法院认定网站数据库中的注册用户信息属于商业秘密，被告的行为共同侵犯了原告的商业秘密，应当共同承担赔偿损失的民事责任。

其次是市场资源运作的考虑。授予数据著作权的另一论据是数据可以作为商品贸易的一部分。但在很多国家，甚至包括数字贸易相关监管规范较为完备的欧盟，其数字市场尚且处在初步发展阶段。② 尽管没有数据著作权，但公司早已开始进行数据交易。③ 目前可用的合同法和事实独占性工具已经保证了市场的运作。此外，先行者的优势为参与市场创造了足够的激励和动力，从目前各国的市场运行来看，似乎不存在市场失灵的问题。简而言之，虽然市场运行并不完美，但引入著作权是否能解决问题绝对是值得怀疑的。④ 另一个关于建立信息产品产权的论点是基于 Arrow 的信息悖论。正如 Arrow 所解释的，在购买信息之前，买方希望估计信息对其的价值。然而，如果卖方在出售信息之前公开信息的内容，买方就会发现信息的内容，就不需要再购买信息了。如果对该信息实行产权制度，即使买方知道其内容，也不能使用该信息。从而在签订合同之前，可以安全地进行披露。⑤ 信息悖论显然是可归因于数据的。然而，从实践的角度来看，这

---

① 上海市第二中级人民法院（2010）沪二中民五（知）初字第 57 号民事判决书，上海市高级人民法院（2011）沪高民三（知）终字第 100 号民事判决书。

② https：//ec. europa. eu/digital－single－market/en/news/study－emerging－issues－data－ownership－interoperability－re－usability－and－access－data－and.

③ Kim D. No one's ownership as the status quo and a possible way forward：A note on the public consultation on building a european data economy［J］. Journal of Intellectual Property Law & Practice, 2018, 13（2）：154－165.

④ Kerber W. A new（intellectual）property right for non－personal data?［J］. An economic analysis, 2016（11）：989－999.

⑤ Arrow K. J. Economic welfare and the allocation of resources for invention［M］. London：Macmillan Education, 1972.

个问题还可以通过充分定义和描述数据来克服，而没有必要完全披露它。①

综上所述，本书认为，赋予数据著作权是不必要的。"反公地悲剧"发生在产权重叠和权利人数量过多而无法成功使用财产时。这一问题在数据领域也会出现，由于数据的量级，通过对单个数据的语义层或代码层授予著作权会导致区分权利和权利持有人的可能性几乎为零。现代数据经济预设了大量数据的使用，这些数据通常混合了不同来源、不同条件下获得许可的数据，而这些数据又可立即使用或用于价值链下游的某个地方生成新数据，这可能会出现著作权关系相互纠缠的局面，从而导致法律上的不确定性。数据的动态特性使数据的创建和捕获极其难以恰当地归入著作权类别。数据被大量使用并且它们会不断变化。因此，不存在可以由著作权准确界定的恒定的实体对象。这使著作权权利的执行存在问题，并可能再次导致法律的不确定性。此外，权利的分配问题相当复杂，权利应该授予谁并不明确，尤其是在网络环境中，进一步影响了法律确定性问题。数据通常是通过标准化的计算操作创建的。这通常会导致在数据的代码和语义层面之间存在一对一的关系。在这种情况下，代码和有意义的信息之间没有实际区别。因此，即使在代码层进行著作权保护也可能导致信息垄断。当著作权在数字世界中被创造和体现时，因为数据的特性，即使是毫无意义的基础数据都将不可避免地具有代码层。这样，数据著作权建立保护的门槛很低，甚至会严重削弱其他传统著作权。

（二）数据库的定义与著作权保护的法理

1. 数据库的定义

公司对数据利益的追求不会就此止步。既然单一的数据现阶段通过著作权保护的可能性不大，那么其自然将目光转向了数据的合集——数据库。数据库是有组织的相关信息集合，单纯从数据库的保护体系来看，不同国家国内法对其保护尺度是不一致的。一般而言，数据库的保护是基于著作权法。如美国、英国将其视作具有汇编性质的"文学作品"。但是这样的保护是具有局限性的，汇编作品旨在保护具有独创性的编排或选择。换言之，对于数据库的保护是基于整体的保护，而非内部的数据内容。因此，根据目前著作权法的逻辑，由于基础数据不受保护，著作权法不阻止其他人从受保护的数据库中提取未受保护的数据。如在

① Kerber W. A new（intellectual）property right for non-personal data?［J］. An economic analysis, 2016（11）：989-999.

某名人语录汇编数据库中提取（复制）该名人的某一句名言并不会违反著作权法。

2. 数据库保护的法理冲突

数据库的"数据"也分为两种情况：代码层和内容层。需要强调的是，本书对数据集的讨论也仅包括机器学习使用的代码层而非内容层。内容层则应该属于传统的著作权讨论范围，并涉及机器学习是否可以构成合理使用的问题。关于这一问题，目前各国尚未有统一定论，而且在不同国家的著作权法体系下判决结果也不尽相同。

欧盟曾经尝试通过《关于数据库法律保护的指令》（以下简称《数据库指令》）给予数据库特殊权利。根据《数据库指令》，目前有两种方式保护数据库。该指令规定，如果内容的选择或安排构成作者自己的智力创造，则数据库应受版权法保护。该权利类似于中美国法律规定的权利，因为它为数据库（而不是基础数据）提供保护，并且仅限于在数据的选择或排列方面具有足够创造力的数据库。然而，第二项权利规定了一项特殊权利（Sui Generis）——禁止提取或再利用在数据内容的获取、验证或呈现方面进行了大量投资的任何数据库。2005 年的评估认为，特殊权利对数据库的产量可能产生相反的效果。2018 年进行的第二次评估肯定了首次评估的结论。①

3. 数据人格属性对数据保护的影响

由于某些数据取自与人身相关的信息，包括但不限于隐私信息，如生物数据，所以这类数据背后特有的人格属性导致数据的保护不仅需要从企业的角度考量其经济价值，还需要从个人的角度出发维护个人的隐私安全。这两者之间是矛盾的，对个人信息的保护势必会挤压公司的利益。从目前各国和国际领域的立法或谈判来看，数据保护多从保护个人信息的角度出发。互联网实现了前所未有的数据收集和使用水平。这些数据使互联网服务能够更好地了解客户偏好并产生独特的洞察力，从而产生新的流程或服务。然而，个人信息的收集和使用也引发了数据保护问题。互联网公司收集的数据中有大量的敏感信息，它们一旦发生泄露就会给普通人带来负面影响。其中，大规模数据泄露引发的担忧最多，因为人们对获取这些数据的实体以及这些信息的使用方式知之甚少。这些担忧促使旨在为个人提供适当的隐私保护的数据相关法律的出台。

---

① 孔德明. 数据财产权到访问权：欧盟数据设权立法转型解析［J］. 比较法研究，2023（6）：33-50.

实际上，在现阶段，对于隐私、个人信息和数据三者概念的使用、表述和界定，无论是在理论上，还是在法律上，都存在混用和界定不清的问题。如欧盟的GDPR将"个人数据"定义为与已识别或可识别的自然人相关的任何信息。美国则广泛采用"个人可识别信息"（PII）和"大隐私权"的概念，这两个概念可以与"个人数据"互换使用，因此个人信息和数据都被纳入了隐私法的保护范围。在中国法律中，隐私、个人信息和数据具有各自独特的含义。《民法典》在第四编"人格权编"中，专门设立了第六章来规定"隐私权和个人信息保护"的问题。① 从广泛意义上看，三者的概念应该是逐步扩大的，数据是表达信息的一种方式，个人信息中则包含了隐私。因此单独谈论数据时，不应该将数据赋予人格权的属性，只有个人信息才可能兼具财产权属性和人格权属性。之所以要强调这个概念，是因为一般人格权的主要问题在于它的不确定性——考虑到对一个人的保护，往往是以牺牲另一个人的权利或利益为代价的，从而造成在发生争议时，必须进行利益衡量。② 所以，为了平衡个人信息安全与数字经济发展之间的利益冲突，不宜将一般数据和个人信息混为一谈。

（三）大模型对数据保护产生的影响

从上文的分析可以看出，即使从保护企业利益的角度出发，数据或者数据库的代码层也不适合被赋予著作权，但这并不等于代码层的数据的相关权益不能受到保护。在中国，民法典确立了七大类民事权利：人格权、身份权、物权、债权、知识产权、继承权、股权和其他投资性权利等。在这些权利中，有可能用来涵盖并保护企业对数据的利益的民事权利主要有物权、债权及知识产权。③ 目前本书已经讨论了物权和知识产权，并且为了避免产生歧义，本书也多次强调本书对于数据的讨论仅限于代码层，本书认可在内容层面当数据形成了可被人理解的"表达"后，知识产权可以直接适用。

关于债权，本书将以人工智能产业对数据的使用为例。随着人工智能的发展，数据的价值再创新高。中信建投证券研究所武超则曾提出，一个模型的好坏，20%由算法决定，80%由数据质量决定，未来高质量的数据将是提升模型性能的关键。如果将大模型比作一个学习者，那唯有提供优质的"学习材料"，才

---

① 高志宏. 隐私、个人信息、数据三元分治的法理逻辑与优化路径 ［J］. 法制与社会发展，2022，28（2）：207-224.

② 迪特尔·梅迪库斯. 德国民法总论 ［M］. 邵建东，译. 北京：法律出版社，2013.

③ 程啸. 企业数据权益论 ［J］. 中国海商法研究，2024，35（1）：50-63.

能让其更有效地掌握知识，提升智力水平。优质的"学习材料"是指对数据的处理，在人工智能领域，数据的处理包括数据收集、数据清理和预处理、数据标注、数据增强、特征工程、数据分割、模型训练、模型评估、超参数调整和优化、部署、监控和更新。如果要深挖指定行业的垂直类数据，不但需要获取该行业的大量内部数据，甚至还需要招聘该领域的专家进行数据清理和预处理、数据标注。而且就行业数据获取来说，虽然客户或者投资人愿意通过战略合作或者直接购买的方式提供其内部数据供 AI 模型学习，但其希望数据完全本地化，不会共享给其行业竞争者。上述商业需求就决定了在商业场景中，数据或者说数据库的交易是通过许可协议进行的，在合同中往往会包括数据的所有权和使用，原始数据、派生数据和使用数据的处理。同时，不同角色对于数据权益的要求也不尽相同，例如，在供应商根据从客户接收到的与供应商向客户提供服务相关的数据来处理和生成数据的活动中，各方可能会存在竞争。在这种情况下，供应商可能希望分析并使用客户数据为客户提供服务，甚至通过创建新产品和服务、使用处理后的数据来增强其内部运营、改善产品或服务，或将数据许可给第三方，处理和汇总客户数据用于商业。客户则通常希望维护其数据的机密性、禁止将数据用于其他目的、获得对供应商处理客户数据所产生的任何新数据集的访问权甚至所有权。但不论是从何种角度出发，目前的实践已经证明，合同法的保护已经足够应对目前的商业情况。

但是债权属于相对权，其前提是双方之间存在债权债务关系。针对与企业没有合同关系的行为人，非公开的数据可以通过商业秘密的形式得到保护。至于公开的数据，虽然前述民事权利无法加以保护，但《反不正当竞争法》第二条第二款对不正当竞争行为的界定似乎又提供了一个用来保护现行民事权益无法涵盖的合法经济利益的一般条款，因此原告企业也可以以"网络不正当竞争纠纷"为由向法院起诉被告企业。

二、数字藏品（NFT）的著作权问题

不可替代的代币（NFT）是与数字资产关联的独特数字证书，拥有 NFT 与拥有实物不同，用户实质上购买的是身份认证，或者 NFT 参与者更喜欢称之为数字化的实物。每个 NFT 都是区块链上的唯一代币，但是这并不代表 NFT 对应的数字化实物只有一个数字化产品，而是说这一编码对应的只有这一 NFT。

NFT 诞生于 2014 年，从 2017 年至 2022 年 4 月，NFT 的成交量已经超过了

1. 74 亿美元。① 在一般人的认知下，数字创造是可以无限供应的，任何人都可以在线查看单个图像，即使图像本身是付费内容，但通过截屏或下载也可以免费获得。在这种前提下，部分 NFT 的价值依然可以高达数百万美元。对外宣传的原因在于收藏者认为 NFT 创造了数字稀缺性——每个 NFT 都有一个对应的数字编码，使 NFT 无法相互交换或相等。消费者购买 NFT 并不是真正购买了这个数字产品对应的实物，而是编码带来的稀缺性。这里将引出两个问题：NFT 是否可以被视为著作权法下的保护作品、NFT 如果基于侵权的作品制作是否违反著作权。

（一）NFT 的性质

NFT 是代表资产的代币，与资产本身完全分开。由于每个 NFT 都代表一种独特的资产，因此 NFT 的复制品无法保持与原始资产相同的价值。② 比如，A 可以用手中的比特币以 1∶1 的比例交换 B 手中的比特币，比特币对比特币的价值不会因外界因素而产生波动，而即使是选择同一作品作为载体，A 手中的 NFT 与 B 手中的 NFT 价值并不能等同。更加通俗地说，NFT 实际上是原资产在区块链上的独一代码。但因为宣传时，平台将其称为数字化后的资产，所以许多人将这种排他形式的所有权等同于作品本身的所有权，并且由于可以成为 NFT 载体的范围与著作权的范围一致（音频、图像、文本甚至是代码，只要是作品都可以成为NFT），所以一部分人认为 NFT 是数字贸易下新兴作品的一种形式。③ 本书认为，用户在互联网上登陆 NFT 平台看到的 NFT 产品，虽然具备作品的表现形式，但其最终购买的并不是呈现在网页上的作品，而是背后在区块链上的代码——哈希值。

为了更好地理解 NFT 的性质，必然需要解释"区块链"的内涵。区块链是一个不断增长的记录列表，并称为块，它们通过加密技术安全地连接在一起。④ 每个块都包含前一个块的加密哈希、时间戳和交易数据。时间戳证明了在发布区块进入其哈希值时交易数据存在。由于每个块都包含前一个块的信息，因

---

① https：//www. forbes. com/advisor/investing/nft-non-fungible-token/.

② 秦蕊，李娟娟，王晓，等. NFT：基于区块链的非同质化通证及其应用［J］. 智能科学与技术学报，2021，3（2）：234-242.

③ 高泽龙，王伟男，潘炜，等. 非同质化代币的应用原理及身份识别场景解析［J］. 网络空间安全，2021，12（Z1）：63-66.

④ Narayanan A. ，Bonneau J. ，Felten E. ，et al. Bitcoin and cryptocurrency technologies：A comprehensive introduction［M］. Princeton：Princeton University Press，2016.

此它们形成了一条链，每个附加块都加强了它之前的块。因此，区块链无法修改其数据，因为一旦记录，任何给定块中的数据都无法在不更改所有后续块的情况下追溯更改。正是因为这一特质，区块链被视为一种分散的、分布式的、通常是公共的数字分类账。目前，至少有三大类型的区块链网络——公共区块链（Public blockchains）、私有区块链（Private blockchains）以及介于两者之间的（Something in between）区块链。① 因为目前交易的 NFT 基本上都是在公共区块链上的，所以本书主要介绍公共区块链。在公共区块链中绝对没有任何访问限制，任何拥有互联网连接的人都可以向其发送交易并成为验证者（参与共识协议的执行）。公共区块链本质上是无须许可的，任何人都可以加入，并且是完全去中心化的。举一个常见的去中心化例子，即每一次区块链上的交易没有一个中心机构记录，而是分布在不同的计算机上，由不同的计算机同时记录，因此，攻击或者篡改其中一台或多台不会导致交易记录的消失。公共区块链允许区块链的所有节点拥有平等的权利来访问区块链、创建新的数据块和验证数据块。公共区块链的特点有三个：安全性，记录在链中的交易是不可变的，因为它不能更改或删除，只能添加；透明度，由于公共区块链是使用开源计算代码构建的，因此交易是完全透明和可验证的；匿名性，匿名性是公共区块链的最大吸引力之一。交易作为数据位分布在公共分类账中，无法追溯到用户的原始地址。②

其中，最知名的两个公共区块链就是比特币区块链和以太坊区块链。虽然也有其他的区块链支持它们（如 Flow 和 Tezos），但 NFT 通常是保存在以太坊区块链上的，③ 因此 NFT 的价格货币是以太币。加之任何人都可以查看区块链，因此可以轻松验证和追踪 NFT 所有权。但是拥有代币的个人或实体可以保持匿名。另外值得一提的是，目前国内也有一些平台发布所谓的数字藏品，主打其稀缺性，实际上这些数字藏品并不必然是 NFT，其稀缺性可能只是源于网站提供的唯一编码。

虽然每个司法管辖区都以不同的方式定义"作品"，但没有偏离本质——以中国的著作权法的定义为例，"作品，是指文学、艺术和科学领域内具有独创性并能以一定形式表现的智力成果"。④ 创作者不需要申请这些保护——国家在作

① Zeba S., Suman P., Tyagi K. Types of blockchain [M]. New York：Academic Press, 2023.
② https：//analyticsindiamag. com/public-vs-private-blockchains-how-do-they-differ/.
③ https：//www. forbes. com/advisor/investing/cryptocurrency/nft-non-fungible-token/.
④ 《著作权法》第三条。

品创作时就固有地提供了这些保护。拆解 NFT 的交易流程可以很好地揭示 NFT 性质。

（二）NFT 的交易实质

NFT 被视为访问"元宇宙"的关键，用户和企业可以将现实世界的资产和服务移植到"元宇宙"中。不论媒体如何夸大"元宇宙"的概念，最终落脚到现实世界，NFT 就是资产在网络上的表现形式。NFT 代表的资产可以是非物质资产，如推文、GIF、数字艺术作品、音乐、电子游戏道具、软件等，也可以是有实体的产品的虚拟表示，如将绘画、房地产、汽车、游戏收藏品（如玩家卡）等数字化。NFT 在各种平台上创建并提供，常见平台如 Makerspace、OpenSea、Nifty Gateway、Rarible、SuperRare 等。尽管任何人都可以访问与 NFT 关联的项目，但他们只会拥有该项目的可认证副本，他们不会是原始版本的所有者。此外，该 NFT 可能仍然在线可用，例如，每个人都可以看到。因此，购买者获得的不是该作品本身，而是该作品的数字认证版本，即区块链上认可的交易链路。

NFT 的所有者不会成为艺术品的作者。NFT 的商业化是通过智能合约①进行的，该合约建立了有关购买者使用此 NFT 的所有条款。换言之，NFT 就像购买房产时的契约，NFT 的购买者拥有的是该契约而不是房产本身，而该契约实质上是所有权的记录。同样的道理，NFT 不是数字资产本身，而是代表资产所有权的电子记录。拥有 NFT 并不一定意味着购买者拥有 NFT 的载体。② 买家购买 NFT 时，该交易会记录在区块链上。买家之所以信任区块链，是因为它是一个分布式账本，它的条目是不可变的，并且有数十亿美元的交易都依赖于这种不可变性在区块链上进行。图 4-1 为 NFT 合约示例。

NFT 通过对交易的记录将原始作品和复制品做区分。NFT 最初的热度也是因为一部分数字艺术家认为 NFT 令数字作品变得不可复制，因为 NFT 克服了数字领域最棘手的问题——数字作品一旦可访问，就可以几乎零成本复制和分发。而 NFT 基于区块链交易拥有了可追溯、透明、不可变，且任何人均可验证的特性，结合所采用的共识机制，使伪造交易变得不可行。

目前，NFT 最常用于表示数字内容。较为人知的 NFT 拍卖交易是推特的创始人兼首席执行官杰克·多尔西于 2021 年 3 月 23 日以 290 万美元的价格出售了

---

① 智能合约是一种自动执行的合约，其中，买卖双方之间的协议条款直接写入代码行。其中，包含的代码和协议存在于分布式、去中心化的区块链网络中。代码控制执行，交易可追踪且不可逆。

② https：//www.lexology.com/library/detail.aspx? g=d96ed012-8789-4e87-bc1d-70ba76569c0f.

NFT Metadata

Item Metadata	
Contract Address	Token Metadata
0x8c5aCF6dBD24c66e6FD44d4A4C3d7a2 D955AA ad2	{ "symbol": "MintableGaslessstore", "image": "https: //d1czm3wxxz9zd.cloudfontnet/613b908d
Token ID	0000000000/8619324028261876385436755016083536053 1676033165
8619324028261876385436 7501	"animation_ur": "". "royalty_amount": true.
6083536053167603316518 08345700	"address": "0x8c5aCF6dBD24c66e6FD44d4A4C37a2D955AAad2", "tokened"
0846083267628374 02898	"8619324028261876385436750160835360531676033 1
Token Name	"resellable": true, "original_creator": "OxBe8Fa52a0A28AFE9507186A817813eDC1
The Clearest Light isthe Most Blinding	"edition_number": 1, "description": "
Original Image	A beautiful bovine in the summer sun "auctionLength": 43200, "title": "The Clearest Light is the MostBlinding"
https://d1iczm3wxxz9zd.cloudfront.net/6 13b908d–19ad–41b1–8bfa0e0016820739c/ 0000000000000000/861932402 82618876385436750160835360 53 167603316518083457000846083267 6 2837402898/ITEM_PREVIEW1jPg	"urr": "https: //metadata.mintable.app/mintable_gasless/86193 240 "file_key": "". "apiURL": "mintable_gasless/", "name": "The Clearest Light is the Most Blinding". "auctionType": "Auction".
Original Creator	"category": "Art".
OxBe8Fa52a0A28AFE9507186A817813eD C1454E004	"edition_total": 1. "gasless": true }

Image: Moringiello, Juliet M. and Odinet, Christopher K, The Property Law of Tokens (November 1, 2021). U lowa Legal Studies Research Paper No. 2021-44 Used with permission.

图 4-1　NFT 合约示例

他的第一条推文，上面写着"just setting up my twttr"。主流的 NFT 网站都采取了几乎一致的运营逻辑：作者将作品"铸造"到 NFT 中，这一过程是在区块链上创建独特文件的存档。这个 NFT 也将包括一个智能合约。当出售发生时（例如，拍卖后），NFT 根据智能合约出售，买方向卖方支付对价，平台为此交易收取佣金/服务费。Dapper Labs 是最早使用 NFT 的公司之一，其已经发布了一个可用于 NFT 销售的开源许可证：NFT 许可证。① 如果采用这些条款，那么购买 NFT 仅授

① 关于 NFT 许可证规定可参见 https：//www. nftlicense. org/。

予买家有限许可。Kings of Leon 以 NFT 的形式发行的专辑是通过 YellowHeart 发行的。[①] 其条款和条件规定，该公司拥有该领域的著作权，并且仅授予 NFT 购买者有限的许可。同样，根据佳士得的条款和条件，虽然 NFT 拍卖品"Everydays-The First 5000 Days"最终以 6900 万美元的价格成交，但在这一交易中，买家并没有得到任何著作权许可或转让。[②]

目前尚不能确定是否所有的 NFT 都采取不涉及或者限制著作权许可的方式。但是从 NFT 的本质来看，买受人购买 NFT 的目的可能并非购买 NFT 所表现在外的艺术品，而是其内在的数字认证，著作权依然归艺术家所有。因此，除非艺术家和买家之间达成外部协议，否则 NFT 的著作权捆绑仍属于原始艺术家，NFT 购买者只是在区块链上拥有唯一的哈希值[③]，即带有交易记录和艺术品文件的超链接。

这里会引出一个新的问题——这类交易是否合法。一些 NFT 的投资者对 NFT 的合法性，尤其是在中国的合法性表示担忧，但目前尚无法律将 NFT 认定为违法行为。

（三）NFT 相关的著作权侵权

本书在此并不认为 NFT 的性质会导致著作权法的不适用。因为通过对 NFT 的拆解可知，实际上其是由载体和背后的哈希值组成的，现有的著作权法完全可以分析载体相关的著作权争议。对 NFT 造成的著作权侵权有两种情况：一种情况是 NFT 被侵权。其中又分为两类：第一类是对 NFT 的载体进行复制、表演、传播，但对此类侵权的索赔将是原创者的特权；第二类是 NFT 本身，即其特定的哈希值被复制、执行、传播，NFT 所有者可能会尝试对主要侵权进行补救，而这根本是不可能发生的。因为每个 NFT 在区块链上都是不可改变的，除非对整个区块链进行攻击。另一种更为复杂的情况是判断当非作者利用他人数字作品创作 NFT 时，该 NFT 是否侵犯原作者的著作权。如果回顾 NFT 的制作过程和销售逻辑就会发现，消费者购买的 NFT 在很大程度上只不过是一个使用数字编码的简短元数据文件，而不是数字作品本身。购买 NFT 仅授予购买者对 NFT 所代表

① https：//www.rollingstone.com/pro/news/kings-of-leon-when-you-see-yourself-album-nft-crypto-1135192/.

② 参见佳士得官网 https：//onlineonly.christies.com/s/first-open-beeple/beeple-b-1981-1/112924。

③ 可以理解为数学函数，可将任意长度的输入转换为固定长度的加密输出。见 https：//www.investopedia.com/terms/h/hash.asp。

作品的特定副本或版本的所有权。买家没有购买图像，甚至不是购买图像的数字副本，而是购买用图像编码的"独特"元数据。NFT 不是实际图像本身，而是将其与原始文件联系起来的元数据。购买 NFT 看似是购买一件艺术品、一条推文或一段视频，但这并不正确。

关于未经授权的作品铸造是否会侵犯著作权看似是一个棘手的问题，但如果回到 NFT 的制作方式，似乎变得简单了。首先，建立 NFT 需要一个文件来进行数字签名并将其转换为不可替代的令牌。在这一步中，建造者可以使用任何人的作品，NFT 平台并不会对此进行实质性审核。上传者通过编写智能合约，并用它来编译作品的图像。然后将作品和元数据文件上传到 Pinata,[①] 它为作品添加了一个哈希值，元数据将上传者视为作者本人。下一步是在本地编译 NFT，将所有内容放在一起，将其铸造到上传者的本地区块链中，然后生成了一些与其内在关联的元数据。虽然最后上传者令 NFT 在线，但作品本身不一定在线，NFT 不是作品本身，而是作品的编写后版本。

判断侵权的关键是这一行为是否构成对作品的复制（reproduce）和传播（communication）。因此本书将主要分析 NFT 的上架销售是否构成"复制"和"传播"以及如果构成，侵权额度又如何计算。

1. 作品上线时的侵权判定

但正如刚刚提到的，作品本身并不一定是在线的。因为在判断 NFT 侵权的时候，是要分开讨论的。如果作品本身在线，即购买者在 NFT 的销售网站上可以看到这个作品，虽然最后购买者并没有购买作品本身，但铸造者上传这一作品的行为就已经侵犯了知识产权，在任何国家都符合复制和传播的概念。在这一前提下，和传统侵权的不同点在于认定获利金额，或者说 NFT 的成交额是否可以认为是违法所得。

针对目前关于 NFT 侵权的案子，仅中国法院对此进行了审理，其他都是以私下和解的方式进行的。虽然中国法院已经对 NFT 侵权案件作出了判决，法院认为被告平台上的作品非原作者上传，系侵害的原告作品的信息网络传播权。在说理部分，对 NFT 数字产品的铸造、交易的法律性质做了详细的分析。

杭州法院认为，NFT 是数字作品，其在铸造过程中将作品上传的行为使数字作品被复制到网络服务器。NFT 的销售是在作品被呈现的情况下进行的，公众可

---

① Pinata. cloud 是一种固定服务，允许用户在 IPFS 网络上托管文件。

以获得该作品。当 NFT 平台的注册用户通过数字钱包支付对价和服务后，即成为平台上公开显示的所有者，换言之，NFT 的铸造、交易包含对该数字产品的复制、出售和信息网络传播三方面行为。

2. 作品未上线时的侵权判定

但如果是另一种情况，结论可能与一般人的理解有些许不一致——作品并没有上线到平台展示，而是仅仅生成了哈希值。这种情况下以图像作品举例较难理解，因此，本书以网络音乐作品为例。假如 NFT 铸造者用周杰伦的歌曲制作了 NFT，但是并没有将原作品上线，而是仅售 NFT，即网站详情页上写的是周杰伦歌曲。必须肯定的是，这并不是欺诈，因为作者确实使用周杰伦作品制作了 NFT。

先说复制权，各国复制的概念差异可能源于《伯尔尼公约》对其的高度概括。① 在《伯尔尼公约》中，"复制"基本表述被统一为"以任何方式和采取任何形式复制"。还有学者认为，复制的特征还需要包括竞争性，因为复制再现了原作的表现形式，使著作权人的市场份额受到影响。②

目前，中国的著作权法对于复制权以列举的方式定义：以印刷、复印、拓印、录音、录像、翻录、翻拍等方式将作品制作成一份或多份的权利。虽然条款中使用了"等"，但将 NFT 上传至区块链这一行为从本质上和上述列举行为不同。

美国的著作权法对于复制的定义则是：除录音制品外，作品以现在已知的或以后发展的方法固定于其中的物体，通过该物体可直接地或借助于机器或装置感知、复制或用其他方式传播该作品。从这里的表述可以看出，制作 NFT 可能构成复制。

基于上述对 NFT 购买逻辑的拆分，NFT 是否侵犯原作品的复制权实际上是有争议的。因为买家购买的 NFT 不是作品本身，它只是作品的一个不可替代的代币，虽然它被描述为原作品，但买家购入的是独一无二的编码。并且基于 NFT 的发售逻辑，原著作权人的市场份额也并没有受到影响。

至于传播权，对于传播的前提是"向公众传播"。关于这一点，不同国家也有不同的标准。欧盟对于"公众传播"有三个评判标准：潜在收件人数量是否确定、传播是否构成营利目的、是否吸引新公众。

①② 冯晓青，付继存. 著作权法中的复制权研究 [J]. 法学家，2011 (3)：99-112+178.

美国并没有就传播权做单独的规定，而是将传播纳入了复制权、表演权等表现形式中。但是根据美国法典著作权章节对于公众的定义，本书认为，就"公众传播"可以做如下解释：在向公众开放的场所或者家庭正常圈子以外的大量人员聚集的场所表演、展示；或者对作品进行表演或展示、传输或以其他方式传播到前述规定的地方或通过任何设备及程序向公众传播，无论公众是否能够接收表演或是否展示在同一个地方、同一时间。

至于中国的"公众传播"，在分析 NFT 的前提下，应该与"信息网络传播"挂钩，根据《北京市高级人民法院审理涉及网络环境下著作权纠纷案件若干问题的指导意见（一）（试行）》，信息网络传播行为以"是否由网络服务提供者上传或以其他方式置于向公众开放的网络服务器上为标准"。

由于区块链的特殊性，本书认为，直接将在区块链中展示定义为向公众传播为时尚早。所有类型的区块链都可以被描述为无须许可、许可或两者兼而有之。免许可区块链允许任何用户匿名加入区块链网络（成为网络的"节点"），并且不限制区块链网络上节点的权利。相反，许可的区块链将网络访问限制为某些节点，并且还可能限制该网络上这些节点的权利。许可区块链的用户身份为该许可区块链的其他用户所知。不论是上述哪一种，都和我们传统意义上的"公众"存在差异。

简而言之，现有的著作权制度可以解释 NFT 的问题，但是由于与著作权相关的国际条约迟迟未能更新，条约的模糊性令其在面对 NFT 时有了很多的解释空间。

（四）NFT 对著作权中精神权利的侵权

著作权保护两种权利，经济权利允许权利人从他人使用其作品中获得经济回报，精神权利允许作者和创作者采取某些行动来维护和保护他们与作品之间的联系。创作者可以是经济权利的所有者，并且这些权利是可以转让的。精神权利与创作者的非经济权利有关。它们保护创作者与作品的联系以及作品的完整性。精神权利仅授予作者个人，并且在许多国家法律中，即使在作者转让其经济权利之后，精神权利仍属于作者。在一些欧盟国家，如法国，精神权利无限期地存在。即当版权期限结束时，该作品的精神权利还会继续存在。但英国的精神权利是有限的。也就是说，署名权和完整权仅在作品受版权保护时才有效。

基于精神权利的保护的不一致，可以引出另一个问题——如果 NFT 采用的作品已经进入公众领域，是否侵权。本书认为，针对进入公众领域的作品，NFT

的铸造过程中出现的问题与其说是涉及侵权，不如讨论是否构成"复制欺诈"（copy fraud）更为恰当。"复制欺诈"一词是由伊利诺伊大学法学教授 Jason Mazzone 创造的。其通常被理解为对公共领域的作品提出虚假或可疑的著作权主张。正如前文分析的，当对图像进行 NFT 化时，必须提供一个铸造的原始文件。进入公众领域的作品被允许随意复制，甚至部分博物馆出于文化传播等目的，向公众提供高清扫描的图，并同意公众随意使用。更重要的是，NFT 的铸造并不属于主权主张，铸造者并没有声明拥有该作品的著作权。因此 NFT 不会构成复制欺诈，除非铸造者特别声明自己是原作者。

三、人工智能的著作权问题

人工智能，也称为机器学习技术，是指应用数据逐步改进其功能和输出的软件。无论是接收有关新流媒体节目的推荐，还是向数字助理询问天气预报，人工智能技术都构成了上述算法的基础，可确保用户接收到准确、相关的信息。ChatGPT 和 Midjourney 等生成式人工智能产品的火爆已经让大众意识到人工智能极有可能改变目前的生产结构。

生成式人工智能（Generative AI 或 GenAI）是能够使用生成模型生成文本、图像或其他媒体的人工智能。生成式人工智能模型学习输入训练数据的模式和结构，然后生成具有相似特征的新数据。[①] 生成式人工智能技术虽然发展迅速，但仍然是一项相对较新的技术，其在某些领域的法律适用（尤其是知识产权法）仍处于灰色地带，为其使用和发展带来了不确定性。生成式人工智能和机器学习技术并非"放之四海而皆准"，它们具有多种结构和算法，针对不同的任务具有不同的编程。因此，任何关于机器学习和由此产生的生成式人工智能对法律影响的讨论都需要避免针对一般技术得出笼统的结论。生成式人工智能是一种计算机系统，旨在（几乎）独立于人类程序员做出预测或决策。它执行各种功能，包括生成图像、代码。为了做出预测，人工智能必须通过机器学习，这涉及处理大量输入训练数据以识别模式。输入到数据集中的训练数据越多，输出数据就越精确和有价值。例如，用于预训练 GPT-2 的 WebText 语料库包含超过 800 万个

---

① Bandi A., Adapa P. V. S. R., Kuchi Y. E. V. P. K. The power of generative ai: A review of requirements, models, input-output formats, evaluation metrics, and challenges [J]. Future Internet, 2023, 15 (8): 260.

文档和 40GB 的文本。① 通常，这些庞大的数据集包含受著作权保护的材料——照片、绘画、书籍或计算机源代码，而且大多数时候著作权所有者并不知道（更不用说同意）他们的材料在机器学习中的使用。

（一）生成式人工智能的学习逻辑

以生成式人工智能技术发展最为迅猛的美国为例，虽然目前美国还没有判例明确人工智能学习受著作权保护的作品是否侵权，不过在 GitHub、微软和 OpenAI 诉讼中，上述公司希望法院驳回一项集体诉讼，该诉讼指控这些公司窃取许可代码来构建 GitHub 的 AI 驱动工具——Copilot。Copilot 于 2021 年推出，利用 OpenAI 的技术直接在程序员的代码编辑器中生成和建议代码行。该工具是根据 GitHub 的公开代码进行训练的，它接受了从网络上抓取的公共代码存储库的培训，其中许多代码都带有许可证，要求任何重复使用代码的人都必须注明其创建者。Copilot 被发现在不提供许可证的情况下使用长段许可代码，从而引发了这场诉讼。原告方认为，创建由用于机器学习的开源代码组成的数据集可能会违反该开源代码随附的许可证。大多数开源代码许可证要求使用开源代码创建其产品的程序员必须注明底层代码的作者，并免费与公众共享生成的代码。这些原则对于开源社区的发展和软件艺术的发展至关重要。当然，作为被告的微软、GitHub 和 OpenAI 公司也有绝佳的反驳理由：缺乏损害和缺乏其他可行的索赔。"Copilot 没有从公众可用的开源代码中撤回任何内容。"微软和 GitHub 在文件中声称，"相反，Copilot 通过根据从公共代码中收集的全部知识中学到的知识生成建议来帮助开发人员编写代码。"

像微软和 OpenAI 这样从网络上抓取受著作权保护的材料来训练 AI 系统以盈利的不在少数。如开源程序 Stable Diffusion 也是以完全相同的方式创建的。这些项目背后的公司坚称，它们对这些数据的使用在美国受到合理使用原则的保护。针对 Stable Diffusion、DreamStudio、DreamUp 和 Midjourney 的著作权侵权起诉中，原告认为，Midjourney、Stability AI 和 DeviantArt 创建的人工智能艺术工具非法从互联网上抓取艺术家的作品，违反了著作权法。② 因为上述三家公司都在名为 Stable Diffusion 的软件库上构建了它们的人工智能图像生成器，该软件库由 Stability AI 开发。Stable Diffusion 是一个文本到图像的潜在扩散模型，该模型建立在

---

① https：//huggingface.co/course/chapter5/4？fw＝pt.

② 见 https：//ipwatchdog.com/wp-content/uploads/2023/02/Andersen_et_al_v._Stability_AI.pdf.

被称为"扩散"的技术过程之上：先对程序进行训练，使其能够重建输入的图像，然后它可以在输入提示时生成新图像。原告认为，"扩散模型的主要目标是以最大的准确性和保真度重建训练数据的副本，这一目的明显是为了复制"。原告声称，这些复制的图像被用来创造"衍生作品"，"这种作品包含了足够多的原始作品，以至于它显然源自原始作品"。无独有偶，Getty Images 也起诉了 Stability AI，指控该公司的 Stable Diffusion 工具"非法"从网站上抓取图像。①

　　Stable Diffusion 在 LAION-5B 数据集上进行训练，而这些数据集中包含的大部分图像均受著作权保护。虽然 LAION-5B 包含 58.5 亿个图像文本对，但 LAION 声称不拥有这些图像的所有权。正如它所指出的那样，"这些图像受到著作权保护"。② 但是这些产品能够响应创作者的任何"风格"图像提示，如用户可以要求人工智能工具以宫崎骏的风格创作猫。可产生的收入没有流向输出作品所模仿的作品的创作者，在这些产品基于他们的作品构建之前，他们甚至没有被咨询或告知。人工智能学习的作品在这些人工智能的用户协议中被称为"贡献者"（Contributor）。因此原告提出，如果没有画家、插画家、摄影师、雕塑家和其他艺术家的工作，Stable Diffusion 和其他图像类生成式人工智能产品就不可能存在。

　　根据 Stable Diffusion 的工作原理，Stable Diffusion 即使在早期训练中也不存储复制的作品。首先，Stability AI 并未通过从互联网上获取的图像或图像数据创建其基础模型，执行这些操作的一方是 LAION-5B，LAION-5B 在 OpenAI 旗下的 CLIP（对比语言—图像预训练）技术的辅助下执行。Stable Diffusion 是 Stability AI 拥有的一款生成式人工智能系统，它在 LAION-5B 数据集上进行训练，但 Stability AI 并未在收集 LAION-5B 数据集的过程中起到任何直接作用。其次，LAION 并不是以复制的方式在互联网上收集图像。LAION 使用公共网络档案 Common Crawl 中的图像数据创建训练数据集。从 2008 年开始，Common Crawl 组织爬取网络，从近年来大约 30 亿个包含图像的全球网络网站中收集图像和文本信息。Common Crawl 并不捕获或下载实际的图像，而是收集原始网页数据、提取元数据和文本。Common Crawl 将数据存储在 WAT（Web Archive Transformation）文件中，

---

　　① 见 https：//cdn. vox-cdn. com/uploads/chorus_asset/file/24412807/getty_images_vs_stability_AI_delaware. pdf.

　　② 参见该案原告律师的公开言论，见 https：//www. saverilawfirm. com/our-cases/ai-artgenerators-copyright-litigation。

使用 WebAssembly 文本格式将网页数据（包括有关图像的数据）存储为中间形式并重新组装为二进制代码，以便 Web 浏览器或其他工具可以读取并进一步处理。WAT 文件不包含实际的 .jpg 或 .png 文件或任何其他数字格式的图像文件。Common Crawl 在 WAT 文件中存储和发布的数据提供了足够的信息，使最终用户（如 LAION）能够评估网站上图像的元数据和 alt-txt 数据，而无须复制或下载实际的图像。①

LAION 对 Common Crawl 的数据集处理流程包括以下三个主要步骤：

网页过滤：为了从 Common Crawl 中提取图像文本对，LAION 解析 Common Crawl 的 WAT 元数据文件中的 HTML IMG（图像）标签。具体而言，LAION 关注具有 alt 文本的图像，以便创建图像文本对。alt 文本是 IMG 标签的 HTML 属性，包含在相应图像无法渲染的情况下的替代文本。例如，搜索引擎也可能会使用 alt 文本以便更好地索引网页，而无须分析实际图像内容。在提取 alt 文本之后，LAION 使用 CLD3 进行语言检测，有三种可能的输出：英语、其他语言或未检测到语言（所有检测都低于置信度阈值）。LAION 将结果数据存储在 PostgreSQL 服务器中，以便在流程的后续阶段进行处理。LAION 始终在服务器上保留约 500M 图像 URL。

下载图像文本对：为了最大限度地利用资源，LAION 利用 Trio 和 Asks Python 库使用异步请求从解析的 URL 中下载原始图像。② 为了控制成本，LAION 选择了一个具有 2 个虚拟 CPU、1GB RAM 和 10Mbps 下载带宽的小型云节点作为工作实例（worker instance）。③ 这样的工作实例可以在 10~15 分钟处理 1 万个链接。LAION 并行使用大约 300 个工作实例，并将工作负载批量化为从上述 PostgreSQL 服务器获取的 10000 个链接块。

后处理：在从 Common Crawl 下载 WAT 文件后，LAION 删除了文本少于 5 个字符、图像数据少于 5KB 以及潜在恶意、大型或冗余图像的数据。为了完成流程，LAION 根据其内容过滤了图像文本对。具体而言，LAION 使用 OpenAI 的

---

① Schuhmann C., Beaumont R., Vencu R., et al. Laion-5b: An open large-scale dataset for training next generation image-text models [J]. Advances in Neural Information Processing Systems, 2022 (35): 25278 - 25294.

② 原始图像（raw images），在计算机视觉、数据处理或图像分析的背景下，"原始图像"通常指组成图像文件的像素数据和元数据。

③ 工作实例通常是指计算机科学领域的一个概念，它表示计算机程序中执行的一个单独的任务或进程。工作实例可以是一个程序的运行实例，也可以是一个计算机系统中的特定操作或任务的示例。

ViT-B/32 CLIP 模型计算图像和文本编码之间的余弦相似性。对于非英语语言，LAION 使用了来自 Carlsson 等模型的多语言 CLIP ViT-B/32。虽然后来 OpenAI 发布了更大的 CLIP 模型，但在开始组装 LAION-5B 时这些模型尚不可用。为了保持一致性，LAION 依赖于整个数据集的 ViT-B/32CLIP 模型。LAION 删除了所有余弦相似度低于 0.28 的英语图像文本对，以及所有其他相似度低于 0.26 的图像文本对。此步骤删除了约 90% 的原始图像对，最终留下将近 60 亿图像文本对。①

上述介绍来源于 LAION 的开发者的论文，对于非计算机专业的人士来说可能非常晦涩难懂，但是在讨论是否涉及侵权时只需要考虑一件事，那就是整个过程中，LAION 不存储实际的 .jpg 或 .png 文件或任何其他数字格式的图像文件。它只存储从 Common Crawl WAT 文件中获取经过筛选、策划的网页数据。当 LAION-5B 等数据集完成后，Stability AI 等客户端将使用该集中的数据作为其图像生成系统的基础模型。该软件也不会以拼贴画的形式拼凑图像，而是根据这些数学表示从头开始创建图片。

（二）生成式人工智能是否构成对作品的合理使用

关于人工智能生成技术是否侵犯著作权法是一个复杂的问题。虽然人工智能工具的创造者认为，合理使用原则涵盖了使用受著作权保护的数据进行算法训练。② 但合理使用的判断是需要法院进行的，而且由于数据来源和人工智能公司所在地的不同，不同国家法院对是否构成合理使用的判断也可能不同。

合理使用原则的目的是平衡著作权赋予其所有者的保护与更大的社会利益，并提高创造力、促进教育和言论自由。合理使用是著作权的一个例外，允许在未经所有者同意的情况下使用受著作权保护的材料进行评论、新闻报道、教学或研究。合理使用是法律和事实的混合问题，这意味着判断是否构成合理使用是针对特定案例的。通行的判断方法是基于《伯尔尼公约》第 9 条第 2 款确立的三步测试法：①在某些特殊情况下才允许例外。②不与作品的正常利用发生冲突。③不无理损害作者（或其他权利人）的合法利益。该测试源自 1967 年斯德哥尔摩会议对《伯尔尼公约》的修订，现已成为若干国家著作权法及一些国际协议的组

---

① Schuhmann C., Beaumont R., Vencu R., et al. Laion-5b: An open large-scale dataset for training next generation image-text models ［J］. Advances in Neural Information Processing Systems, 2022 (35): 25278-25294.

② 参见 GitHub 前首席执行官的公开言论，见 https://twitter.com/natfriedman/status/140991442057 9344385。

成部分。但是由于国际层面判例法的稀缺，这些步骤的具体含义仍然存在不确定性，该测试的实际含义并没有在各国达成一定程度上的一致意见。

考虑到目前知名的人工智能技术公司的注册地基本上都在美国，以及中国对于侵权行为管辖的相关规定，中国法院在中国用户面对人工智能侵权时可以具备管辖权。① 因此，本书在此主要分析美国和中国对于合理使用的定义。巧合的是，目前中国和美国也都有就生成式人工智能是否构成合理使用进行讨论的相关案件。

在美国，对于合理使用的判断主要基于以下四点：①使用的目的和性质，包括此类使用是商业性质还是非营利目的。②著作权作品的性质。③与受著作权保护作品相关的使用部分的数量和实质性。④使用对受著作权保护作品的潜在市场或价值的影响。

商业性是指如果侵权者在未向著作权所有者支付惯常价格的情况下利用受著作权保护的材料获利，法院将推定其为商业用途。人工智能所有者向最终用户收费、在人工智能网站/应用程序上放置广告、收集和出售用户数据等，都可以认为其获利。但作为第一个因素（使用的目的和特征）的一部分，美国法院会权衡该使用的变革性程度（transformative），即以新的表达方式、含义或信息改变原件的程度。作品越具有变革性，法院就可能越不重视其他可能不利于合理使用的因素，如商业化、复制作品的重要部分等。在世嘉诉 Accolade 案中，法院就认为复制竞争对手的计算机程序代码以了解其未受保护的功能元素并确保被告的新程序与竞争对手的游戏机兼容是合理使用。不过在本案中被告没有在其新程序的代码中使用竞争对手代码的创造性元素。另外，在 Campbell 诉 Acuff-Rose Music 案中，法院也指出，如果其结果和原始受著作权保护的作品服务于不同的市场功能，也可以被认为是变革性使用。同时该案还确立了商业模仿可以被视为合理使

---

① 《中华人民共和国民事诉讼法》第二十八条规定，因侵权行为提起的诉讼，由侵权行为地或者被告住所地人民法院管辖。

《最高人民法院关于适用〈中华人民共和国民事诉讼法〉的解释》第二十四条规定，民事诉讼法第二十八条规定的侵权行为地，包括侵权行为实施地、侵权结果发生地。

第二十五条规定，信息网络侵权行为实施地包括实施被诉侵权行为的计算机等信息设备所在地，侵权结果发生地包括被侵权人住所地。

《最高人民法院关于审理侵害信息网络传播权民事纠纷案件适用法律若干问题的规定》（2020 年修正）第十五条规定，侵害信息网络传播权民事纠纷案件由侵权行为地或者被告住所地人民法院管辖。侵权行为地包括实施被诉侵权行为的网络服务器、计算机终端等设备所在地。侵权行为地和被告住所地均难以确定或者在境外的，原告发现侵权内容的计算机终端等设备所在地可以视为侵权行为地。

用，作品赚钱这一事实并不意味着合理使用就无法适用，它只是合理使用分析的组成部分之一。在作者协会诉 Google 案中，法院明确确认 Google 图书项目符合合理使用的所有法律要求。Google 图书项目通过扫描和数字化将受著作权保护的书籍转变为在线可搜索数据库，这属于提供了一些新的和不同于原始形式的东西或扩展了它的效用，从而服务于著作权的总体目标，即为公众知识做出贡献。同理，法院也认为搜索引擎制作受著作权保护的书籍或图像的缩略图或片段是变革性的合理使用，因为它提供了另一种功能，而不是潜在的创意内容。通过在图像搜索功能中提供图像缩略图，搜索引擎没有进行艺术表达，而是改善了对互联网信息的访问。基于上述判例，本书认为，如果机器学习的最终目标是产生新功能，法院很有可能认为其使用具有变革性。Open AI 公司也提出，在机器学习数据集中包含受著作权保护的材料是合理使用，其使用的目的和特征是具有变革性的。与原作的"人类娱乐"目的不同，机器训练的目的是学习"人类生成的媒体中固有的模式"。

在考虑与受著作权保护作品相关的使用部分的数量和实质性因素时，如果被告使用了过多的原始著作权作品，则可能认为被告向公众提供了"竞争性替代品"，那么对合理使用的认定是不利的。法院判断时不仅会考虑是否有大量内容是从受著作权保护的作品中复制的，还会考量最终产品中的大部分内容是否仅由复制的材料组成。在机器学习的情况下，训练数据集基本上包含完整的作品。从表面上看，这可能不利于合理使用的认定。然而，根据前文对于生成式人工智能学习过程的梳理，其并没有真正对作品进行复制。此外，另一个需要考虑的关键事实因素是其是否向最终用户 1∶1 还原了训练数据集。如果只讨论学习这一阶段，那么它实际上并不存在向"公众提供"。

如果使用旨在"替代"原始作品并抢占其市场，则不太可能符合合理使用。在分析检查使用是否损害著作权所有者销售或许可其作品的能力时，本书发现，虽然生成式人工智能技术是否侵权仍在讨论中，但一些公司已经将它们的数字艺术需求外包给人工智能，因此生成式人工智能将与人类创造者竞争不只是一个假设。GitHub 集体诉讼的主要原告 Matthew Butterick 认为，编写代码的人工智能可能会"饿死"开源社区。按照他的说法，它将消除开发人员发现和贡献"传统开源社区"的动力，这些社区使开源代码的创建和持续开发成为可能。目前尚不清楚对开源社区的潜在需求减少是否足以得出给市场带来负面效应的结论。然而，这似乎违背了著作权的最终目标——通过让潜在创作者独家控制其作品的复制来扩大公众的知识和理解，从而为他们提供经济激励来创作信息丰富、知识丰富的作品供公众消费。《纽约时报》诉 Open AI、微软时提到，GhatGPT 和 Bing 浏览器插件输出的内容包括对其旗下文章的逐字摘录，这毫无疑问会影响《纽约时报》的订阅和广告收入。①

根据《中华人民共和国著作权法》（以下简称《著作权法》），合理使用是有明确前提的：在下列情况下使用作品，可以不经著作权人许可，不向其支付报酬，但应当指明作者姓名或者名称、作品名称，并且不得影响该作品的正常使用，也不得不合理地损害著作权人的合法权益。② 不过《著作权法实施条例》在第十九条又约定："使用他人作品的，应当指明作者姓名、作品名称；但是，当事人另有约定或者由于作品使用方式的特性无法指明的除外。"从法律文本本身来看，似乎合理使用在大部分情况下必须指明作者姓名或者名称、作品名称。

基于前文对于人工智能模型工作原理的梳理以及对合理使用定义的分析，本

---

① 《纽约时报》诉 Open AI、微软起诉书，https：//nytco－assets. nytimes. com/2023/12/NYT＿Complaint_Dec2023. pdf。

② 第二十四条：在下列情况下使用作品，可以不经著作权人许可，不向其支付报酬，但应当指明作者姓名或者名称、作品名称，并且不得影响该作品的正常使用，也不得不合理地损害著作权人的合法权益：

（一）为个人学习、研究或者欣赏，使用他人已经发表的作品；

（二）为介绍、评论某一作品或者说明某一问题，在作品中适当引用他人已经发表的作品；

（三）为报道新闻，在报纸、期刊、广播电台、电视台等媒体中不可避免地再现或者引用已经发表的作品；

（四）报纸、期刊、广播电台、电视台等媒体刊登或者播放其他报纸、期刊、广播电台、电视台等媒体已经发表的关于政治、经济、宗教问题的时事性文章，但著作权人声明不许刊登、播放的除外；

（五）报纸、期刊、广播电台、电视台等媒体刊登或者播放在公众集会上发表的讲话，但作者声明不许刊登、播放的除外；

（六）为学校课堂教学或者科学研究，翻译、改编、汇编、播放或者少量复制已经发表的作品，供教学或者科研人员使用，但不得出版发行；

（七）国家机关为执行公务在合理范围内使用已经发表的作品；

（八）图书馆、档案馆、纪念馆、博物馆、美术馆、文化馆等为陈列或者保存版本的需要，复制本馆收藏的作品；

（九）免费表演已经发表的作品，该表演未向公众收取费用，也未向表演者支付报酬，且不以营利为目的；

（十）对设置或者陈列在公共场所的艺术作品进行临摹、绘画、摄影、录像；

（十一）将中国公民、法人或者非法人组织已经发表的以国家通用语言文字创作的作品翻译成少数民族语言文字作品在国内出版发行；

（十二）以阅读障碍者能够感知的无障碍方式向其提供已经发表的作品；

（十三）法律、行政法规规定的其他情形。

前款规定适用于对与著作权有关的权利的限制。

书认为，用受著作权保护的数据训练人工智能模型可能会被视为合理使用。然而，这一结论仅适用于学习阶段，对于输出结果是否侵权则完全可以依靠通俗的著作权侵权判断办法——"接触+实质性相似"。

（三）生成式人工智能生成的作品的定性和侵权问题

在讨论生成式人工智能生成的作品的定性之前，本书需要预设一个前提——人工智能的生成物不存在侵权的可能性。根据大多数国家的著作权法，作品的创作者通常被视为著作权所有者。英国是少数几个保护由没有人类创作者的计算机生成的作品的国家之一。当一个作品由人工智能创作时，"计算机生成作品"的"作者"被定义为"为创作作品进行必要安排的人"。① 在这个定义下，对于这个"人"指的是谁自然有多种解释。生成模型的开发者或运营者？还是模型本身？还是使用模型的人？

回顾作品的生成过程，实际上直到最终的作品产生，至少以目前的技术力来说，仍需要人类的参与，只是参与的多少取决于最后作品的精致程度。既然著作权保护的是人类创造力产物，那么只要有人类创造力的贡献，就不能简单地说人工智能作品都不能被著作权法保护。是否能被授予著作权还需要具体情况具体分析，特别是人工智能工具如何运作以及如何使用它来创作最终作品，如人工智能贡献是否是"机械复制"的结果，还是作者"将自己原始的心理概念通过人工智能技术实现了'可见的呈现'"。

美国版权局（USCO）认为，如果作品的传统作者身份要素是由机器产生的，则该作品缺乏人类作者身份。例如，当人工智能技术仅收到人类的提示并产生复杂的书面、视觉或音乐作品作为响应时，"作者身份的传统元素"是由技术而不是人类用户确定和执行的。根据目前 USCO 的实践，本书认为，USCO 的判断核心是用户不会对此类系统进行最终的创造性控制。相反，这些提示的功能更像是对委托艺术家的指令，它们确定提示者希望描绘的内容，但机器决定如何在其输出中实现这些指令。在考虑是否授予《太空歌剧院》的著作权时，USCO 表示该作品不符合著作权资格。② 虽然该作品的制作者 Jason Michael Allen 向 USCO 提交过书面解释，详细说明了他为了作品的完成做了多少努力，以及他对原始图像做

---

① Kretschmer M., Meletti B., Porangaba L. H. Artificial intelligence and intellectual property: Copyright and patents—A response by the CREATe Centre to the UK Intellectual Property Office's open consultation [J]. Journal of Intellectual Property Law and Practice, 2022, 17 (3): 321-326.

② 见 https://www.copyright.gov/rulings-filings/review-board/docs/Theatre-Dopera-Spatial.pdf.

了多少修改，包括但不限于使用 Adobe Photoshop 来修复缺陷、使用 Gigapixel AI 来增加尺寸和分辨率。Allen 指出，创作这幅画至少需要 624 次文本提示和输入修改。最后 USCO 认可 Allen 使用 Adobe Photoshop 修改的画作部分构成原创作品。然而，对于用人工智能生成的部分则不能获得著作权保护。换句话说，Allen 可以对这幅画的部分内容进行著作权保护，但不能对整幅画享有著作权。USCO 这一判断是基于美国法律明确规定，作者只能是自然人，对于人工智能生成部分，其认为是属于机器生成。关于 Allen 提到的 624 次文本提示和输入修改，US-CO 认为，提示过程可能涉及创造力，但这并不意味着向 Midjourney 提供文字提示"实际上形成了生成的图像"。为区分另一个知名的人工智能作品案，本书想用一点篇幅分析 Thaler v. Perlmutter 案，在该案中，USCO 拒绝注册人工智能生成的作品，因为在申请中人工智能系统被指定为作者。该案例的重点是人工智能系统是否可以成为作者的问题。USCO 裁定不能这样做，因为人类作者是必要的。美国哥伦比亚特区地方法院于 2023 年 8 月 18 日做出判决，确认 USCO 拒绝注册人工智能生成图像"A Recent Entrance to Paradise"的决定是正确的，因为缺乏人类作者，所以不存在授予著作权的前提。但法院做出该判决的依据是，申请中显示 Thaler 在使用人工智能生成作品方面没有发挥任何作用。Thaler 在登记时明确告知 USCO"该作品是'由机器自主创作的'，他对著作权的主张只是基于他'拥有机器'这一事实"。换言之，该案并没有解决"需要多少人工输入才能使人工智能系统的用户成为所生成作品的'作者'"。而这个才是《太空歌剧院》案中需要解决的问题。对于《太空歌剧院》的著作权授予，USCO 的拒绝理由是，作品中由人工智能生成的是微不足道的内容量，因此在登记申请中必须放弃对此内容的声明。由于 Allen 不愿意放弃人工智能生成的材料，因此不能按照提交的方式登记该作品。值得注意的是，《太空歌剧院》案的标准只是基于 US-CO 的指引，目前还未有法院讨论这一观点是否违背美国的著作权法。

不过根据现有的案例，我们也可以发现，是否认可自然人在最终的人工智能作品中有独创性表达在不同国家可能会有不同的结果，如北京互联网法院针对人工智能生成图片的著作权侵权纠纷一案[①]中，法院就认可了人类投入在最终作品中的独创性。该案的判决分别分析了：人工智能生成物是否是作品——是，因为其具备智力成果和独创性的特征。法院提到"从原告构思涉案图片起，到最终选

---

① 北京互联网法院（2023）京 0491 民初 11279 号民事判决书。

定涉案图片止，从整个过程来看，原告进行了一定的智力投入，比如设计人物的呈现方式、选择提示词、安排提示词的顺序、设置相关的参数、选定哪个图片符合预期等等。涉案图片体现了原告的智力投入，故涉案图片具备了'智力成果'要件"，"原告对于人物及其呈现方式等画面元素通过提示词进行了设计，对于画面布局构图等通过参数进行了设置，体现了原告的选择和安排。而且原告通过输入提示词、设置相关参数，获得了第一张图片后，其继续增加提示词、修改参数，不断调整修正，最终获得了涉案图片，这一调整修正过程亦体现了原告的审美选择和个性判断……涉案图片并非'机械性智力成果'。在无相反证据的情况下，可以认定涉案图片由原告独立完成，体现出了原告的个性化表达。综上，涉案图片具备'独创性'要件"。

即使一个普通人在大自然中拍了一张日出照片，也没有人会质疑这张照片不能被授予著作权，因为关于摄影作品的可保护性已经明确记录在国际条约和各国立法中了。但是一个有意思的地方是，关于摄影作品的可保护性大约确立在19世纪末，[①] 彼时的摄像技术还处于胶片时代，但是随着科技的发展，尤其是计算摄影的产生，目前的摄像（尤其是用智能手机进行的摄影）已经不是完全依赖于人，而更多的是靠算法了。计算摄影的核心涉及使用先进的算法和软件来处理和操纵图像数据，扩展或增强传统摄影技术。举一个简单的例子，使用计算摄影的设备可以通过其内置的人工智能驱动的自动对焦系统实现智能地跟踪拍摄对象并预测其运动，还可以通过人工智能降噪帮助摄影师减少图像中的噪点，尤其是在弱光条件下拍摄的图像，这可以使图像看起来更干净、更专业，而无须花费数小时进行后期处理。毫无疑问，随着计算摄影的发展，在拍摄中，需要人做的工作将越来越少。但为什么没有人质疑过计算摄影下的作品是否可以被授予著作权呢？

法院认可生成式人工智能作品的著作权并不代表法院认同这类作品就不会侵犯人类作者的著作权，以及如果两个人同时用相同提示词让人工智能生成相同作品时，后生成的就必然构成侵权。虽然目前中国没有类似判决，但 Sahuc 诉 Tucker 案会是回答上述问题的一个非常好的案例。在 Sahuc 诉 Tucker 案中，Louis Sahuc 拍摄了新奥尔良杰克逊广场周围的大门，圣路易斯大教堂在雾中升起。他

---

① 美国国会于1865年首次规定照片享有著作权。美国最高法院于1884年裁定国会可以根据宪法给予照片著作权保护。

因在同一地点拍摄的一张照片而起诉 Lee Tucker 侵权。但最终 Sahuc 败诉，法院认定他对该想法或具体位置没有财产权益。Sahuc 没有创造大门、广场、杰克逊雕像、大教堂或雾。照片中的这些元素并非作者的原创作品。同样，雾中杰克逊广场的照片也是一个想法，也不受法律保护。

最后，本书之所以没有具体分析用生成式人工智能生成的作品著作权属于作者还是人工智能的所有者，是因为本书认为这一问题的答案应该是根据这些生成式人工智能的用户协议来约定的，这是一个合同问题而非著作权问题。

第三节　中国著作权规则与国际高标准经贸规则的衔接路径

当前，知识产权国际规则已经具备高度国际化的特征。以 TRIPs 协定为标志的高标准、高水平的国际知识产权保护格局早已形成。这一制度的现状体现了一种知识产权保护与公共利益平衡的微妙状态，是经过了不断的发展演化而来的。现如今，知识产权已然成为美欧等发达国家制衡发展中国家的手段。因此，以往的知识产权国际规则已经逐渐无法适应经济全球化的发展步伐，新的知识产权国际规则也在逐步酝酿。

中国在著作权保护方面已经与国际高标准经贸规则进行了衔接，并在不断深化这一进程。中国著作权法的制定考虑了国际公约的要求，同时结合了中国的国情和实际需要。具体来说，中国的著作权法与《伯尔尼公约》和《世界版权公约》的原则基本相一致，体现了保护作者权益的基本原则。中国在 1992 年加入了《伯尔尼公约》和《世界版权公约》，并在同年颁布了《实施国际著作权条约的规定》，以确保外国作品在中国的保护达到国际公约的保护水平。此外，中国还积极参与国际知识产权治理，推动全球知识产权治理体制向着更加公正合理的方向发展。

随着国际贸易往来的不断深化、国际关系的不断发展，知识产权国际规则呈现出新的发展趋势。现有的国际知识产权规则主要是 TRIPs 协议相关内容，但随着自贸协定的开展，诸如 CPTPP 协议和 USMCA 协定出现，国际知识产权保护已经呈现出一种超 TRIPs 的趋势。在这种新趋势下，对于正在努力建设知识产权大国的中国而言，不仅要遵守和接受知识产权的国际规则，将知识产权保护与国际规则接轨，未来也要秉持"人类命运共同体"这一理念主动创新和建设新知识产权国际规则。

就著作权方向而言，目前国际高标准经贸规则对于人工智能、数据等信息领域的产权保护尚未涉及，其主要视角还是专注于传统知识产权的保护。目前，我国正在积极申请加入 CPTPP。因此我国的知识产权法治完善应当以 CPTPP 协议为标杆，基于中国国情，对标符合自身能力的国际规则，构建符合中国特色的知识产权法律制度。在立法方面，未来国际知识产权保护水准高标准是大势所趋，中国必须提前做好准备，促进知识产权法律制度的科学化、体系化和现代化，完善知识产权立法机制，提高立法水平和效率。具体到著作权领域则是需要加强著作权执法。首先，加大边境执法力度。中国应当增强与他国的合作，开展边境执法合作，以减少包括边境出口或转运在内的假冒和盗版商品数量。针对出口或转运的假冒和盗版商品行使检查、扣押、查封、行政没收和其他海关执法权力，避免假冒、盗版商品在国内外市场的流通。其次，培养专业知识产权执法人才。专业的知识产权执法人才应当具备足够的专业知识和职业素养。尤其是边境执法方面，未来中国需要增加受过培训的执法人员数量，增加对相关海关执法人员的培训，大幅度增加执法行动数量，并且应当着重培养一批高素质、高水平的专业知识产权执法人才，输送到知识产权执法机关。

综上所述，中国在著作权保护方面已经采取了一系列措施与国际高标准经贸规则相衔接，并在不断加强这一衔接，以促进国内外知识产权的保护和国际合作。

本章小结

本章深入探讨了著作权法的发展历程以及其与新兴科技的适配性问题。通过对两部分内容的详细分析，以期对著作权法的适应性和未来发展有更全面的认识。在第一部分，本章回顾了著作权法的起源和发展。从最初 1990 年制定到 2020 年的第三次修改后的著作权法，分析了法律是如何随着社会的发展和技术的进步而不断演进的。这一部分强调了著作权法在不同历史阶段的变迁，以及立法者如何努力平衡创作者的权利与公众的利益，确保著作权法的持续发展和完善。第二部分则聚焦于当前著作权法面临的挑战，尤其是数据、人工智能和 NFT 等新兴科技对现有法律体系的影响。本章分析了这些技术如何改变内容的创作、分发和公众的消费方式，以及它们对著作权法提出的新要求与挑战。通过对这些新兴科技的深入讨论，探讨了著作权法如何适应这些变化，以及是否需要进行相应的改革。

基于对上述两部分内容的分析，本章得出了以下结论：尽管新兴科技对著作权法提出了新的挑战，但现有的著作权法体系基本上能够对这些新型科技进行有效的规制。这得益于著作权法的灵活性和适应性，它能够通过解释和应用现有的法律原则来解决新出现的问题。当然，随着科技的不断发展，著作权法也需要不断地进行评估和调整，以确保其能够持续地保护创作者的权利，同时促进创新和知识的传播。

总体来说，本章的讨论表明，著作权法不仅是保护创作者权益的重要工具，也是推动社会进步和科技发展的关键因素。通过不断的适应和创新，著作权法将继续在维护创作者权益和促进文化繁荣中发挥重要作用。

第五章

知识产权执法与制度型开放

在我国的法律体系中，"立法""执法""司法"是三个含义明确且不同的概念。三个概念的行为主体以及行为内涵都不相同，因此"知识产权执法"一词常被误解为"知识产权行政执法"。然而本章的"知识产权执法"译自英文"enforcement of intellectual property rights"，"执法"一词也来自"enforcement"，其表示的是知识产权的实现。从该角度来看，所谓"知识产权执法"并不仅限于与司法裁判平行的行政执法，还包括从政府机关监管、司法诉讼、制度设计等各个方面综合保护手段。

制度型开放是高水平对外开放的核心特征之一。习近平总书记强调，"建设更高水平开放型经济新体制是我们主动作为以开放促改革、促发展的战略举措"，"以制度型开放为重点，聚焦投资、贸易、金融、创新等对外交流合作的重点领域深化体制机制改革，完善配套政策措施，积极主动把我国对外开放提高到新水平"。因此，建立完善、统一、高效的知识产权执法体系，是制度型开放的基本要求，也是推动全面深化开放的必然道路。

本章将立足前述对"知识产权执法"内涵的理解和制度型开放对执法的要求，以我国知识产权行政执法和司法改革情况为中心点，选取多个重点内容总结我国现阶段知识产权总体保护状况等，并对我国行政执法的改革方向以及司法制度中较为重要的惩罚性赔偿制度进行介绍，借此进一步说明我国知识产权保护的发展情况以及在制度型开放中的新动向。

第一节 我国知识产权执法领域的基本情况

一、我国知识产权行政执法现状

知识产权行政执法，是基于我国特殊的历史背景而产生的特殊制度，在理论界也一直被称为知识产权保护的"双轨制"。回顾其历史发展，最早可以追溯到1844年清政府签订的关于开放五个通商口岸的几个条约中，设立五口通商大臣，命其办理我国与各国通商、海防、交涉等事宜，并兼为保护外国洋货在我国市场上销售，承担保障商标商品不被国人仿冒之职。[①] 中华人民共和国成立后，知识产权保护并未立即在我国发展，而是经历了长时间的路径选择，主要在于知识产权私权的思想的认可与否。1982年《商标法》第三十九条规定，有本法第三十八条所列侵犯注册商标专用权行为之一的，被侵权人可以向侵权人所在地的县级以上工商行政管理部门要求处理。以此为开端，我国形成了独特的知识产权行政执法与司法保护的"双轨制"机制。

从法律规定上看，我国知识产权行政执法的基础依据来源于《商标法》《专利法》《著作权法》等单行法的规定，如《商标法》第六十条规定："有本法第五十七条所列侵犯注册商标专用权行为之一，引起纠纷的，由当事人协商解决；不愿协商或者协商不成的，商标注册人或者利害关系人可以向人民法院起诉，也可以请求工商行政管理部门处理。"该条款不仅赋予了行政部门的执法权力，也赋予了当事人选择的权利。

在我国的知识产权行政执法实践中，知识产权行政执法并未脱离一般的行政执法范畴，因此其在执法流程、执法标准上均受《行政处罚法》以及《行政强制法》的统一约束，但在具体的执法措施上，不同知识产权领域的执法依据则有一定区别。

具体来说，原《商标法》（2013年）和新《商标法》（2019年）均对商标领域"行政执法权"作了具体规定，对侵犯注册商标专用权的行为，工商行政

---

① 左旭初.中国商标法律史（近现代部分）[M].北京：知识产权出版社，2005.

管理部门有权依法查处；涉嫌犯罪的，应当及时移送司法机关依法处理。2020年6月和2021年12月，国家知识产权局分别发布《商标侵权判断标准》和《商标一般违法判断标准》，作为商标行政执法的执法标准。

最新的《著作权法》则是增加了与《商标法》《专利法》类似的行政执法制度，在原来著作权行政主管部门有权责令停止侵权行为、没收违法所得、予以罚款等行政执法行为之外，增加了新的行政执法权，即行政部门对涉嫌侵犯著作权和邻接权的行为进行调查和查处的时候，享有"调查、询问"等权利，"有权利对涉嫌侵权的产品进行查封和扣押等"，行政执法权在著作权领域进一步得以扩大。① 同时《著作权行政处罚实施办法》也在一并修订中。

《专利法》明确规定了专利行政管理部门执法权限，并在最新的修订中进一步完善了执法机构、执法层级和执法措施的规定，并在国家知识产权局颁布的《专利行政执法办法》中进一步细化了专利行政执法措施和手段。

《反不正当竞争法》则规定了监督检查部门有权调查涉嫌不正当竞争行为，并可以采取检查、询问、查询、查封、扣押等措施。

执法机构上，根据2018年《中共中央关于深化党和国家机构改革的决定》和《深化党和国家机构改革方案》，整合了工商局、质监局等职责，以市场监督管理局和知识产权局作为核心，执行和领导知识产权执法，综合化各领域的知识产权执法。

在执法数量上，截至2024年6月16日，国家市场监督管理总局公开的知识产权行政处罚文书总计18613篇，2023年有7309篇，2022年有6382篇，2021年有4354篇。② 文书数量逐年上升，也从侧面反映出了知识产权执法的强度在逐年上升。

总体来说，我国知识产权行政执法在长期的发展中，已经形成了一套具有中国特色的执法机制，并且在知识产权保护领域发挥了重要作用。

二、我国知识产权司法保护现状

2008年，为提升我国知识产权创造、运用、保护和管理能力，建设创新型国家，实现全面建设小康社会目标，国务院制定并发布了《国家知识产权战略纲

---

① 李伟民．知识产权行政执法与司法裁判衔接机制研究［J］.中国应用法学，2021（2）：100-123.

② 参见中国市场监管行政处罚文书网，https：//cfws.samr.gov.cn/list.html？49_ss=06。

要》（以下简称《纲要》）。《纲要》总结了我国包括知识产权法律制度在内的知识产权法律体系建设情况，并为我国确立了2008～2020年的知识产权战略指导思想以及指导目标，并指出我国接下来实现社会主义现代化知识产权保护体制建设的战略重点以及战略措施。

回顾过去十多年我国知识产权司法保护体制建设的完成情况，我国知识产权事业获得长足发展，初步确立了知识产权大国地位。囿于篇幅，本节选取了上阶段知识产权保护建设中非常重要的知识产权审判"三合一"、全国知识产权法院/法庭布局以及知识产权案件上诉审理机制三个方面对我国知识产权司法保护状况进行概括性介绍。

（一）知识产权"三合一"审判改革取得进展

《纲要》将"完善知识产权审判体制，优化审判资源配置，简化救济程序"列入战略措施，要求"设置统一受理知识产权民事、行政和刑事案件的专门知识产权法庭"，也即建立知识产权"三合一"审判机制。"三合一"审判机制有利于实现司法工作一体化融合，具体而言则是统一知识产权领域法律适用标准，有效协调刑民衔接程序，推动行政执法与司法保护有效衔接，实现知识产权全链条、全方位保护。"三合一"模式中，刑事或行政案件审理中查明的事实可以作为权利人提起民事赔偿诉讼的相关依据，免除或减轻了权利人民事诉讼中的举证负担，提升了民事侵权赔偿案件的审理效率，有效避免了司法资源的浪费。"三合一"审判机制下，审判法官能够有效把握裁判标准，针对同一事实案件，尽量使民事、刑事、行政基于同一事实作出裁判，裁判标准也互相统一。此外，审判知识产权刑事案件时，审判法官能够更好地贯彻一次性解决纠纷的思路，通过有效的民事调解、和解工作，促进刑事和解，实现刑事案件、民事赔偿的一体化解决。

"三合一"审判机制最早起源于上海浦东新区法院。1994年6月，浦东新区法院成立全国首家基层法院知识产权审判庭。1995年，浦东新区法院审理了假冒中美合资上海吉利有限公司"飞鹰"商标民事、行政及刑事案件，彼时该案件依然由浦东新区法院知产庭、刑事庭、行政庭分别审理，但在该案审理过程中，为了全面保护知识产权，三个法庭密切配合，最终审判结果获得了国内外的赞誉，不过此次审判经历也暴露出了相关的问题：如刑事及行政庭缺乏审理知识产权案件必备的专业知识。此外，虽然三个案件基本事实相同，但分别由三个不同法庭进行审理，审判标准不易统一，也浪费了司法资源。因此1996年6月，经上海市高级人民法院批准，浦东新区法院率先尝试对同一起案件中涉及知识产权的民事、行政、刑事问题统一由知识产权庭审理，逐步形成了知识产权保护的"浦东模式"。云南昆明、江苏无锡等地人民法院紧随其后。2016 年 7 月，最高人民法院颁布了《最高人民法院关于在全国法院推进知识产权民事、行政和刑事案件审判"三合一"工作的意见》，要求在全国法院全面推进知识产权审判"三合一"工作。知识产权审判"三合一"工作在全国法院全面推开。

根据最高人民法院的统计，截至 2022 年 10 月底，全国已有 21 个高级人民法院、164 个中级人民法院和 134 个基层法院正有序开展知识产权民事、行政和刑事案件审判"三合一"改革。全国 31 个省（区、市）高院及新疆兵团分院中，已有 28 家实行环境资源审判职能"三合一"。2008~2016 年，知识产权案件总量增长五倍以上。与此同时，息诉率从 80.5% 上升到 84.8%。[①] 其中，2014 年和 2015 年，全国法院新收知识产权（民事、行政和刑事）一审案件总数分别为 11.7 万件和 13.0 万件，分别比上年增长 15.6% 和 11.7%，审结知识产权一审案件 11 万件和 12.3 万件，在法官数量未增加的情况下，结案数同比分别上升 9.8% 和 11.7%。[②] "三审合一"改革成功提高了司法审判效率，优化了我国知识产权司法部门定纷止争的能力。

（二）知识产权专门法庭审判布局逐步建立

知识产权案件审判布局建立主要可以 2014 年为分界线，分为两个阶段：第一阶段是 2014 年以前，这个阶段以最高人民法院为主导，符合条件的基层法院配合建立以专利等技术类案件管辖布局为核心的新的审判布局。具体表现为：最高人民法院集中管辖受理专利等技术类民事案件及涉驰名商标的审判管辖，同时适当下放部分专利案件管辖权，指定符合条件的基层法院管辖较简单的一审专利纠纷案件，并增加基层法院审理一般非技术类知识产权案件。具有专利审判管辖权的中级人民法院从 75 家新增至 87 家，试点基层法院数量从 1 家新增至 6 家，审理一般知识产权案件的基层法院数量从 92 家新增至 164 家，审判能力不断增强；而管辖植物新品种、集成电路和驰名商标的一审案件的中级人民法院数量则

---

① 易继明．我国知识产权司法保护的现状和方向［J］．西北大学学报（哲学社会科学版），2018，48（5）：50-63.

② 最高人民法院．"三合一"审判助力知产强国建设——知识产权审判"三合一"改革试点 20 周年回顾［N］．人民法院报，2016-07-08（004）.

一直比较稳定。①

第二阶段是 2014 年以后，在前一阶段总体审判能力不断增强的情况下，我国开始朝向知识产权审判的集中化、统一化发展。党的十八届三中全会明确要求探索建立知识产权法院。2014 年 8 月 31 日，十二届全国人大常委会通过了《关于在北京、上海、广州设立知识产权法院的决定》（以下简称《决定》）。2014 年底，《决定》中三家知识产权法院依次成立。2017 年 8 月 29 日，时任最高人民法院院长周强在十二届全国人大常委会第二十九次会议上作了《关于知识产权法院工作情况的报告》，认为北京、上海、广州三家知识产权法院的运行卓有成效。从 2017 年初到 2018 年初，最高人民法院在各地中级人民法院内部设立了多个跨地域管辖的知识产权专门法庭，包括武汉、成都、南京、苏州、合肥、福州、杭州、宁波、济南、青岛、天津、郑州、长沙、西安。截至 2023 年初，我国已形成"1+4+27"的知识产权专门法院/法庭局面，即除了最高人民法院知识产权审判庭，在全国还有 4 个知识产权法院（分别是北京知识产权法院、上海知识产权法院、广州知识产权法院以及海南自由贸易港知识产权法院）、26 个专门知识产权法庭（南京、苏州、武汉、成都、杭州、宁波、合肥、福州、济南、青岛、深圳、天津、郑州、长沙、西安、南昌、兰州、长春、乌鲁木齐、厦门、景德镇、重庆、温州、无锡、徐州、沈阳）。②

（三）初步建立国家层面知识产权案件上诉审理机制

随着时代发展，知识产权逐渐成为重要的无形资产，也是国家利益的核心要素；然而知识产权案件尤其是专利案件，具有非常强的专业性和复杂性，对法院审判能力有很高的要求。为了更好地保护知识产权，同时为了统一各地知识产权案件司法终审裁判标准，提高知识产权案件审判效率，③《纲要 2008》提出建设国家层面知识产权案件上诉审理机制。

所谓"国家层面知识产权案件上诉审理机制"，是指国家层面的审判机构统一审理专利等技术性较强的知识产权上诉案件的机制，该机制可有效实现知识产权案件审理专门化、管辖集中化、程序集约化和人员专业化的目标。

---

① 参见最高人民法院发布的 2009~2014 年的《中国法院知识产权司法保护状况》。

② 由于海南自由贸易港知识产权法院的设立，海口知识产权法庭未列入，列入后一共有 27 个专门知识产权法庭。

③ 陶凯元. 国家层面知识产权案件上诉审理机制改革的实践探索与未来展望 [J]. 法律适用，2024（4）：3-11.

2019 年 1 月 1 日，最高人民法院知识产权法庭正式揭牌运行，截至 2023 年 12 月底，最高人民法院知识产权法庭共受理案件 18924 件，其中，技术类知识产权案件 18721 件，垄断案件 203 件，涉外国当事人案件 1678 件，共审结 15710 件，民事实体案件改判率 19.6%、调撤率 37.0%，高于改革前；民事实体案件发回重审率下降至改革前的 1/10，2023 年仅为 0.3%；二审实体案件平均审理周期 182.1 天，短于改革前；技术类知识产权案件申请再审率由 2018 年的 25.4% 降至 2023 年的 9.6%。① 有效解决了过去各地区高级人民法院二审中存在的裁判标准不统一的问题，大幅提高了知识产权案件审判效率，进一步提升了我国司法公信力和国际影响力。

为了更好地审理案件，推进知识产权上诉审理机制的建成，最高人民法院知识产权法庭还牵头建立"全国法院技术调查人才库"和"全国法院技术调查人才共享机制"，邀请专业领域技术专家入库，强化技术事实查明。此外，法庭还与新技术相结合，大力推进数字法庭建设，全面推行电子送达。截至 2023 年 12 月底，在线庭审 9565 案，电子送达成功率高达 96.1%，降低了当事人诉讼成本，提高了司法诉讼效率。

第二节　知识产权执法制度在制度型开放中的重点方向

一、我国知识产权行政执法的发展方向

在制度型开放的引领下，要激发高质量发展的活力动力，必须完善开放型经济新体制的顶层设计，推动以制度型开放为核心的高水平对外开放。知识产权行政执法在制度型开放的过程中，对积极营造市场化、法治化、国际化一流营商环境、不断夯实对外开放的法治根基具有重要意义。因此，知识产权行政执法需要在重视自身现有问题的基础上，追寻新态势，发展新方向，从而符合制度型开放

---

① 陶凯元. 国家层面知识产权案件上诉审理机制改革的实践探索与未来展望 [J]. 法律适用，2024（4）：3-11.

的要求。

（一）知识产权行政执法存在的问题

1. 知识产权行政执法的必要性和合法性基础受到质疑

长期以来，知识产权行政执法的必要性和合法性基础均受到质疑。有不少学者认为，"知识产权作为私权的法律原则应当得到尊重，作为公权的行政权力不得任意介入并施加干预。而因知识产权这一私权引发的侵权纠纷则属于平等民事主体间的纯民事纠纷，行政机关不得以行政执法为由强行干预，除非有更强的理由需要行政介入，该理由应当限定理解为侵权行为极为严重，已经导致公共利益的损害和市场秩序的破坏"。① "但如果知识产权行政执法主要是为了维护知识产权权利人的利益，就是失当的。如果不当地扩张知识产权行政执法的权限和范围，实质就是动用社会公共资源去维护少数人的权利和利益，是对社会公共资源的滥用和浪费"。② 同时，知识产权行政执法在经济成本和效益上并不及司法保护，并且与司法保护机制存在衔接问题，行政执法的结果并不能全部得到司法机关的认可，而知识产权保护是以司法机关的判决作为最终依据，这就会造成知识产权行政执法在效益上的浪费和与司法保护的冲突。另外，知识产权执法不符合服务型政府的初衷，与行政机关机构改革和职能转变的整体方向相悖。作为管理部分的行政机关直接参与行政执法，会受到合法性的质疑。

2. 知识产权实际执法效果难以保证

尽管在国家机关机构改革中，知识产权执法的执法权限得到了一定的整合，但是仍然没能从根本上改变"政出多门"的基本态势。主要原因是知识产权存在于多个领域中，执法和主管部门不同。同时，对于跨区域的执法问题，法律法规也没有详细的规定和流程，目前主要是依靠上级部门的协调进行，影响了知识产权执法的资源配置和协调效能。另外，在具体执法上，尽管有相关的法律规定，但人员数量和素质不足的情况时有发生，导致执法存在瑕疵，从而影响执法的效果。

3. 新时代下知识产权行政执法面临新的挑战

在制度型开放的背景下，大数据、高科技均对知识产权行政执法提出了新的挑战。一方面，在新技术高速发展的背景下，新型的侵权行为层出不穷，行政执法对互联网、区块链的侵权行为应对不足，现有制度难以对新情况做出有效回

---

① 李永明，郑淑云，洪俊杰. 论知识产权行政执法的限制——以知识产权最新修法为背景 [J]. 浙江大学学报（人文社会科学版），2013，43（5）：160-170.

② 李顺德. 对加强著作权行政执法的思考 [J]. 知识产权，2015（11）：17-24.

应。时任国家市场监督管理总局副局长甘霖曾表示："当前主要困难是，现行一些执法制度设计主要基于有形市场，难以适应电子商务，特别是面对侵权假冒新手法，执法方式还显滞后。一是调查取证困难。针对有形场所的调查取证措施和手段，难以适应电商领域，并且由于网络销售点多面广、消费者分布在全国各地，很难对售出商品一一鉴定。二是源头追溯困难。一些经营者实际经营地与登记注册地不一致，甚至冒用他人身份信息在网上开设店铺，加之部分物流快递信息记录不完整，很难层层追溯到生产源头。三是落地查处困难。为逃避执法打击，不法分子采取'化整为零'的手法，经营场所通常只留少量样品，有些还采取'货标分离'的做法，商品与标识异地存放，即便发现涉案物品，也难以依法作出处罚。"① 另一方面，通过引入大数据和信息网络监管技术，知识产权行政执法进一步得到强化，执法部门可以通过信息监控和共享平台，及时发现侵权行为，固定侵权证据并采取相应措施，提高了行政执法的效率，但数据采集、使用、传输等相关的规则不清、责任主体不明的问题进一步凸显，引发了公共安全、个人隐私和数据保护等社会问题。

（二）我国知识产权行政执法的完善

（1）加快推进知识产权行政执法立法层面统一，完善行政执法和司法保护的有效衔接。知识产权为私权，行政执法为公权力，但这并不能否定知识产权行政执法的必要性和合法性。私权并非独立的王国，并非排斥公权力的救济，也并非否认意思自治选择行政执法的可能性。从法理依据来看，知识产权"双轨制"虽然与我国参加的保护知识产权国际公约的规定有所出入，但鉴于 TRIPs 协定第一条第一款"成员可在其国内法中，规定宽于本协议要求的保护，只要其不违反本协议，但成员亦无义务非作这类规定不可。成员有自由确定以其国内法律制度及实践实施本协议的恰当方式"，以及其他国际公约的类似规定，我国一直坚持用行政手段保护作为私权的知识产权，同时兼顾社会公共利益的保护。这样既严格履行了"条约必须遵守"的国际义务，维护了国家主权，又保持了我国知识产权制度的特色。② 知识产权行政执法在我国知识产权保护中发挥了重要的作用。行政执法具有高效率、集中化、直接性的特点，因此能够有效打击侵害知识

---

① 参见《严厉查处侵权 形成有力震慑——访国家市场监督管理总局副局长甘霖》，见 https://mp. weixin. qq. com/s/S3DVYNv9f5Ud_ICJv6xYJA.

② 孙国瑞. 对知识产权行政执法标准和司法裁判标准统一的几点认识［J］. 中国应用法学，2021（2）：87-99.

产权的行为，从而促进知识产权保护水平的迅速提高。尽管当前行政执法在程序和实体上存在问题，但这些问题均是在我国知识产权保护水平提高、司法保护逐渐加强后逐渐显现的，不能否认行政执法对司法保护的补充和配合作用。此外，造成知识产权行政执法问题的根本原因在于法律规定不完善，若以合理、准确的法律来保障实施有效的行政执法，那么其作用将会得到应有的发挥。

作为多领域的知识产权法，单行法的立法模式一直是我国的立法原则。基于不同知识产权的特点，统一知识产权法典并非合理的途径，也不可能单独确立知识产权行政执法的程序法。但是，这并非意味着知识产权行政执法在立法层面不能统一。目前，各部知识产权单行法对行政执法权限的要求并不统一，知识产权行政执法关于立案、证据认定、证明标准、侵权行为认定、听证程序、复议程序等缺乏统一规定，其中固然包含权利特点不同的原因。但是，参考我国已经趋于完善的知识产权司法保护体系，在立法上尽管存在不同，但已经形成了成熟的司法裁判经验，对于不同的知识产权，都有较为明确的认定标准和裁判规则。最高人民法院也不断通过司法解释和指导案例完善司法保护的缺陷和漏洞。基于此，行政执法当然也可以参考司法保护的既往经验。

首先，统一知识产权行政权执法的基本立法。知识产权单行法应当规定行政执法的具体权限和基本流程，从而为行政执法提供基本的依据。而针对不同的知识产权，具体的流程和权限可以根据权利的不同而变化。该内容可以通过国家知识产权局、市场监督管理总局以及其他相应的行政机关通过颁布行政法规予以更为细化的规定。无论是前文提到的《商标侵权判断标准》还是《专利行政执法办法》都是这一理念的具体体现。此外，颁布指导案例也能有效弥补立法层面的滞后，为行政执法提供及时的参考。2020 年、2021 年和 2022 年国家知识产权局分别发布了第一批、第二批和第三批知识产权行政执法指导案例，进一步完善了行政执法的立法体系。

其次，知识产权的最高行政管理机关应当充分发挥指导和协调作用，着力构建上下统一协调、优化协同高效的执法体系。针对知识产权行政执法"政出多门"的情形，除了通过立法规定相应的权限，继续整合部门权限，最高行政管理机关应当提供足够的指导，并对下级行政部门的执法行为进行有效监督和纠正。例如，可以参考最高人民法院的派出法庭和巡回法庭的形式，派出相应人员和机构对地方执法提供指导。同时建立完善业务咨询和请示答复制度，对于执法办案中遇到的重大疑难复杂问题，本级市场监管部门研究难以解决的，应当逐级向上级市场监管部门请示，上级市场监管部门要及时研究予以答复。此外，对于跨领域、跨区划的案件，上级市场监管部门要统一组织执法行动，协调开展"集群作战"；对于复杂案件及查处难度较大的案件，上级市场监管部门要实施挂牌督办。下级市场监管部门发现的重大跨区域案件线索，可报请上级市场监管部门指定管辖或组织查办，重大跨省域线索上报总局协调处置；对于复杂案件及查处难度较大的案件，上级市场监管部门要实施挂牌督办。下级市场监管部门发现的重大跨区域案件线索，可报请上级市场监管部门指定管辖或组织查办，重大跨省域线索上报总局协调处置。

最后，确立司法审判的最终效力和指导地位，完善知识产权行政执法和司法裁判的衔接。尽管行政执法和司法保护属于双轨制，但司法保护应当具有终局效力，并且对行政执法具有指导地位。《最高人民法院关于审理专利纠纷案件适用法律问题的若干规定》第十九条规定，人民法院受理的侵犯专利权纠纷案件，已经过管理专利工作的部门作出侵权或者不侵权认定的，人民法院仍应当就当事人的诉讼请求进行全面审查。当然，本条并非否认知识产权司法保护的终局性，而是强调行政执法应当以司法审判的内容作为依据，特别是在侵权的认定标准、证据适用上。例如，《商标侵权判断标准》就是国家知识产权局参考司法裁判经验所作，其中的内容已经基本与司法认定标准一致。在行政执法能够以司法审判的标准进行侵权认定和证据采纳时，行政执法当然就能满足高水平知识产权保护的要求，才能与司法审判形成良好的互动和连接。

（2）培养高质量的专业人才，建立高水平的执法队伍。目前，由于国家机构改革和职能转变，知识产权行政执法的人才需求更为旺盛，对于执法人员的素质要求也更高。但是，目前我国执法人员并未满足日益增长的数量和素质需求。[①] 这点同样可以借鉴知识产权领域专业审判的经验。"人才是关键问题"，加强知识产权人才和队伍建设是国家的战略重点。考虑到知识产权具有跨多学科、宽领域的特点，培养既有法学专业素养又有知识产权相关领域专业技术知识的人才队伍将是未来执法队伍建设的重点方向。首先，对于执法部门人员的准入门槛，应当向法院审判人员的标准看齐，要求具备法律职业资格证书，并且适当考虑理工科学术背景。其次，加强对执法人员的专业素养培养，可以邀请知识产权法官对执法人员进行不定时的培训和指导，提高执法人员的法律素养和业务水平。同时可以参考知识产权审

---

① 戚建刚，兰皓翔. 基层治理视角下的知识产权行政保护能力研究——以机构改革后湖北省 W 市 13 个区的市场监管局为样本 [J]. 北京行政学院学报，2022（2）：47-54.

判中的技术调查官制度，派遣技术调查官参与知识产权行政案件办理，健全知识产权行政保护专业技术支撑体系。[①] 国家知识产权局于 2023 年颁布了《知识产权行政保护技术调查官管理办法》，规定了技术调查官参与案件的流程等内容，但并未有相应的实践，需要加强推广。最后，执法部门也可以与高等院校合作，邀请高校学生到执法部门实习，建立共同培养基地，夯实执法人才的培养基础。

（3）适用大数据时代的高技术要求，建立高水平的知识产权行政执法机制。在大数据时代，传统的知识产权行政执法体制已经无法适应。无论是互联网侵权的多发性和取证难，还是人工智能生成物的性质认定、区块链技术的高度发展，都对行政执法提出了新的要求。强化执法技术支撑，充分发挥智慧监管在线索摸排、情报分析、调查取证等方面的作用，加快推进全国统一的市场监管执法办案系统建设。利用网络交易监测系统和 12315 平台，多方汇集违法线索，加强对违法信息的梳理研判，提高对违法行为的发现、甄别、挖掘和精准打击能力，加强和规范执法数据报送、情报实时归集、线索科学分析、数据有效利用，及时发现苗头性、倾向性、潜在性问题，高效精准防范化解风险隐患，能够更有效地发挥行政执法高效率的事前防范功能。从制止侵权行为角度来看，对于互联网侵权，行政执法应当建立更为高效的取证、固定证据、制止侵权的流程。例如，当下最流行的区块链技术，能够有效、便捷地固定证据。从信息沟通和协调的角度来看，通过大数据平台，各级行政部门、不同行政部门可以建立有效的数据共享和沟通机制，从而提升执法的服务能力。例如，上海司法局通过建立区块链平台，形成了"业务数据存证可信、业务协同共识互通、业务监管客观高效"的创新应用试点平台，先后打造了行政执法监督、公证、刑事执行三大领域 9 个应用场景。在行政执法监督领域，平台实现了执法信息公示、执法资格管理、处罚案件复议纠错 3 个场景的数据上链，通过与原有业务系统数据的对比监督，及时反馈数据核验结果，确保数据准确不被篡改。[②] 2023 年 9 月，北京市文化市场综合执法总队首次在文化执法领域运用区块链技术。著作权人向市文化市场综合执法总队举报某公司擅自使用其《斗罗大陆》美术作品，并提交证据保全证书。总队通过司法联盟区块链查实该公司借助作品的名气和热度，吸引小程序用户参与点击作品、匹配测试、观看激励视频广告进行牟利。总队依据《著作权法》第五十

---

① 参见国家知识产权局《知识产权行政保护技术调查官管理办法》。

② 参见 https：//mp. weixin. qq. com/s/eIUtUTdlSs5RhNjsfRSYFg。

三条第（一）项之规定，对该公司作出警告、没收违法所得 13502.72 元、罚款
50000 元的行政处罚。

但是，行政执法应用大数据和区块链技术，还需要考虑个人信息保护的问
题。《个人信息保护法》《网络安全法》等均规定了行政机关应当对个人信息、
隐私采取合理措施进行保护。但是应当如何保护，并没有相关的法律规定。例
如，由于行政执法并不具有终局性的特点，因此对于已经做出行政裁定的行为人
的信息，是否应当直接公示，还是应当等待司法审判的结果，理论界存在不同意
见。有观点认为，应当不予公示或者隐藏身份信息后公示；有观点认为，如果不
及时公示，行政裁定（绝大部分是行政处罚）的公开就没有意义。从个人信息
保护的角度来看，应当采取与司法审判公示同样的方式，即应当事前征询当事人
的意见，如果当事人同意公开，行政部门才能依据相关规定予以公开，否则应当
不予公开或者隐藏信息后公开。

二、我国知识产权惩罚性赔偿制度

《纲要》将"修订惩处侵犯知识产权行为的法律法规""加强知识产权保护"
"加大司法惩处力度"确立为知识产权发展战略重点。惩罚性赔偿制度与行政执
法同样发挥着惩罚侵权人的重要作用，是实现前述战略重点的关键之一。在本节
中，笔者对我国总体法律制度中惩罚性赔偿制度和知识产权领域惩罚性赔偿制度
建立历史过程进行大致的梳理，并将在梳理后按照知识产权各细分领域正式确立
惩罚性赔偿制度的时间，即按照商标、植物新品种、商业秘密、专利、著作权的
顺序对各领域惩罚性赔偿制度进行更为详细的介绍，说明我国知识产权各领域惩
罚性赔偿制度具体适用情况。

（一）我国惩罚性赔偿制度的建立

我国较之欧美法系国家，在一般民法领域以及知识产权各个细分领域建立惩罚
性赔偿制度的时间节点都更晚。虽然中华法系具有"民刑合一"的特点，惩罚性
制度也非常普遍，但我国历史上是否存在惩罚性赔偿制度仍然存在争议，主要原因
在于我国历史上被认为可能是惩罚性赔偿制度原型的"加责（即加倍）入官"[1]
"倍备"[2] 等，要求债务人向政府机构履行相应的金钱或财务给付义务，而非向利

---

[1]　关淑芳. 惩罚性赔偿制度研究 ［M］. 北京：中国人民公安大学出版社，2008.

[2]　杨立新. 侵权行为法 ［M］. 上海：复旦大学出版社，2005.

益受损方给付，这与我们如今所理解并适用的惩罚性赔偿制度存在着较大的区别。

我国首次建立现代意义上的惩罚性赔偿制度，是《消费者权益保护法》第四十九条：经营者提供商品或者服务有欺诈行为的，应当按照消费者的要求增加赔偿其受到的损失，增加赔偿的金额为消费者购买商品的价款或者接受服务的费用的一倍。

2020 年 5 月 28 日，第十三届全国人民代表大会顺利通过《民法典》，《民法典》第一百七十九条和第一千一百八十五条都明确规定了惩罚性赔偿，前者言语概括，宣示性地表明损害赔偿可以突破填平原则；后者则更为详细，规定了惩罚性赔偿以"故意"和"情节严重"为要件。截至目前，我国已经在十余个细分领域中建立了惩罚性赔偿制度，除了上述提到的消费者保护领域，还有食品安全、旅游、医疗损害责任、电子商务、知识产权（商标、专利、著作权、商业秘密、反不正当竞争、植物新品种）等。我国惩罚性赔偿制度最新发展，则是在2021 年 12 月 27 日，最高人民法院审判委员会第 1858 次会议通过《最高人民法院关于审理生态环境侵权纠纷案件适用惩罚性赔偿的解释》，该解释自 2022 年1 月 20 日起施行。① 惩罚性赔偿制度日后是否应当进一步扩展，如扩展至金融消费、生物安全损害、保险消费等领域，还在讨论中。

正如前文所述，《民法典》第一千一百八十五条明确规定了知识产权领域可以适用惩罚性赔偿，该条规定："故意侵害他人知识产权，情节严重的，被侵权人有权请求相应的惩罚性赔偿。"虽然我国知识产权各细分领域的专门法均已经建立起惩罚性赔偿制度，但在《民法典》中进行一般性规定依然具有重要意义。相比《民法总则》，《民法典》明确规定惩罚性赔偿可以在侵犯知识产权的情形下适用，不仅表明我国对惩罚性赔偿扩张适用至知识产权领域的积极肯定态度，也对民事案件审判有重要的指导作用，尤其是在我国《专利法》《著作权法》惩罚性赔偿制度的制定时间晚于《民法典》的情况下，《民法典》对于知识产权惩罚性赔偿制度的一般规定可以让知识产权权利人在主张惩罚性赔偿时拥有坚实的法律基础。此外，《民法典》中对知识产权领域惩罚性赔偿的一般性规定可以使我国知识产权惩罚性赔偿制度更具体系化，通过《民法典》对知识产权领域惩

---

① 该解释并非我国环境污染损害细分领域第一次引入惩罚性赔偿制度，《民法典》第一千二百三十二条就作了相应的规定，该《解释》是对《民法典》第一千二百三十二条适用的细化。《解释》共 14 条，主要包括生态环境侵权惩罚性赔偿的适用原则、适用范围、提起时间、举证责任分配、适用条件、惩罚性赔偿金的数额确定等内容。

罚性赔偿制度作出总领性规定，再通过各专门法细化惩罚性赔偿制度的适用条件以及适用方法等，建立起体系化的知识产权惩罚性赔偿制度。更重要的是，知识产权的形式并不仅仅限于商标、专利、著作权、植物新品种、商业秘密；在尚未明确建立惩罚性赔偿制度的其他知识产权细分领域，即使缺少专门法的规定，权利人依然可以依据《民法典》的该条规定寻求权利救济。

（二）我国知识产权惩罚性赔偿制度建立与执行

1. 我国知识产权惩罚性赔偿制度建立概况

虽然早在 2013 年的《商标法》中便引入惩罚性赔偿，但直到近几年，我国才得以全面建立知识产权惩罚性赔偿制度。

2013 年修改《商标法》，我国正式在商标领域引入了惩罚性赔偿制度。虽然该条法律条文并未直接写明"惩罚性赔偿"，但该条所针对的侵权情节以及法律后果实质上已经超越了普通赔偿应当发挥的填平作用，属于惩罚性赔偿。2019 年，《商标法》进行修正，惩罚性赔偿制度也发生改变。

我国对商业秘密的保护主要是通过《反不正当竞争法》实现的。2019 年，《反不正当竞争法》修订，新增惩罚性赔偿制度的第十七条，对恶意侵犯商业秘密的行为人，可以主张惩罚性赔偿金。

2020 年 10 月，我国《专利法》正式确立惩罚性赔偿制度。我国专利领域的惩罚性赔偿制度建立过程较为坎坷。虽然早在 2001 年《最高人民法院关于审理专利纠纷案件适用法律问题的若干规定》中就出现了有关惩罚性赔偿的规定，但由于我国知识产权领域彼时并未承认惩罚性赔偿制度，故该规定并不被认为是惩罚性赔偿。一般认为专利领域惩罚性赔偿制度最早出现于 2012 年公布的《专利法修改草案》。但多方学者和法律行业从业者对该草案中相关制度存在较大意见分歧，直到 2020 年《专利法》才正式确定惩罚性赔偿制度。

2011 年，国家版权局启动《著作权法》第三次修订，在之后的近十年间对《著作权法修改草案》进行了数次修改，[①] 2020 年 11 月，修订后的《著作权法》正式新增惩罚性赔偿条款。自此我国知识产权领域惩罚性赔偿制度全面建立。

---

① 2012 年 3 月 31 日，国家版权局发布《著作权法修改草案》。2012 年 7 月 6 日，发布《著作权法修改草案（第二次征求意见稿）》。2012 年 10 月 31 日，发布《著作权法修改草案（第三次征求意见稿）》。2014 年 6 月 6 日，国家版权局发布《著作权法（修订草案送审稿）》。2019 年 5 月 13 日，全国政协召开"双周协商座谈会"，听取专家学者建议，专题研究著作权法修订工作。2020 年 4 月 26 日，全国人大常委会法制工作委员会发布《著作权法修正案（第一次审议稿）》。2020 年 8 月 8 日，发布《著作权法修正案（第二次审议稿）》，向社会公众征求意见。2020 年 11 月 11 日，正式审议通过。

2. 商标保护中的惩罚性赔偿制度

2013 年《商标法》第六十三条第一款（后两款并非惩罚性赔偿直接相关规定，此处限于篇幅，不作引用）规定："侵犯商标专用权的赔偿数额，按照权利人因被侵权所受到的实际损失确定；实际损失难以确定的，可以按照侵权人因侵权所获得的利益确定；权利人的损失或者侵权人获得的利益难以确定的，参照该商标许可使用费的倍数合理确定。对恶意侵犯商标专用权，情节严重的，可以在按照上述方法确定数额的一倍以上三倍以下确定赔偿数额。赔偿数额应当包括权利人为制止侵权行为所支付的合理开支。"2019 年修订版本则对惩罚性赔偿数额进行了修改，加粗部分改为"对恶意侵犯商标专用权，情节严重的，可以在按照上述方法确定数额的一倍以上五倍以下确定赔偿数额"，表明我国打击恶意商标侵权人的明确态度。

值得注意的是，《商标法》中有关适用惩罚性赔偿的主观要件要求为"恶意"，并且除了在《民法典》惩罚性赔偿一般性规则建立后修正的《专利法》《著作权法》《种子法》保持了"故意"，我国知识产权领域其他专门法中惩罚性赔偿制度规定的主观要件与《商标法》保持一致，均采用了"恶意"而非"故意"。

对于知识产权领域"恶意"一词内涵的界定，学术界和业界进行了长时间的讨论，并且存在较大分歧。《北京市高级人民法院关于侵害知识产权及不正当竞争案件确定损害赔偿的指导意见及法定赔偿的裁判标准（一）》（以下简称《北京高院裁判标准》）以及《深圳市中级人民法院关于知识产权民事侵权纠纷适用惩罚性赔偿的指导意见》均同意"恶意"等同于"故意"，但前者认为"恶意"仅限于"直接故意"；后者则认为"恶意"包括"直接故意"及"间接故意"。二者对适用惩罚性赔偿的态度不同，导致对"恶意"与"故意"关系的解释产生了分歧。2021 年 3 月 3 日颁布并生效的《知识产权惩罚性赔偿司法解释》第一条则对该争议问题进行了明确，该司法解释所称的"故意"包括"恶意"。在司法实践中，法院通常认为"故意"与"恶意"为等同的概念，至少前者包含后者。

3. 植物新品种保护中的惩罚性赔偿制度

如前文所述，我国 2015 年修正的《种子法》第七十三条规定了植物新品种领域的侵权损害赔偿责任，并在该领域首次引入了惩罚性赔偿制度。2021 年《种子法》进行修正，第七十二条代替原来第七十三条，并对主管部门、惩罚性赔偿主观要件以及赔偿倍数进行了修改。第七十二条第一款是权利人可选择的救济路径，包括诉讼路径和通过县级以上人民政府农业农村、林业草原主管部门进行调解；第二款对调解做进一步规定；第三款是侵权损害赔偿的几种损害计算方式和惩罚性赔偿规定；第四款是法定赔偿；第五、六款是行政处罚。其中，第三款规定："侵犯植物新品种权的赔偿数额按照权利人因被侵权所受到的实际损失确定；实际损失难以确定的，可以按照侵权人因侵权所获得的利益确定。权利人的损失或者侵权人获得的利益难以确定的，可以参照该植物新品种权许可使用费的倍数合理确定。故意侵犯植物新品种权，情节严重的，可以在按照上述方法确定数额的一倍以上五倍以下确定赔偿数额。"对比修改前该部分规定"侵犯植物新品种权，情节严重的，可以在按照上述方法确定数额的一倍以上三倍以下确定赔偿数额"，修正后的《种子法》新增"故意"的主观要件，与《民法典》以及其他单行法惩罚性赔偿适用条件保持一致，限缩了惩罚性赔偿在该领域的适用范围，也维持了我国惩罚性赔偿制度的体系性。这也符合司法实践：虽然修正前的《种子法》基于种子行业的民生性，对种子权利人进行特殊保护，具体表现包括在适用惩罚性赔偿时，无须侵权人具有"故意"，但在实践中，法官对于植物新品种领域惩罚性赔偿的适用极为谨慎。此外，修正后"一倍以上五倍以下"的赔偿倍数也与其他单行法保持一致。

4. 商业秘密保护中的惩罚性赔偿制度

在 2019 年《反不正当竞争法》修正前，我国主要通过行政处罚和一般损害赔偿保护商业秘密：1993 年《反不正当竞争法》第二十五条规定的责令停止侵权并处以罚款，以及第二十条规定的一般损害赔偿责任，即以权利人的实际损失或侵权人的侵权获益为赔偿数额；2017 年修订的《反不正当竞争法》第十七条明确了商业秘密侵权的损害赔偿计算方法及标准，并在 1993 年版的基础上增加了法定赔偿条款。

2019 年《反不正当竞争法》正式增加了惩罚性赔偿制度。第十七条第三款规定："因不正当竞争行为受到损害的经营者的赔偿数额，按照其因被侵权所受到的实际损失确定；实际损失难以计算的，按照侵权人因侵权所获得的利益确定。经营者恶意实施侵犯商业秘密行为，情节严重的，可以在按照上述方法确定数额的一倍以上五倍以下确定赔偿数额。赔偿数额还应当包括经营者为制止侵权行为所支付的合理开支"，对恶意侵犯商业秘密的行为人，可以要求其承担权利人实际损失或侵权人获益数额的五倍作为惩罚性赔偿金。

《最高人民法院关于审理侵犯商业秘密民事案件适用法律若干问题的规定》第十六条规定："经营者以外的其他自然人、法人和非法人组织侵犯商业秘密，权利人依据反不正当竞争法第十七条的规定主张侵权人应当承担的民事责任的，人民法院应予支持。"将侵犯商业秘密的主体进行扩张。第二十条第一款规定："权利人请求参照商业秘密许可使用费确定因被侵权所受到的实际损失的，人民法院可以根据许可的性质、内容、实际履行情况以及侵权行为的性质、情节、后果等因素确定。"表明商业秘密侵权损害赔偿也可以参照许可费进行计算，第二款则确定了法定赔偿的考量因素："人民法院依照反不正当竞争法第十七条第四款确定赔偿数额的，可以考虑商业秘密的性质、商业价值、研究开发成本、创新程度、能带来的竞争优势以及侵权人的主观过错、侵权行为的性质、情节、后果等因素。"

5. 专利保护中的惩罚性赔偿制度

自 2012 年公布《专利法修改草案（征求意见稿）》开始，我国《专利法修改草案》历经了多次变动。

一是适用条件，2015 年 12 月 2 日之前的草案均只要求"故意侵犯专利权"，2019 年 1 月 4 日之后的版本则添加了"情节严重的"这一适用条件。

二是决定主体，2012 年和 2014 年版本都将适用惩罚性赔偿的主体限制为"管理专利工作的部门或人民法院"，随后"管理专利工作的部门"被删除，后又考虑人民法院本身就是专利侵权诉讼裁判主体，无须在法律中赘言，因此"人民法院"也被删除。该变动反映出立法者考虑到司法和行政的不同职责，最终仅仅将适用惩罚性赔偿的权力交给法院。

三是计算基准和倍数，2015 年 4 月 1 日之前的版本将"法定赔偿"纳入了计算基准的范围中；计算的倍数也一直在变动，2012 年版本甚至没有规定下限。后来出于惩罚性赔偿惩罚性及威慑性的考量以及知识产权各单行法制度一致性的考虑，《专利法》领域计算基准和倍数最后与其他单行法保持一致，均为补偿性赔偿以及"一倍以上五倍以下"。

6. 著作权保护中的惩罚性赔偿制度

惩罚性赔偿制度一直是著作权领域的重点关注对象，一个主要的原因在于著作权领域侵权成本随着技术发展逐渐降低，司法实践中著作权侵权案件判赔比例小，判赔金额也普遍不足以补偿著作权人所受损失。根据相关统计，著作权侵权案件中权利人经济损害赔偿诉求的平均金额为 7.7 万元，而法院判赔的平均金额为 1.5 万元，平均支持度为 19.48%。①《著作权法》正是在这样的背景下进行了修正。

在 2012 年 3 月 31 日至 2020 年 11 月 11 日最终修改通过的近十年间，《著作权法》惩罚性赔偿制度适用条件从"两次以上故意侵犯著作权或相关权利的"最终确定为"故意侵犯著作权或者与著作权有关的权利，情节严重的"，计算基准也定为以"权利人因此受到的实际损失或者侵权人的违法所得给予赔偿"或"参照该权利使用费"，倍数也从"一至三倍"变为"二至三倍"最终定为"在一倍以上五倍以下给予赔偿"。

在《著作权法》惩罚性赔偿制度修正过程中，原本"两次以上故意侵犯著作权或相关权利的"适用条件受到学者广泛批评，该种适用条件无法很好解决首次故意侵权且情节极为恶劣的情形，同时举证责任分配不当，并且"两次"含义的不确定性增加了司法适用的不确定性。最终我国《著作权法》综合考虑著作权利保护和作品传播等因素之间的价值衡量，以及惩罚性赔偿制度立法趋势和制度体系性、一致性，还是采取了类似《商标法》等单行法采用的补偿性赔偿金的合理倍数模式，并延续了"故意+情节严重"的适用条件，确定赔偿倍数为"一倍以上五倍以下"。

7. 小结

综合我国知识产权领域惩罚性赔偿制度建立过程以及具体规定不难发现，我国知识产权各细分领域的制度有着统一化的趋势，尤其是 2021 年《种子法》进行修正后，知识产权领域惩罚性赔偿制度可以总结为：以"恶意/故意"以及"情节严重"为适用条件，以补偿性赔偿数额为基数，按照"一倍以上五倍以下"计算惩罚性赔偿数额。当然各细分领域也依然存在不同，如《商标法》《反不正当竞争法》采取"恶意"的主观要件，其他则采用"故意"；又如商业秘密不存在许可使用的情况，因此其惩罚性赔偿计算基数不包含许可使用费的合理倍数。不过前者的不同在实践中也逐渐统一，目前修正也呈现出统一采用"故意"的趋势，后者的不同更是不存在实质性影响。

三、知识产权执法是实现制度型开放的必由之路

推动制度型开放是一项复杂系统工程，需要明确重点领域、找准路径方案，分阶段分层次有序推进，助力打造市场化、法治化、国际化一流营商环境。其

---

① 詹映. 中国知识产权合理保护水平研究［M］. 北京：中国政法大学出版社，2014.

中，知识产权执法是重点领域，需要深化国内知识产权执法的体制机制改革探索。首先，知识产权本就是国际贸易的重点领域，推动制度型开放不可避免地需要推动知识产权保护。其次，制度型开放涉及国内相关法律法规、政策体制的改革和优化，这同样也是打造市场化、法治化、国际化营商环境的内在要求。最后，我国知识产权法律还需进一步完善，在此基础上推动知识产权执法。在进一步修订完善与知识产权、政府采购等规则相关的《反垄断法》《反不正当竞争法》《专利法》《商标法》等法律法规，逐步建立起与制度型开放和一流营商环境要求相适应的法律体系的基础上，深化对外贸易、利用外资、对外投资、金融等领域体制机制改革，继续推动海关制度创新、缩减负面清单、放宽市场准入，实施全生命周期式监管模式，构建更高水平的知识产权行政监管和司法保护的机制。

法律的生命力在于实施，法律的权威也在于实施。制度型开放要求一个全面、深化的知识产权法律制度体系。同样也要求在此基础上，构建能够有效实施和落实知识产权法律制度体系的执法体系。

2023 年 6 月 1 日，《国务院印发关于在有条件的自由贸易试验区和自由贸易港试点对接国际高标准推进制度型开放若干措施的通知》下发，第五条"加大优化营商环境力度"，其中，涉及知识产权执法的内容有 3 点，分别是第二十三条对于已公布专利申请和已授予专利信息公开，第二十四条人民法院对经营主体提出的知识产权相关救济请求快速采取相关措施，第二十五条对涉嫌不正当竞争行为依法从轻、减轻或不予行政处罚。① 可见，在整体实施的层面，制度型开放已经落实到具体的法律执行和实施层面，并且细化至不同的知识产权和不正当竞争领域。

上海自贸试验区作为我国经济开放的前沿，自然也是制度型开放的先行者。国务院于 2023 年 11 月 26 日印发《全面对接国际高标准经贸规则推进中国（上海）自由贸易试验区高水平制度型开放总体方案》，强调了"全面对接国际高标准经贸规则，稳步扩大规则、规制、管理、标准等制度型开放，在上海自贸试验区规划范围内，率先构建与高标准经贸规则相衔接的制度体系和监管模式"。在第三部分"提升货物贸易自由化便利化水平"，推动"通关便利化"，在确保数据安全的前提下，实施数据跨境交换系统，允许数据流通；在海关监管执法上，设置秘密信

---

① 参见《国务院印发关于在有条件的自由贸易试验区和自由贸易港试点对接国际高标准推进制度型开放若干措施的通知》（国发〔2023〕9 号）。

息保护措施和侵权假冒货物处置措施。在第四部分"率先实施高标准数字贸易规则"，强调数据跨境流动中，数据保护、传输、服务、应用、共享和治理。在第五部分"加强知识产权保护"，明确商标与地理标志、专利的基本保护措施，并单独强调行政监管和司法保护的重要性，如加大对规模性、故意侵权行为的行政监管力度，加大对电影作品的保护力度，加大对商业秘密的保护力度。① 可见，知识产权执法是推动制度型开放的重要环节，并且具有更明显的示范和展示效应，通过积极开展高标准规则的先行先试，在知识产权的重点领域实现行政监管和司法保护的有效落实，充分发挥二者在保护知识产权、推动制度型开放中的不同作用，实现制度型开放中高效保护知识产权、营造一流营商环境的基本目标。

本章小结

知识产权执法是实现知识产权保护的最后步骤，是权利人维权的本质要求。无论是通过行政执法制止侵权、没收侵权商品、处罚罚款，还是通过司法的普通赔偿以及惩罚性赔偿，填平损失，惩罚侵权人。在制度型开放的背景下，应充分发挥知识产权行政执法的高效率和直接作用，充分发挥司法保护的终局性和指导作用，促进知识产权行政执法和司法保护的有效衔接，建立高效、有力的知识产权保护体系，以应对新形势下的新的挑战和要求。

---

① 参见《国务院关于印发〈全面对接国际高标准经贸规则推进中国（上海）自由贸易试验区高水平制度型开放总体方案〉的通知》（国发〔2023〕23号）。

下篇 知识产权领域的新兴议题

第六章

国际投资条约知识产权保护①

第一节　国际投资条约知识产权保护制度历史变迁

知识产权起源于封建"特权"，是封建国家或君主授予发明人进行垄断经营或控制经济利益的"特权"，但这种"特权"并非财产性权利。1623 年英国颁布《垄断法案》，确立一套新的保护技术、鼓励技术进步的专利法律制度，标志着现代意义知识产权制度的产生。1709 年英国颁布《安娜女王法》，被认为是人类历史上第一部版权法。此后，大多数国家相继建立知识产权制度。但在 19 世纪中期以前，各国知识产权法律体系建设及保护水平参差不齐。

一、知识产权国际条约的形成

19 世纪中期，率先完成工业革命的资本主义国家开始尝试通过签订互惠协定和双边条约开展知识产权国际合作。1873 年，位于奥匈帝国首都维也纳的世界展览会组织，邀请工业发达国家的厂商参加在维也纳举办的世界工业品展览会，但很多国家厂商担心自己的发明和产品在国外得不到充分的法律保护而拒绝参加。这一现象促使相关国家的政府意识到，如果不尽快解决专利和商标的国际

---

① 本章也是 2023 年度上海市哲学社会科学规划课题"国际投资条约知识产权保护变革及中国应对"（项目编号：2023BFX004）阶段性研究成果之一。

保护问题，将严重阻碍新产品的国际交流。于是，国际社会呼吁建立一体化知识产权保护框架和统一的知识产权保护标准。1883 年，经过多轮磋商，第一个保护知识产权的重要公约《巴黎公约》签订，涵盖包括发明专利权、实用新型、工业品外观设计、商标权、服务标记、厂商名称、产地标记或原产地名称以及制止不正当竞争等工业产权，以确保成员国的工业产权在所有其他成员国都得到保护。1886 年，经过国际文学家协会的努力，保护文学产权的《伯尔尼公约》缔结，版权保护走上国际舞台。1893 年，分别负责执行《巴黎公约》与《伯尔尼公约》行政管理任务的两个国际局合并，成立"保护工业和文学艺术产权联合国际局"，后改为"保护知识产权联合国际局"。联合国成立后，保护知识产权联合国际局通过改革成为联合国的专门机构，于 1967 年通过了《成立世界知识产权组织公约》。1970 年，随着《建立世界知识产权组织公约》生效，保护知识产权联合国际局改革转变为世界知识产权组织（WIPO），并于 1974 年成为联合国的一个专门机构，负责管理知识产权事务。WIPO 管理的国际知识产权条约成为推动各国知识产权制度相互融合和逐渐趋同的重要载体。但在此阶段，知识产权的国际立法在内容以及形式上都较为独立，并未与"贸易"直接挂钩，只是通过平衡各个国家知识产权保护水平，达到间接促进国际贸易发展的目标。

二、知识产权国际保护与国际贸易体制的结合

第二次世界大战后，随着经济全球化和贸易自由化的推进，国际社会认识到经济合作对世界经济社会发展的重要性。为促进自由贸易，实施关税减让、消减非关税壁垒，打破阻碍自由贸易的限制，1947 年，23 个国家作为初始缔约方签署了《关税与贸易总协定》（GATT）。早期的 GATT 未涉及知识产权问题。但国际贸易的增长带动了知识产权保护的需求，推动了知识产权制度的发展，知识产权保护的强度和效果反过来也影响国际贸易的结构和质量，知识产权国际保护与国际贸易体制交织在一起，发达国家越来越重视贸易与知识产权的关系，特别是美国将贸易逆差问题与知识产权挂钩，极力主张将知识产权问题纳入 GATT 乌拉圭回合谈判，并得到了一些发达国家的响应。美国、欧共同体和日本等成员以GATT 谈判为契机，主张将知识产权保护规则融入国际贸易法律体制，加强知识产权保护。经过多轮谈判，1994 年，各方签署《与贸易有关的知识产权协定》（TRIPs 协定），同时签订《建立世界贸易组织协定》，成立世界贸易组织（WTO），实现了知识产权保护与 WTO 框架的结合，确立了以 WTO 为核心的知识产权国际保护体系，大幅提高了知识产权国际保护水平，使知识产权国际保护迈入新阶段。

与 WIPO 管理的《巴黎公约》《伯尔尼公约》等国际知识产权公约相比，TRIPs 协定不仅实现了形式意义上知识产权国际条约的统一立法，而且从实质内容上大幅提高了知识产权的国际保护水平，提升了知识产权保护在国际贸易中的重要性，促进了知识产权与货物和服务贸易的进一步融合。在基本原则方面，TRIPs 协定首次将国际贸易中的"最惠国待遇"原则引入知识产权条约。协定第 4 条规定："在知识产权保护方面，一成员国给予其他国家国民的任何利益、优惠、特权或豁免，应立即无条件地适用于其他全体成员之国民。"具体保护内容方面，协定扩大了知识产权保护客体，新增权利类型，延长保护期限，减少权利限制，加强了知识产权的实施，尤其是引入国家间争端解决机制以及允许对不执行裁决国家实施贸易报复制裁，为知识产权条约遵守和执行提供了强有力的约束保障。

作为 WTO 一揽子协议的组成部分，TRIPs 协定全面规定了与贸易有关的知识产权的保护标准，不仅将知识产权与贸易挂钩，增强知识产权的普遍性和约束力，而且 WTO 成员方需遵循 TRIPs 协定最低保护义务，很大程度上消除了成员方知识产权保护标准的差异，减少了因知识产权保护不力对国际贸易的扭曲和阻碍。

三、知识产权国际保护与国际投资体制的结合

随着全球经济一体化的不断演进，国际投资活动的规模和频率日益增长。而且，全球分工从货物加工转向以价值链为基础的生产要素转变，从获取资源转向要素整合、从货物贸易转向服务贸易和投资，国际经贸规则演变呈现出从关注货物贸易以及相关的关税等边境的措施，向投资和服务贸易领域转移的明显趋势。财富之源从物质资源转向知识资产，投资模式从资源依赖型向知识依赖型转变，技术转移和研发成为日益重要的投资活动，以知识产权为核心的无形资产投资成为一种重要的投资形式和投资竞争工具，知识产权作为静态财产权的法律特征与具有动态投资活动属性的经济特征统一，知识产权投资渗透到知识经济的各环节，具备投资属性的知识产权成为投资条约重要保护对象，影响投资决策、投资结构和投资流向，强化了对知识产权投资保护的必要性。知识产权从"与贸易有关"到"与投资有关"，发展成为一种重要的"投资"形式，而且随着全球价值

链带来的跨国企业研发活动加速向海外扩展，知识产权保护在国际投资中的作用越发重要，成为吸引外国直接投资的重要因素之一。

随着以中国为代表的新兴国家产业转型升级和科技创新能力的提高，以美国为首的发达国家不满足 TRIPs 协定的保护，企图在 WTO 框架下推行明显高于 TRIPs 协定的 TRIPs-plus 标准，这遭到了发展中国家的强烈反对，双方陷入谈判僵局。在 WTO 框架下未能达到目的，发达国家不断通过"论坛转移"和"体制转移"策略，抢夺国际规则制定权与话语权，通过双边、多边和区域性协定的方式，进一步扩大知识产权保护范围，提高知识产权标准，来达到促使发展中国家承担超出 TRIPs 协定义务的目的。从美国推动制定的《跨太平洋伙伴关系协定》（TPP 协定）、《美墨加协定》到以日本为首的 11 国达成的《全面与进步跨太平洋伙伴关系协定》（CPTPP 协定），双边、多边和区域性经贸投资协定逐渐嵌入高标准的知识产权国际规则，建立知识产权国际保护的新范式，并不断从国家战略、法律政策和组织体制方面赋予知识产权国际保护新的执法形式和手段，为知识产权人提供了寻求知识产权国际保护的额外"场所"，大大拓宽了知识产权国际保护的内涵，进一步提高了知识产权保护水平。

第二节　国际投资条约知识产权保护制度的具体内容

一、国际投资条约知识产权保护的界定

（一）国际投资条约知识产权保护的概念

国际投资条约知识产权保护制度是国际投资条约将知识产权纳入投资范畴后，利用自身框架内的投资待遇条款和争端解决机制来保护知识产权的一系列原则、规则的总和。[1] 国际投资条约知识产权保护包含如下含义：

1. 作为"投资"的知识产权

在国际投资条约中，投资的定义具有至关重要的基础性作用，决定了什么类型的投资能够进入缔约国并得到国际投资条约的保护。将知识产权作为"投资"

---

[1] 朱玥. 国际投资条约知识产权保护制度研究［D］. 上海：华东政法大学，2022.

是国际投资条约保护知识产权的逻辑起点。[①] 1959 年，德国和巴基斯坦签订的双边投资条约，开启了现代双边投资条约的先河，将知识产权纳入"投资"范畴以来，国际投资条约投资定义条款基本认可知识产权是"投资"形式之一。当然，不同投资条约规定的方式和范围略有差异，如有的投资条约未对作为"投资"的知识产权范围做出限定，有的投资条约对作为"投资"的知识产权范围进行了穷尽或非穷尽式列举，有的投资条约甚至明确将 TRIPs 协定未认可的知识产权类型纳入"投资"保护范围。[②]

1982 年，中国与瑞典最早签订的双边投资协定在"投资"定义条款纳入了"版权、工业产权、工艺流程、商号和商誉"，直到近期签订的自由贸易协定中的投资章节都将知识产权作为"投资"的一种重要形式加以保护。如中国于 2020 年 11 月 15 日正式加入的 RCEP 协定第 10 章"投资"章节第 1 条定义中将"知识产权和商誉"作为投资保护。2021 年 9 月 16 日，中国正式提出申请加入的 CPTPP 协定第 9.1 条投资定义条款中"投资"可采取的形式也包括"知识产权"。

2. 被东道国法律所认可的知识产权

投资的定义是国际投资条约的基石，通过对投资定义的界定达到促进和保护国际投资的效果。国际投资条约已普遍将知识产权纳入"投资"范畴，为知识产权保护提供了新途径。但是，将知识产权纳入投资，并不意味着所有知识产权都受投资条约保护。知识产权具有地域性，各个国家对知识产权保护的规定存在一定差异，知识产权国际条约也仅是规定了知识产权保护的最低义务，由于国际投资条约本身不创设知识产权，而只是对所东道国法律所认可的知识产权类型提供最低保护标准。[③] 投资者能否通过知识产权在东道国从事投资活动进而受到投资保护，最先取决于东道国法律对相关知识产权的承认。为保障东道国对外国投资的监管，不同国家对知识产权保护范围和保护程度不同，有些国家还可能对知识产权的转让、许可等做出具体规定，直接影响投资者在东道国的投资权益。很多国家签订的投资条约文本中都明确规定，投资是投资者根据东道国法律和法规规定所投入的各种财产，甚至明确规定作为投资的知识产权应当为东道国法律和法规所认可。

1982 年，中国与瑞典最早签订的双边投资协定在"投资"定义条款将资产

① 田晓萍. 国际投资协定中知识产权保护的路径及法律效果——以"礼来药企案"为视角 [J]. 政法论坛, 2016（1）：97-104.

②③ 徐树. 国际投资条约下知识产权保护的困境及其应对 [J]. 法学, 2019（5）：88-102.

限定为依照东道国法律和法规用于投资的各种形式的资产。RCEP 协定中第 10 章第 1 条第 1 款投资的定义中明确其为遵循东道国相关法律、法规和政策所设立、获取或扩大的投资，并且第 3 款投资形式的规定中列举"东道国法律和法规所认可的知识产权和商誉"。当然，CPTPP 协定第 9.1 条对投资的定义弱化了为东道国法律和法规所认可的属性。

3. 知识产权具有投资属性

具有投资属性是受到国际投资条约保护的基本条件。投资者在东道国投资的知识产权必须具有投资属性。然而，纵观国际投资条约文本及投资争端解决机制规则，并未对知识产权的所有人在东道国的行为是否构成以知识产权为客体的"投资"进行明确规定。投资者与东道国就投资发生的纠纷中，首先就会对"投资"是否具有投资属性发生争议。因此，需要对"投资"属性进行解释。

从学理角度分析，Christoph Schreuer 教授等在对《ICSID 公约》的评注中归纳出判断投资属性的五个标准：①存续期间。②规律性的收益和回报。③风险承担。④投资者的实质性投入。⑤在实践意义上有助于东道国发展。[①]

从实践角度分析，最常被援引的仲裁先例"Salini 公司诉摩洛哥案"仲裁庭指出，"投资"概念具有客观的含义，一项"投资"须满足资产投入、风险承担、存续期间、预期收益以及为东道国经济发展做出贡献等特征。2008 年 12 月 10 日及 2009 年 6 月 4 日，奥贝泰克公司依据《北美自由贸易协定》（NAFTA）向美国发出仲裁通知，认为美国相关部门不批准其两项仿制药品的上市申请构成歧视性、不公平、不公正待遇，是对其已有投资的征收。2013 年 6 月 14 日，仲裁庭做出裁决，否定了其对案件的管辖权，并指出，奥贝泰克公司在美国没有与本案相关的商业存在或相关活动，至多只能算对美国的货物出口而非投资者，其药品研发和药品上市申请准备工作均在加拿大境内，为仿制药品上市申请而进行的前提投资不属于在美国的"投资"。可见，在国际投资理论与实践中，对"投资"属性的解释存在一定的不确定性。

（二）国际投资条约知识产权保护的类型

从国际投资条约的缔约主体形式来看，国际投资条约分为双边投资条约（BIT）和多边投资条约（MIT）两大类。BIT 是两个缔约方之间签订的保护和促

---

① 朱玥. 国际投资条约知识产权保护制度研究［D］. 上海：华东政法大学，2022.

进投资活动的协议。MIT 是涉及多个缔约方，又可细分为区域性投资条约和全球性投资条约，前者如 CPTPP 协定，后者如 WTO 框架下的《与贸易有关的投资措施协定》等。因此，国际投资条约知识产权保护制度也相应分为"双边保护制度"和"区域性多边保护制度"。

从国际投资条约知识产权保护的制度安排的实质来看，国际投资条约知识产权保护制度体现出"共同"保护制度和"共同但有区别"保护制度的差异。"共同"保护制度是指将知识产权纳入投资范畴后，不再做例外或特别规定，对知识产权投资和其他形式的投资适用相同的投资保护规则。"共同但有区别"保护制度是指不仅将知识产权纳入投资范畴，而且基于知识产权投资的特殊性做出特别的制度安排，包括规定专项条款和例外条款等。①

二、国际投资条约知识产权保护制度的特征

与传统的知识产权条约保护相比，国际投资条约知识产权保护制度为知识产权国际保护开辟了新途径，由于与投资保护相结合，具有了以下几个鲜明的特征：

（一）国际投资条约知识产权保护主体的特殊性

国际贸易相关知识产权保护涉及主体为平等主权国家，而国际投资条约知识产权保护的主体主要是东道国政府与境外投资者。在知识产权投资保护法律关系中，投资者是知识产权保护的权利主体，而东道国是知识产权保护的义务主体。由于投资条约的功能定位，以及投资者与东道国的地位不平等，国际投资条约知识产权保护旨在保护东道国境内的外国投资者及其知识产权投资，确保投资利益和知识产权安全。若投资者与东道国产生争端，可以根据投资条约发起投资仲裁。

（二）国际投资条约知识产权保护内容的结合性

国际投资条约侧重于保护东道国对投资者权益保护的内容规定，国际投资条约设定东道国根据投资条约投资待遇条款对投资者知识产权投资进行保护的义务，包括国民待遇、最惠国待遇、公平公正待遇、免于被直接或间接征收、不被强制要求转让技术、东道国履行特定投资承诺等，以及创设投资者与国家间争端

---

① 何艳. 投资条约对知识产权保护的制度构建与历史演进［J］. 大连海事大学学报，2017（5）：29-36.

解决机制。但国际投资条约本身不设定知识产权保护实体性规则，如知识产权的取得与维持、知识产权侵权行为、知识产权的保护期限，国际投资条约知识产权保护具体内容需结合知识产权条约和东道国国内法确定。

（三）国际投资条约知识产权保护机制的叠加性

在知识经济时代的国际投资活动中，知识产权是一种重要投资形式和投资竞争工具，具备投资属性的知识产权成为投资条约重要保护对象，并通过投资待遇条款和投资者与国家间争端解决机制，为东道国政府设定了融法律制度和组织体制为一体的知识产权保护国际义务，提供了以投资条约为基础的一套完整的制度构造，实现了以传统国家责任法为基础的基于解释的个案保护到以投资条约为基础的一体保护的转变，在以防止私人干预及相应的私人责任为中心的制度之外，又构建了以防止政府干预及相应的国家责任为中心的制度，在知识产权条约保护之外为知识产权保护叠加了新层面的国际保护。① 新层面的额外保护机制使知识产权权利人能够积极利用国际投资条约及仲裁机制挑战东道国的知识产权政策，形成了国际投资条约与知识产权条约的竞合保护。

三、国际投资条约保护知识产权的实体规则

（一）非歧视性待遇条款

非歧视性待遇条款是国际投资条约基础和核心内容，国际投资条约都将非歧视性待遇条款作为投资待遇条款的主体，为外国投资者在东道国的投资活动创造公平的竞争环境，保证投资者的投资及与投资活动免受东道国的歧视性待遇。

从具体内容来看，非歧视性待遇条款包括国民待遇条款与最惠国待遇条款，都属于相对待遇标准，旨在为投资设定最低保护标准。作为首个现代投资条约，1959 年《德国—巴基斯坦双边投资协定》第 1 条第 2 款规定："任一缔约方投资者在另一缔约方领土内的投资，不得因投资所有权归属于对方的自然人或法人，或受其控制，而受到任何歧视性待遇。除非在本条约生效时的现行法律和据此制定的规则和条例另有规定。"而 TRIPs 协定是首个纳入最惠国待遇条款的知识产权公约，将最惠国待遇的适用范围从货物贸易扩大到了与贸易有关的知识产权领域。尽管不同条约文本表述可能存在差异，国民待遇条款和最惠国待遇条款保证

---

① 张建邦．国际投资条约知识产权保护制度的现代转型研究［J］．中国法学，2013（4）：63-73.

给予投资者的待遇不低于缔约方给予其国民或第三国国民的待遇，无论何时，缔约方给予其国民或第三国国民投资者及其投资更优惠的待遇，另一缔约方的投资者均应享有这种更优惠的待遇。最惠国待遇条款还具有独特功能，它能够将投资协定的"双边承诺"转化为"多边承诺"，确保不同国籍的投资者在东道国享受同等待遇、拥有平等的竞争条件，协调不同投资条约项下的投资保护标准。① 因此，当知识产权人在东道国进行知识产权投资时，若投资条约缔约方均属 WTO 成员方，知识产权人可以利用最惠国待遇条款，获得更有利、更优惠的投资待遇。

投资条约非歧视性待遇条款分为投资准入前的非歧视性待遇和准入后的非歧视性待遇。就知识产权投资而言，准入后的非歧视性待遇主要保障准入后外国投资者及其投资免受歧视，即适用于已经被东道国授予或认可的知识产权，但在投资准入问题上东道国依然保留较大的自由裁量权。准入前的非歧视性待遇将非歧视性待遇扩大适用到准入阶段。多数投资条约中非歧视性待遇条款只针对投资准入后，不适用于投资准入前。但是，有的投资条约，如《美国双边投资协定范本（2012 年版）》将其适用范围扩大到投资准入前，知识产权投资者可以从知识产权申请阶段适用国民待遇和最惠国待遇挑战东道国的知识产权规制权。②

在投资条约中，国民待遇条款与最惠国待遇条款往往结合在一起使用，促使缔约方构建公平的国内市场竞争环境，维护外国投资者合法权益。但是，关于最惠国待遇是否适用于程序性事项的问题，在国际投资仲裁中存在争议。因此，为避免投资者"挑选条约"，并且约束仲裁庭任意扩大解释，有的投资条约直接将最惠国待遇条款排除出投资争端解决机制的适用范围，或者明确规定其他贸易投资条约中的实体义务不属于最惠国待遇的"待遇"。如 RCEP 协定第 10 章第 8 条第 5 款规定，国民待遇和最惠国待遇不适用于符合 TRIPs 协定第 5 条规定的任何措施。③ 中国与其他国家签订的投资条约中也会约定某些领域的事项或某些类型

---

① 徐树 . 最惠国待遇条款"失控"了吗？——论国际投资条约保护的"双边主义"与"多边化"[J]. 武大国际法评论，2013，16（1）：256-278.

② 田晓萍 . 国际投资协定中知识产权保护的路径及法律效果——以"礼来药企案"为视角 [J]. 政法论丛，2016（1）：97-104.

③ 朱玥 . 国际投资条约知识产权保护制度研究 [D]. 上海：华东政法大学，2022.

的条约不适用"最惠国待遇条款"。①

(二) 公平公正待遇条款

国民待遇原则和最惠国待遇原则作为一种相对标准,投资者获得与东道国给予本国公民和其他国家公民的相当水平的投资保护,投资者不能依据国民待遇和最惠国待遇享受更高水平的知识产权保护,东道国在知识产权投资保护上仍然可以依据 TRIPs 协定给成员国政策空间进行自治。但投资条约中的公平公正待遇条款是一项绝对待遇条款,使东道国不能继续依据国民待遇、最惠国待遇维持相对较低知识产权保护水平,承担按照国际法而非国内法确定的知识产权投资公平公正待遇义务。

早期有的投资条约将国民待遇原则与公平公正待遇原则画等号,将公平公正待遇解释为在任何情况下都不低于国民待遇。20 世纪 80 年代后,公平公正待遇条款才逐渐与国民待遇条款相分离。近来,几乎所有国际投资条约或经贸协定的投资章节都专门规定公平公正待遇条款,被视为国际投资领域堪比民法诚实信用原则的"帝王条款"。目前公平公正待遇条款的表现形式较为多样,可分为以下几类:② 第一类投资条约规定公平公正待遇时不附条件,与国际法、国际习惯法等法律渊源不挂钩,未形成对公平公正待遇解释的限制。③ 第二类投资条约规定公平公正待遇解释要以国际法作为参照系,限制仲裁庭解释公平公正待遇时的自由裁量权。④ 第三类投资条约将公平公正待遇与习惯国际法相联系,并将其细化为符合习惯国际法最低待遇标准,仲裁庭的裁量权受到更大限制。⑤ 第四类投资条约采用开放式或封闭式的列举方式,将公平公正待遇与具体的规定或要求相结合,如将公平公正待遇限定在不得实行明显的歧视性或专断性措施、不得粗暴地

---

① 例如,2012 年的《中华人民共和国政府和加拿大政府关于促进和相互保护投资的协定》第 8 条规定:"最惠国待遇原则不适用于:(一) 一缔约方根据下述任何现存或将来的双边或多边协定给予的待遇: 1. 建立、强化或扩大自由贸易区或关税联盟; 或 2. 与航空、渔业或海事相关的事项,包括海难救助;(二) 根据 1994 年 1 月 1 日前生效的任何双边或多边国际协定给予的待遇。"

② 沈伟,张炎. 国际投资协定中知识产权保护的"TRIPs-plus"难题及中国应对 [J]. 东岳论丛, 2021, 42 (8): 173-182.

③ 例如,2009 年的《中华人民共和国政府和瑞士联邦委员会关于促进和相互保护投资条约及其议定书》第 4 条规定:"缔约一方的投资者及其收益,在另一缔约方的领土范围内,在任何情况下,应获得公平公正待遇,并获得完全的安全和保护。"

④ 例如,CPTPP 协定规定:"每一缔约方应依照适用的习惯国际法原则给予涵盖投资包括公平公正待遇及充分保护和安全在内的待遇。"

⑤ 例如,《区域全面经济伙伴关系协定》(RCEP 协定) 第 10 章第 5 条第 1 款规定:"每一缔约方应当依照习惯国际法外国人最低待遇标准给予涵盖投资公平公正待遇以及充分保护和安全。"

拒绝公正审理等方面，一定程度上弥补了公平公正待遇的宽泛性和模糊性。①

由于公开公平待遇条款在投资条约中的表述往往简短且抽象，相对宽泛、模糊，以及不同投资条约规定方式的差异，并未形成统一的规定，导致国际投资仲裁庭对公平公正待遇的解释不尽相同。"公平和公正待遇没有得到准确的界定，为外国投资者主张如下观点提供了一个总的出发点：由于东道国采取了有损于自己利益的歧视性或者其他不公平措施，自己没有得到善待。因此，公平和公正待遇这一概念的内容需要结合个案的具体情况进行阐释。"② 实践中，不同的投资纠纷具体案情各不相同，投资仲裁庭根据个案具体情况对违反公平公正待遇情形的认定多种多样：①东道国在保护投资方面没有尽到适当的注意义务构成违反了该待遇。②东道国在处置投资者权利时没有遵循正当程序原则构成违反了该待遇。③东道国没有营造透明的投资法律环境违反了该待遇。④东道国没有遵循透明度义务和不专断义务等善意义务原则构成违反了该待遇。⑤东道国的行为缺乏公正因素构成违反了该待遇。

可见，公平和公正待遇条款内涵和标准的模糊性，可能使东道国承受超过TRIPs协定最低标准的知识产权保护义务，通过超越知识产权条约的保护方式，要求东道国履行更高水平的投资保护义务。近年来，从大量的国际投资仲裁裁决来看，基于公平公正待遇义务要素，当知识产权人在东道国进行知识产权投资时，会从正当程序和不得拒绝司法、禁止专断行为、禁止歧视行为、透明度、善意原则和投资合理期待等要素出发，挑战东道国实施的知识产权政策或相关措施。③ 为此，有学者援引公平公正待遇条款的主要表现及对东道国知识产权政策和措施的影响，主张投资条约与知识产权条约脱钩，违反知识产权条约不自动构成对投资条约公平公正待遇条款的违反。④

（三）保护伞条款

国际投资条约引入保护伞条款，规定东道国应遵守对外国投资者及其投资所

---

① 例如，2014年欧盟—加拿大全面经济贸易协定（CETA协定）第8章投资专章第8.10条"投资者及涵盖的投资的待遇"规定，一方违反公平公正待遇是指构成以下情形的一项或一系列措施：（a）在刑事、民事或行政程序中拒绝司法；（b）在司法和行政程序中根本违反正当程序，包括根本违反透明度；（c）明显的专断；（d）基于性别、种族或宗教信仰等明显错误的理由的有针对性的歧视；（e）滥权对待投资者，例如强制、威胁和骚扰；或者（f）违反了缔约方根据本条第3款所通过的任何其他义务要素。

② Peter Muchlinski. Multinational Enterprises and the Law ［M］. Blackwell Publishers, 1995.

③ 朱玥 . 投资条约下知识产权保护争端对投资者"公平公正待遇"标准的挑战与因应 ［J］. 环球法律评论，2023（5）：209-224.

④ 徐树 . 国际投资条约下知识产权保护的困境及其应对 ［J］. 法学，2019（5）：88-102.

做的特别承诺，保护伞条款就是国际投资条约中确保东道国履行其对外国投资者及其投资所做出的承诺的规则。从承诺方式来看，东道国所做承诺既包括东道国国内法等单方承诺，也包括通过投资协议约定的承诺，尤其是投资协议承诺将东道国与投资者之间的约定义务转化为条约义务，投资者得以运用投资仲裁机制处理与东道国的投资协议纠纷。

知识产权人利用保护伞条款要求东道国遵守其与投资有关的承诺，除基于东道国国内法等单方承诺和投资合同约定承诺外，甚至还主张将东道国加入的《巴黎公约》《伯尔尼公约》和 TRIPs 协定等知识产权条约也视为东道国所做的承诺，通过投资仲裁机制予以执行。如在"莫里斯诉澳大利亚案"中，莫里斯援引中国香港与澳大利亚投资条约中的保护伞条款，认为 TRIPs 协定、《巴黎公约》属于保护伞条款所涵盖的承诺，并要求仲裁庭裁决澳大利亚违反了其在知识产权条约下的承诺。虽然仲裁庭最终以缺乏管辖权为由驳回了申请人的仲裁请求，但是在今后案件中投资者援引保护伞条款执行知识产权条约的可能性依然存在。① 所以，投资条约保护伞条款与知识产权条约相互联结，知识产权人将保护伞条款中承诺扩展至东道国加入的知识产权条约产生的义务，在国际投资仲裁中援引和执行知识产权条约。

（四）履行要求禁止条款

履行要求是东道国为引导和管理外资而采取的管制措施，要求外国投资者履行特定义务，并且以此作为获得外资权利或优惠待遇的条件。履行要求属于各国国内投资政策范畴，其实施具有坚实的法律依据，符合国家经济主权原则、发展权原则，因此在很长一段时间内并未被国际投资条约所禁止。然而，伴随经济一体化进程加快，个别国家开始质疑东道国实施履行要求的行为，主张履行要求是东道国对市场的不合理干预，阻碍贸易投资的自由化、便利化，要求禁止东道国实施履行要求。

美国等发达国家认为，履行要求成为投资壁垒，一直把禁止履行要求作为签订双边投资条约关注的重点，在拟订的双边投资条约范本中推行履行要求禁止条款，规定"缔约任何一方均不得施加任何履行要求，作为投资项目建立、扩充或维持的条件，即要求或承诺，同意把生产出来的货物出口外销；或明文规定某些产品或劳务必须就地购买；或者把任何其他同类要求或措施强加于人"。在美国

---

① 徐树. 国际投资条约下知识产权保护的困境及其应对 [J]. 法学，2019（5）：88-102.

的影响下，美国与发展中国家签订的双边投资条约逐渐普遍接受上述示范文本条款，涵盖对投资准入前和准入后的履行要求的禁止。不仅双边投资条约，区域性多边投资条约中也开始出现履行要求禁止条款，甚至是全球性多边条约，也禁止对贸易会产生扭曲影响的履行要求。如《与贸易有关的投资措施协定》明确规定，在货物贸易领域，禁止WTO成员方实施与国民待遇原则不相符的当地惩罚要求和贸易平衡要求，以及与取消数量限制原则不相符的贸易平衡要求、进口用汇限制以及国内销售要求。当然，《与贸易有关的投资措施协定》主要关注履行要求对贸易产生的影响，而根据美国推行的禁止履行要求条款，禁止东道国实施扭曲投资便利化的履行要求，不论该履行要求是否产生贸易扭曲效果。

履行禁止条款限制了东道国基于TRIPs协定框架根据本国经济社会发展制定知识产权政策的弹性空间，提高了知识产权保护水平，知识产权条约赋予成员国制定知识产权限制措施的灵活性被弱化，超越了知识产权条约的保护义务。东道国需要承担更多的知识产权保护义务，故而也产生了TRIPs-plus效果，打破了知识产权保护与限制、个体利益与公共利益的平衡。正因为如此，有些国际投资条约对禁止履行要求做出了明确限制，如对符合TRIPs协定第31条专利强制许可、第39条披露专有信息等规定的外资管制措施，不落入技术类履行要求禁止范畴；也有投资条约履行要求禁止条款做兜底性规定，即不减损缔约方在WTO条约框架下的权利和义务。[①]

（五）限制征收条款

国家征收一直是国际投资领域备受关注的议题，限制征收条款成为投资条约中最为核心的实体条款之一。保护投资者免受东道国非法征收行为的影响，除非征收符合法定条件。在国际投资领域，满足法定条件的征收是东道国出于公共利益和国家安全、健康、环境等目的，对外国投资者的投资强行征收的行为，包括但不限于国有化、征收、强制购买等方式。

征收的概念最早源于荷兰著名法学家格劳秀斯提出的"国家征收权"，是国家行使主权的一种重要形式，合理的征收手段为各国所普遍认可。联合国大会1962年曾通过决议，明确认可主权国家有权以重要公共事业、安全或国家利益等为根据，进行征收或实行国有化，并且应给予适当补偿。在国际投资领域，外资征收的构成及其在国际法上的认可一直争议不大，构成合法征收需满足公共目

---

① 朱玥. 国际投资条约知识产权保护制度研究［D］. 上海：华东政法大学，2022.

的、非歧视、正当程序以及充分有效补偿等条件。但是，现代投资条约将征收界定为"直接征收""间接征收""与征收等同或类似的行为"，特别是"间接征收"和"与征收等同或类似的行为"的表述为征收范畴的扩张提供了极大的解释空间，成为投资者向东道国提起补偿要求的主要依据。

在知识产权投资方面，东道国对外国投资者的知识产权颁发强制许可证，或对知识产权的撤销、限制等，是否构成征收，尤其是"间接征收"和"与征收等同或类似的行为"，成为颇具争议的问题。而且，在投资条约与知识产权条约的联结下，违反知识产权条约的行为是否构成违反国际投资条约的征收条款，以及违反国际投资条约中的征收条款是否意味着违反知识产权条约义务，这些为缔约方带来条约遵守困境。为协调条约体制间的冲突，不少国际投资条约的征收条款增加了限制条件。如《北美自由贸易协定》第 1110 条第 7 款对征收与补偿做出了例外规定，即符合国际知识产权规则的强制许可、创设、限制或撤销知识产权，不适用第 1110 条的征收与补偿条款。该例外规定把国家对知识产权的某些干预措施排除于征收的范围之外，而被排除的国家干预措施则完全依据 TRIPs 协定和投资条约知识产权保护章节中的规定加以识别和剔除。① 同样，RCEP 协定第 10 章第 13 条第 4 款也规定："本条不得适用于与知识产权有关的强制许可的颁发或知识产权的撤销、限制或创设，只要此类颁发、撤销、限制或创设符合第 11 章（知识产权）和 TRIPs 协定的规定。"此种例外规定试图协调知识产权条约与投资条约的交叉和冲突，但赋予投资仲裁庭对知识产权条约的解释权，由投资仲裁庭认定东道国是否违反知识产权条约，不仅增加了仲裁员解释任务的复杂性和难度，导致知识产权条约解释的不确定性，而且投资者通过投资争端解决机制主张东道国对知识产权投资采取的管制措施构成征收，要求东道国履行知识产权条约义务，与国家间知识产权条约义务争端解决机制形成冲突。

四、国际投资条约知识产权保护的程序机制

（一）"投资者—国家间争端解决机制"概述

传统国际法上，争端解决机制仅适用于国家与国家之间。投资者的权益受东道国不法侵害，只能通过所属国寻求外交保护。《解决国家与他国国民之间投资争议公约》（以下简称《华盛顿公约》）创设"投资者—国家间争端解决机制"

---

① 张建邦. 国际投资条约知识产权保护制度的现代转型研究［J］. 中国法学，2013（4）：63-73.

（ISDS），专门成立争端解决的国际组织，允许投资者直接对东道国提起投资仲裁，解决投资者与东道国之间因直接投资而引起的法律争端。与国家间争端解决机制及普通的商事仲裁相比，ISDS具有很鲜明的特征。

首先，IDDS是一种单向机制，只能由投资者启动，构成对东道国国家主权的一种限制，是投资条约的缔约方保护本国海外投资者利益的利器，能有效解决外国投资者和东道国政府因直接投资而产生的纠纷，在利用国际投资仲裁保护外国投资者权益、促进跨国投资方面具有独特的价值。

其次，投资者启动争端解决程序需满足前置要求，即以用尽当地救济程序为前置条件，并与东道国进行一定时期的磋商和谈判，提出仲裁请求时还应附上书面同意仲裁及放弃东道国国内法院程序的声明。

最后，投资者可通过投资仲裁直接获得金钱赔偿，并能直接在缔约方得到执行，这也正是DSB等其他机制所无可比拟的。而且，与普通商事仲裁相比，国际投资仲裁可以有效避免东道国国内法院的地方保护，也具备更有效的裁决执行机制。

正因为ISDS的机制优势，《华盛顿公约》建立的国际投资仲裁正日益成为处理国家与投资者争端的重要平台，越来越多的投资者选择将纠纷提交投资仲裁机构，在解决外国投资者与东道国纠纷方面发挥越来越重要的作用。《华盛顿公约》自1993年2月6日起对中国生效。中国与其他国家缔结的双边及区域性投资协定基本约定了国际投资仲裁机制，如RECP协定、《中欧全面投资协定》等，都涉及投资仲裁的相关规定。

（二）仲裁前置程序

投资条约一般要求投资者提起争端解决，需要达到一定的前置要求，包括用尽当地救济，并与东道国政府进行为期一段时间的磋商与谈判。《华盛顿公约》第26条规定，缔约国可以要求以"用尽当地救济"作为其同意将投资争端提交仲裁的前置条件。当地救济，通常是指东道国法律和法规所规定的行政复议和行政诉讼程序。

规定一定期限的磋商和谈判，注重投资者与东道国的意思自治，通过直接对话和协商，促进争端各方达成共识，具有更高的灵活性和自主性，既能维护投资者与东道国的合作关系，又能有效避免国家与国家之间的冲突。以中国签订的投资条约为例，2015年《中国—土耳其双边投资协定》规定，投资者和相关缔约方应尽可能通过善意的磋商和谈判解决争议。2020年《中国—新西兰自由贸易协定》第 153 条规定，除非争端方另行达成共识，如果自提出磋商与谈判要求之日起 6 个月内无法解决该争端，则应当根据投资者的选择，将争端提交至解决投资争端国际中心（ICSID）进行调解或仲裁；或者根据联合国国际贸易法委员会（UNCITRAL）规则进行仲裁。

（三）ICSID 仲裁

用尽当地救济、经过磋商与谈判程序后争端方仍未合理解决投资争端，投资者可以以东道国作为被申请人提出国际投资仲裁申请，通过 ICSID 仲裁或根据 UNCITRAL 仲裁规则进行临时仲裁。

由于提出投资仲裁需履行一定的前置要求，包括用尽当地救济，以及将争议提交仲裁前进行一定期限的磋商和谈判。未经过前置程序，往往导致仲裁庭对投资者提出的以东道国为被申请人的仲裁申请不予受理。当然，只有投资条约争端解决条款明确要求必须用尽当地救济，未用尽当地救济才影响仲裁申请的可受理性。如果东道国在投资条约中明确放弃用尽当地救济的要求，则不以用尽当地救济为前置要求。

仲裁庭的管辖权还需基于投资者和东道国同意仲裁的合意。从国际投资仲裁实践来看，投资者和东道国提交仲裁的合意通常包括三种方式：一是投资者与东道国订立的投资合同中的仲裁条款形成的仲裁合意；二是东道国国内立法表明国家愿意向外国投资者提供 ISDS 机制以解决投资争端，在投资者提交书面同意，或主动提请国际投资仲裁时，并声明放弃东道国国内法院程序的情况下，双方形成仲裁的合意；三是东道国与投资者母国签订的国际投资条约通常有争端解决条款，规定"缔约一方与缔约另一方投资者之间就投资产生的任何争议，应缔约另一方的投资者的请求，可以将争议提交仲裁。争议应依据《ICSID 公约》提交仲裁，除非争议双方同意依据 UNCITRAL 或其他仲裁规则设立专设仲裁庭"。①

当然，有的投资条约还要求投资者应至少在提交仲裁前 6 个月向东道国政府递交书面的拟诉求提交投资仲裁的意向通知书。有的投资条约还对投资者提交仲裁的时间做出限制，如首次获悉或应当获悉产生投资争端之日起不迟于 3 年内提交仲裁。有的投资条约还对提交仲裁的争端类型做出限制，如仅允许投资者将"有关征收补偿额"的争端提交国际仲裁，对于非征收补偿款额的其他争端，均由东道国国内法院解决，意味着除非争端双方另行达成投资仲裁的合意，否则仲

---

① 朱玥. 国际投资条约知识产权保护制度研究［D］. 上海：华东政法大学，2022.

裁庭对非征收补偿款额的其他争端不享有管辖权。

关于管辖权争议问题的处理，根据《华盛顿公约》第41条，仲裁庭有权决定是否"将任何管辖权问题作为先决问题处理，或与该争端的实体问题一并处理"，并且仲裁庭可以适用双方可能同意的任何法律规则解决争端，或者其他可能适用的法律。

第三节　国际投资条约知识产权保护制度现代转型及其影响

一、国际投资条约知识产权保护制度的现代转型

（一）一体化趋向

不同于国际贸易相关知识产权的保护及其争端解决WTO多边机制，投资条约主要表现为双边和区域性投资协定，旨在保护东道国境内的外国投资者及其投资，投资者可以根据投资条约发起投资仲裁。国际投资条约通过与贸易条约、知识产权条约的议题关联（issue-linkage），将不同国际机制下的知识产权保护相互挂钩，在国际投资条约中通过议题挂钩将投资与知识产权两个相互关联的议题集中于同一条约做一体化处理，或通过条约挂钩将不同条约中的知识产权保护议题做出一致性处理，对相互影响乃至冲突的国际法规范和相互叠加的国际组织职能行使进行"规范整合"和"权威整合"。晚近签订的自由贸易条约，大多是采用在一个条约中同时规定缔约方的贸易规则、投资规则和知识产权保护三位一体的规则，呈现出明显的"一体化"趋向。

（二）高标准趋向

近年来，有些国家一方面绕开WTO多边主义规则，采取单边贸易保护措施，滥用其国内法，挥舞"关税大棒"，迫使WTO争端解决机制停摆，逃避其他成员国的贸易报复；另一方面推行非多边经贸投资协定、与贸易有关的知识产权的"TRIPs-plus"新规则和技术转让领域"TRIPs-out"投资相关知识产权新规则，超出TRIPs协议最低标准要求，输出其国内法，甚至推行明显高于国内法的高标准知识产权规则，通过投资规则间接产生了限制WTO成员管制自由和政策空间

的法律效果。投资条约成为发达国家绕开 WTO 多边体制输出高标准知识产权规则的重要方式。

国际投资条约知识产权保护高标准具体体现为：将国民待遇和最惠国待遇标准的适用范围从准入后阶段延伸到准入前投资活动，即以投资形式进入东道国的知识产权客体在东道国授权前将受到投资协议的保护，并按习惯国际法的标准赋予合格投资者公平公正待遇、全面和安全的保护，直接提高知识产权的保护标准。准入前国民待遇可以对东道国在设立、运营、收购等各阶段的履行要求实施禁止，在实质上极大地限制了东道国实施技术本土转移措施的权利。由于 TRIPs 协定只要求成员方给予外国知识产权人国民待遇和最惠国待遇，成员方有权在履行最低标准保护义务的前提下，根据需要对本国公民、第三方国民给予相对较低的知识产权保护水平。但是，投资条约中的公平公正待遇条款压缩了 TRIPs 协定给成员国的政策空间，使其不能继续依据国民待遇、最惠国待遇维持相对较低的知识产权保护水平，承担按照国际法而非国内法确定的知识产权投资公平公正待遇义务。

国际投资条约知识产权保护高标准还体现为扩大知识产权"投资"范围。美国 1984 年投资条约范本是最早将知识产权纳入"投资"保护范围的投资协定，以穷尽列举方式将其纳入"投资"，排除对列举范围外其他类型知识产权的保护。美国 2004 年投资条约范本取消投资定义条款中知识产权保护需经东道国政府批准的限制，意味着受美国保护的知识产权类型无需经东道国政府认定是否具有投资属性而直接受到投资条约的保护。此外，美国还通过单边主义开展国际知识产权执法。如美国通过特别 301 条款、恶名市场名单等来报复、惩罚或影响其他国家对本国知识产权保护执法不力的行为。

（三）例外重生趋向

发达国家对外经贸战略的调整，通过联合具有相同意愿、容易形成利益共同体的国家进行谈判，绕开存在明显分歧的国家或地区，率先形成双边、区域经贸投资协定，掌握规则制定先机，推动其成为全球经贸投资新标准、新范本。即便如此，随着知识产权越来越成为国家发展战略性资源和国际竞争力的核心要素，因各国经济社会发展水平各不相同，发达国家之间的利益诉求也存在明显的差异，高标准知识产权规则成为谈判各方争议的焦点，短期内难以调和分歧，普遍采用"过渡期"或"冻结性"等例外条款方式推迟争议条款的适用或暂时搁置争议，平衡知识产权私权、公共利益与国家利益，促使权利人和社会公众均能从技术创新、转移和扩散中受益。如有的自由贸易协定不仅专门设置知识产权章节或知识产权条款，还在投资章节中确立了征收条款的知识产权例外。

二、国际投资条约知识产权保护转型带来的影响

（一）积极影响

1. 促进东道国经济社会发展

国际投资条约旨在保护外国投资者利益，东道国通过对外国投资者的保护吸引投资，促进本国经济社会发展。跨境知识产权投资是创新技术、创意作品和商业模式得以广泛传播和应用的关键环节，国际投资条约知识产权保护构建有利于知识产权投资法律环境和机制的改善，促进了跨境知识产权投资和创新技术的全球流动。

首先，国际投资条约起到了促进东道国完善知识产权保护法律体系的作用。国际投资条约知识产权保护制度要求东道国建立符合国际标准的知识产权保护法律体系。东道国为了实现资本市场的繁荣发展，必须考虑越发重要的知识产权投资市场。这促使东道国政府不断完善相关法律法规，提高知识产权保护的法律水平。同时，国际投资条约中的知识产权保护条款也为东道国法律体系的完善提供了参考和借鉴。国际投资条约通过确立保护知识产权的国际标准，也为知识产权在国家间的流转提供了法律保障。

其次，国际投资条约中的争端解决机制为知识产权投资争端解决提供了有效途径。在知识产权投资过程中，不同国家之间的法律差异和利益冲突可能导致纠纷的产生，国际投资条约争端解决机制为投资者和东道国提供了解决纠纷的途径和平台。通过仲裁、调解等方式，公正、高效地解决知识产权投资纠纷，保护和促进知识产权流转。

2. 促进知识产权国际合作

国际投资条约知识产权保护朝着一体化、高标准趋向发展的同时，发达国家内部、发达国家与发展中国家存在明显分歧，通过参与国际投资条约的谈判和签署，各国可以共同制定知识产权保护的国际规则和标准，分享在知识产权创造、保护和利用方面的经验和做法，有助于缩小国家间在知识产权保护水平上的差距，促进全球知识产权事业的共同发展。国际投资条约致力于消除投资壁垒，提高投资透明度，为投资者提供更加开放、便利的投资环境，降低知识产权流转的成本和风险，使得更多的知识产权能够在不同国家之间得到利用和推广。尤其是

投资条约包含对知识产权保护的明确承诺，要求各缔约方遵守国际知识产权法律和标准，确保知识产权的创造、保护和利用得到充分的尊重，为投资者提供了信心，鼓励他们在不同国家之间进行知识产权的交易和许可，从而推动了知识产权的跨国流转。同时，例外条款重生、推迟争议条款的适用或暂时搁置争议，也是知识产权国际合作的成果。

（二）消极影响

1. 影响东道国知识产权政策的自主性

传统知识产权国际保护制度为缔约国保留了制定国内知识产权政策的自主空间。例如 TRIPs 协定第 8 条第 1 款明确，各缔约国在制定和修改国内法律和法规时，为保护公众健康、维护对社会经济和技术发展具有重要意义的部门的公共利益，可以采取必要措施，只要此类措施与本条约规定保持一致。国际投资条约通过与贸易条约、知识产权条约的议题关联，将不同国际机制下的知识产权保护相互挂钩，由于 WTO 多边体系的广泛参与，使投资规则间接产生了限制 WTO 成员管制自由和政策空间的法律效果，投资条约成为发达国家绕开 WTO 多边体制输出高标准知识产权规则的重要方式。从东道国国内知识产权制度的角度出发，国际投资条约包含对其知识产权政策或措施的实质性审查，而这将不可避免地侵犯其为实现公共利益所必需的自主规制权。[①]

国际投资仲裁对国际条约赋予各国知识产权政策灵活性形成威胁，尤其当投资者试图利用 ISDS 机制迫使东道国修改或放弃基于社会公共利益而采取的管制措施或投资政策时，更会引起主权国家对 ISDS 机制不当侵蚀本国利益和外资监管权的担忧。[②] 一系列涉知识产权保护的典型国际投资仲裁案例，都直观地表现出 ISDS 机制对东道国基于公共利益行使外资监管权的"威吓"，投资仲裁高昂的费用和冗长的期限也给当事方造成了不小的负担。2019 年 7 月 19 日，中国向联合国国际贸易法委员会（UNCITRAL）递交了《关于投资者与国家间争端解决机制改革的建议》，其中指出："投资仲裁案件平均审理时限为 3 年至 4 年，《华盛顿公约》项下撤销程序平均时限近两年，冗长的程序使得当事方需要投入大量资源。在仲裁成本方面，仲裁当事方的法律服务成本合计平均超过 1100 万美元，

---

① 张惠斌. WTO 上诉机制停摆背景下国际知识产权纠纷解决的出路 [J]. 国际经济法学刊，2023 (3)：127-142.

② 朱玥. 国际投资条约知识产权保护制度研究 [D]. 上海：华东政法大学，2022.

给当事方造成沉重负担。"①

2. 与传统知识产权国际保护机制（SSDS）竞争

在传统知识产权国际保护制度下，SSDS 机制是最主要的争端解决方式，知识产权人无法直接对国家提起争端解决，若面临被请求保护国当地行政与司法救济的困难，知识产权人只能通过游说其母国启动 SSDS 机制寻求保护，间接地受益于东道国在 SSDS 机制中败诉而按裁决要求修改法律带来的变化，但也不涉及金钱赔偿。而且，国家往往出于政治、外交、经济等多重因素的考虑，尽量避免使用国家间机制挑战他国的知识产权政策。例如，《南非药品和有关物质管理法》第 15 条引发了跨国制药公司及其母国政府的不满，但该争议仅止步于南非的国内诉讼阶段。②

国际投资条约中的仲裁机制为知识产权人开辟了针对东道国不当措施获得国际救济的全新路径，赋予知识产权投资者以东道国政府为被申请人启动 ISDS 机制的权利。知识产权投资者有机会利用非歧视待遇条款、公平公正待遇条款、征收条款、保护伞条款和履行要求禁止条款等，直接援引和执行知识产权条约，挑战东道国的政策，并可能获得金钱赔偿。投资仲裁机构被赋予解释知识产权条约的任务，加剧投资仲裁机制与国家间争端解决机制的竞争性，投资人利用国家间争端解决机制诉诸国际仲裁，挑战东道国知识产权政策、追究东道国违反投资规则的法律责任，超越东道国违反知识产权条约的当地救济和国家间争端解决机制，国际投资仲裁对投资者有着极大的吸引力，投资仲裁成为 WTO 争端解决程序的"竞争性场所"。

3. 增加发展中国家的负担

随着国际投资条约知识产权保护的一体化和高标准化，为应对国际投资条约可能的仲裁威胁，一些发展中国家不得不调整国内的法律法规，避免国内法律法规与国际标准的明显脱节，但脱离本国经济社会发展水平的立法，削弱了投资保护对促进本国经济社会发展的作用。东道国为实现知识产权保护与限制平衡的必要措施，基于投资保护倾向，往往会被解释为对东道国不利，尤其是在高标准国际投资条约与知识产权条约一体趋势下，发展中国家根据 TRIPs 协定允许的保留和例外，实施的本国知识产权立法、执法和司法，存在极大的投资仲裁败诉

---

① https：//uncitral. un. org/sites/uncitral. un. org/files/wp117c. pdf.

② 何艳. 涉公共利益知识产权投资争端解决机制的反思与重构［J］. 环球法律评论，2018，40（4）：152-169.

风险。

虽然在发展中国家的努力下，USMCA、CPTPP、RCEP 等高标准经贸投资协定也加入了一些例外性条款，限制国际投资仲裁在知识产权投资纠纷中的适用，试图在一定程度上使投资条约与知识产权条约脱钩，将符合 TRIPs 协定的知识产权管理行为排除在东道国违反投资待遇之外，但例外性条款的存在和适用空间本身不大，而且投资待遇的解释和条约解释仍存在很大的不确定性，对发展中国家的知识产权自治权形成干扰，增加了知识产权立法、执法和司法负担及成本。

三、国际投资条约知识产权保护制度的完善

（一）注重知识产权投资的特殊性

作为投资的知识产权是国际投资条约保护知识产权的逻辑起点。知识产权具有无形性、地域性等特点，目前知识产权以及相关权利的权利客体较为复杂且性质不尽相同。例如，对著作权的投资、工业产权的投资、反不正当竞争法上的特有装潢等法律上利益的投资有明显区别。在投资者母国受到保护的知识产权类型并不一定能得到东道国国内法的承认，而且不同国家对同种类型知识产权的权利内容规定不尽相同，有些投资条约对作为投资的知识产权范围作出明确，有些投资条约对作为投资的知识产权范围进行了列举，有些投资条约将知识产权条约未包含的知识产权类型纳入投资条约保护范围。因此，国际投资条约应该充分关注知识产权投资的特殊性，而非将其作为一般投资同等对待，尤其是注重知识产权的取得、强制许可、转让、撤销与无效、保护期限等特殊制度，对知识产权投资的投资待遇条款、征收补偿条款等做出明确的规定和合理的解释。忽视知识产权投资的特殊性，投资者随意通过解释的手段将知识产权定性为涵盖投资，仲裁庭将依据一般性的认定标准确定是否存在知识产权投资，继而确立对案件的管辖权，这会导致投资仲裁的滥用。

因此，作为投资的知识产权范围取决于投资条约文本，界定投资保护的知识产权范围，充分关注知识产权投资特殊性，东道国应在投资条约中明确对知识产权及相关权利的国际投资保护制度做出特殊安排，而非将解释权交由仲裁庭。

（二）平衡投资者利益与东道国利益

知识产权具有私人财产性与公共政策性的二重属性，知识产权的公共政策性使其有别于一般财产权，是"基于公共政策的财产"，是"实现公共政策的法律工具"。换言之，知识产权的保护范围、期限等制度设计所体现的是公共政策的

考虑，要求"利益上的平衡与兼顾"。① 知识产权保护本质上是一种利益平衡，既要通过赋予创新者垄断性的专有权利激励创新创造，又要保障消费者利益和公共利益，促进科学、技术、文化的发展和繁荣，知识产权保护本身蕴含多元价值和多重目标。在知识产权制度构造中，知识产权专有权利和对专有权利的限制就像一枚硬币的两面，形影不离。

早期国际投资条约签订主要是资本输出国加强对海外投资的保护需要，投资条约主体内容是投资保护条款，如很多投资条约在序言中都声明"为投资创造有利条件""鼓励、促进和保护投资者"等，对东道国的规制权关注不足，仅限于部分实体条款的例外。近年来国际投资条约逐渐重视环境保护、人权保护等议题，应当以此契机明确东道国规制措施，规定缔约方为保护公共健康、公共道德、教育、安全、环境、隐私等公共利益行使规制权，赋予东道国为实现特定发展目标、获取经济和社会效益，在投资准入前或后阶段对外资施加履行要求，包括强制技术转让，与一般例外条款相结合，更好地平衡投资者利益与东道国公共利益。

因此，国际投资条约知识产权保护制度应朝着维护投资者利益与东道国公共利益平衡的方向发展，切实发挥知识产权专有权利及其限制的制度构造功能，利用政策弹性空间，设置知识产权投资保护特殊规则。

（三）完善不同体制适用的衔接

国际投资条约与知识产权条约的"联结"，知识产权人无论是直接利用知识产权条约"挂钩"条款，还是通过国际投资条约投资待遇条款实现与知识产权条约的联结，投资仲裁机构都不可避免地被赋予解释知识产权条约的任务，这加剧了投资仲裁机制与国家间争端解决机制的竞争性，投资者利用投资仲裁机制挑战东道国知识产权政策、追究东道国违反投资条约的法律责任，超越和架空东道国违反知识产权条约的当地救济和国家间争端解决机制。但实际上，投资仲裁机构既没有资格，也没有能力去审查东道国的知识产权公共政策。而且，即便投资者援引投资条款挑战东道国知识产权政策的仲裁诉请最终失败，其仲裁要求对东道国仍可能形成"寒蝉效应"。因为冗长的仲裁程序和高昂的仲裁费用是投资仲裁的两大痼疾。②

---

① 孔祥俊. 论知识产权的公共政策性［J］. 上海交通大学学报（哲学社会科学版），2021，29（3）：19-29.

② 徐树. 国际投资条约下知识产权保护的困境及其应对［J］. 法学，2019（5）：88-102.

因此，在知识产权条约与投资条约两大保护制度之间建立衔接和协调机制，明确投资仲裁机构的管辖权及解释条约的职能，限制其自由裁量权，正确处理 ISDS 机制和 SSDS 机制的关系，以及投资仲裁机构正确对待 WTO 争端解决机构对相关争议的审理进展，加强对仲裁案件的审理与 WTO 争端解决机构裁定结果的协调，是维护国际投资条约知识产权保护合理性的必然要求。

（四）改革知识产权国际投资仲裁

国际投资仲裁存在缺乏纠错机制、裁决缺乏稳定性与可预期性、仲裁员的专业性与独立性受到质疑、第三方资助影响当事方权利平衡、期限冗长和成本昂贵等主要问题，导致国际投资仲裁的"正当性危机"。① 尤其是在过度倾向投资者保护和不断限制东道国规制权的趋势下，由于缺乏上诉机制，ICSID 的裁决受到质疑和挑战，设立上诉机制成为国际投资仲裁改革的重要方向。

欧盟一直致力于国际投资仲裁机制改革，在《跨大西洋贸易与投资伙伴协定》（TTIP）草案的谈判过程中就提出建立包含上诉机制的双边投资法庭，并在相关投资条约中推进上诉机制改革。2017 年 7 月，在欧盟的推动下，联合国国际法贸易委员会授权第三工作组对国际投资仲裁制度的上诉机制改革展开讨论，并已公布有关投资仲裁上诉机制的条文草案，包括上诉范围、上诉理由、上诉期限、上诉程序、裁决的承认和执行等内容。国际社会应积极努力，通过不断改革克服国际投资仲裁面临的困境，维护国际投资仲裁机制的正当性。

第四节　中国对接高标准国际投资条约
知识产权保护规则的路径

当前国际格局和体系正在发生深刻调整，作为国家发展战略性资源和国际竞争力核心要素，知识产权越来越成为国际贸易的"标配"、创新竞争的"刚需"和大国博弈的"焦点"。随着经济一体化和全球治理体系的重大变革，知识产权国际保护从"与贸易有关"向"与投资有关"发展，呈现出贸易投资一体化、

---

① 参见 2019 年中国向联合国国际贸易法委员会第三工作组提交的《中国关于投资者与国家间争端解决机制改革的建议文件》。

国际投资知识产权保护多边化与碎片化并存发展态势，知识产权国际保护格局面临剧烈动荡和改革重构。中国应当统筹国内和国际两个大局，在深入实施创新驱动发展战略和知识产权强国战略的基础上，坚定维护国际知识产权多边体系，深度参与全球知识产权治理，维护知识产权国际秩序。

一、中国涉知识产权国际投资条约的缔约现状

截至 2024 年 11 月中旬，我国已经签订了 146 个双边投资条约，其中，正在生效的有 108 个，16 个已签署尚未生效，22 个已经失效。此外，我国还签订了31 个具有投资条款的条约（TIP），也涉及知识产权保护的内容，其中，生效的有 28 个，3 个已签署尚未生效，以及 21 个与投资相关的条约。①

中国签订双边投资条约的过程大体可以分为三个阶段。第一阶段是 1982～1996 年，是我国双边投资条约起步阶段。改革开放初期，我国大力引进外商投资，与外国签订双边投资条约成为吸引外资的一种重要手段。这段时期中国与发达国家签订的投资条约数量猛增，主要目的是保护外国投资者在中国的利益，对我国对外知识产权投资活动的保护几乎没有涉及。第二阶段是 1996～2012 年，是我国双边投资条约加速发展阶段。这段时期中国经济社会发展取得了举世瞩目的成就，成为世界经济大国。随着经济全球化的加速发展，中国企业"走出去"对外投资越来越多，我国从单纯的投资引进转变为投资引进和对外投资并举。为了保护我国企业在海外的投资利益，中国与更多国家签订双边投资条约，不仅包括发达国家，也包括许多发展中国家，尤其是巴西、南非等新兴经济体。当然，由于我国知识产权保护处于发展过程中，我国企业知识产权对外投资占比不高，投资条约中对知识产权投资的专门规定条款较少。第三阶段是 2012 年至今。随着中国经济的持续发展和"一带一路"倡议的推进，在基础设施建设、产业投资、绿色低碳、数字经济等多个领域的对外投资大幅增长，中国与更多国家签订高标准的双边投资条约，不断加强投资保护，包括知识产权投资的保护，日益重视投资透明度和公平竞争等原则的适用，以适应国际投资规则的发展趋势，在国际投资条约谈判和制定中的话语权和影响力不断提高。

---

① https：//investmentpolicy. unctad. org/international－investment－agreements/countries/42/china，2024 年11 月 15 日查询。

二、中国对接高标准国际投资条约知识产权保护规则的建议

中国特色社会主义进入新时代，统筹实现中华民族伟大复兴的战略全局和世界百年未有之大变局，中国在深入实施创新驱动发展战略和知识产权强国建设战略的基础上，深度参与知识产权全球治理，应对知识产权保护与国际贸易体制、国际投资体制联结的机遇与挑战，维护和健全知识产权国际保护多边体系，既要积极对接高标准知识产权国际规则，也要为东道国的知识产权政策预留出自主空间，实现私权保护与公共利益的均衡，从而构建人类命运共同体。

（一）完善国际投资条约知识产权保护国内法治

1. 完善国内知识产权立法

法律是治国之重器，法治是国家治理体系和治理能力的重要依托。在国际投资条约知识产权保护方面，东道国的国内立法是基础和保障。中华人民共和国成立之初，就启动了知识产权保护立法工作，改革开放后，知识产权法律制度走上快速发展道路。党的十八大以来，以习近平同志为核心的党中央把知识产权保护工作摆在更加突出的位置，知识产权立法不断完善，充分发挥立法对知识产权保护工作的规范、引领、推动和保障作用。进入新时代，中国知识产权立法要坚持以我为主，既要服务于深化改革开放、深度融入全球经贸体系的需要，优化营商环境，更好地吸引外资，又要注重维护国家安全和利益，防范知识产权的过度扩张和滥用，妨碍技术创新和知识共享，持续完善知识产权国内法律体系，增强中国在国际投资领域的话语权和竞争力，为中国的对外投资提供更加坚实的法律保障，促进国内国际市场双循环。

2. 完善与对外投资有关的法律

健全投资法律体系是规范和保护投资行为的保障。2019年3月15日颁布的《中华人民共和国外商投资法》（以下简称《外商投资法》）从基本法律层面完善了中国投资法律体系。然而，《外商投资法》主要关注点依然在于吸引外资和为外国投资者提供便利，现行投资法律体系中，关于中国对外投资的法律规范仍然分散于多个行政法规和部门规章中，这些规范性文件不仅效力层级较低，而且由于制定部门众多，在实践中可能导致适用上的困难和冲突，一定程度上制约了对外投资的发展。迫切需要进一步完善中国对外投资立法，为对外投资活动提供坚实的制度保障。如完善海外投资保险制度，尤其是为对外知识产权投资等高风险、高回报领域投资活动提供保险，促进对外投资的开展。

因此，为了促进中国对外投资的健康发展，需要从国内法层面着手，完善对外投资相关法律法规，提高对外投资法律制度的效力层级，完善和健全外汇管理、税收、金融等配套制度，从制度层面建立健全海外知识产权投资的组织、法律、财务、人才、咨询服务等保障机制，为中国企业"走出去"提供更加坚实的制度保障，坚定维护中国对外投资的安全和利益。

（二）完善国际投资条约知识产权保护涉外法治

1. 健全中国涉外投资理论框架制定投资条约范本

随着大国竞争的加剧和国际格局的变化，国际投资环境和规则的不断演变对中国的对外投资政策也提出了新的挑战和要求，中国正在改变作为国际知识产权体系被动接受方的局面。[①] 近年来，中国签订经贸协定逐步采用"TRIPs‐plus"标准，虽然有来自外部的压力，但更多是中国主动对接高标准国际经贸规则的制度性要求，提高自身知识产权保护水平以促进经济发展的需要。尽管如此，中国目前签订的国际投资条约在很大程度上沿用了西方发达国家的文本结构和形式，不仅不利于形成稳定的涉外投资理论框架，而且难以满足维护国家安全利益，以及促进投资自由化、便利化的需要。一国的投资条约范本是其投资条约政策的最集中、最重要的国际展示，中国亟须健全涉外投资理论框架，积极参与全球投资规则的制定，特别是构建共商共建共治共享新格局，推动共建"一带一路"朝更高质量、更高水平发展，加强在投资条约谈判和签订中的主导意识，通过从投资保护条约谈判中积累的经验，以我为主，制定投资条约范本，对知识产权投资的具体形式和保护措施做出详尽的规定，阐明中国的立场和利益要求，既维持适当的知识产权保护水平，也积极展示中国作为负责任大国的形象，为东道国的知识产权政策预留出自主空间，从而实现私权保护与社会福祉之间的平衡。

2. 及时更新签订的国际投资条约

截至目前，中国签署的双边投资条约只有不到 20 个进行了更新。随着国际国内形势翻天覆地的变化，很多投资条约已显得不能适应新形势、新情况，需要与时俱进、及时更新。特别是与共建"一带一路"国家之间的投资条约，大多数是在 20 世纪 90 年代中期之前签订的，迫切需要更新已有的双边投资协定，或签订投资条约。

---

① 沈伟，张焱．国际投资协定中知识产权保护的"TRIPs‐plus"难题及中国应对［J］.东岳论丛，2021，42（8）：173‐182.

3. 建立健全海外投资风险预警机制

随着全球经济一体化的深入推进，中国从资本输入国转变为资本输出国，尤其是中国提出共建"一带一路"倡议后，中国企业加快"走出去"步伐。但是，中国企业对外投资面对海外市场不可控的政策风险、全新的商业环境及巨大的文化差异，由于缺乏完善的投资风险预警机制，海外投资失败的案例屡见不鲜。

因此，中国企业对外投资前建立健全风险预警机制至关重要。中国政府应加强对对外投资的引导，充分发挥行业协会的沟通桥梁作用，增强企业对外投资风险意识。企业通过外交部门、商务部门和驻外使领馆等机构提供的信息，对东道国的政治、经济发展环境、行政审批、劳工、税收、环保等风险进行监测、识别、评估，制定并执行风险应对预案和计划，建立健全海外投资风险预警体系，为企业成功"出海"保驾护航。

4. 完善国际投资条约涉知识产权条款

由于知识产权的特殊性，投资条约应明确界定知识产权"投资""投资者""投资争端"等含义。投资条约应规定知识产权作为投资形式的前提条件，避免任意扩大知识产权"投资"的范围。例如，作为"投资"的知识产权是经东道国法律授予或认可，而且获得或持有知识产权本身不构成投资。在此基础上，明确知识产权的投资属性，对知识产权的投资属性做出科学、准确的规定，明确投资者按照东道国法律已获得或拥有的知识产权，并限定知识产权中财产性权利作为投资对象，而且专利、商标等具有地域性的财产性权利是区别于直接投资和间接投资的一种独立投资类型，将投资者未用作投资资产，或不具有获得收益或利润的期望，或不承担投资损失等不具有投资属性的知识产权排除在投资保护之外，明确投资条约作为"投资"的知识产权属性，并通过列举方式界定知识产权"投资"的范围，防止接受超出国内法规定的高标准知识产权保护义务，避免因受投资保护的知识产权范围模糊导致承担过多的投资保护义务和不必要的投资仲裁压力。对于"投资者"，投资条约应明确排除对权利滥用者的保护。若知识产权人在投资争端已发生或能够合理预见投资争端时进行国籍筹划，则其不得以新的国籍身份主张投资条约及投资仲裁机制的保护。对于"投资争端"，投资条约应将磋商与谈判机制作为提起投资仲裁的前置性程序，并可通过负面清单方式限制知识产权争端的可仲裁性，将特定类型知识产权争端排除出投资仲裁范围。①

---

① 徐树. 国际投资条约下知识产权保护的困境及其应对 [J]. 法学，2019（5）：88-102.

在投资条约中设置相应的知识产权例外条款。中国目前生效的国际投资条约对例外条款不够重视，且呈碎片化，例外类型设置缺乏一致性，可参考相关投资条约，在制定投资条约范本过程中明确知识产权例外条款，允许缔约国为了公众健康、安全、环境保护等社会福祉限制知识产权的投资待遇。例如，根据《欧盟与加拿大自由贸易协定》（CETA）第 8.12 条第 6 款的规定，成员方撤销、限制或创设知识产权的措施，与 TRIPs 协定或 CETA 知识产权章节不相符，并不意味着存在征收，使投资待遇与知识产权条约"脱钩"。

本章小结

国际投资条约中知识产权保护制度是一个复杂而重要的议题，它不仅关系国际投资的自由化和便利化，也深刻影响着全球知识产权保护和创新的格局。本章通过对国际投资条约知识产权保护制度的历史变迁、具体内容、现代转型及其影响，以及中国国际投资条约知识产权保护制度的实践与立场的分析，旨在全面揭示这一制度的本质、特点和作用，并探讨其未来的发展方向。

国际投资条约知识产权保护制度的历史变迁，反映了国际社会对知识产权保护重要性的认识不断加深，以及知识产权保护与国际投资、国际贸易等经济活动日益紧密的联系。从单纯的知识产权国际条约，到知识产权条约与国际贸易体制的结合，再到与国际投资体制的结合，知识产权保护制度经历了从单一到多元、从局部到全局的演变过程。特别是与国际投资的结合，为知识产权保护提供了新层面的国际保护。国际投资条约既促进了东道国知识产权的发展，提高了知识产权的保护水平，为投资者提供了更加安全、稳定的投资环境，也可能影响东道国知识产权政策的自主性，东道国在制定和执行知识产权政策时受到国际投资条约的限制，尤其是投资仲裁机制的威胁，与传统知识产权国际保护制度的运行逻辑产生矛盾和冲突，导致知识产权保护机制的混乱。

中国应统筹国内国际两个大局，统筹发展和安全，全面对接国际高标准经贸规则，稳步扩大规则、规制、管理、标准等制度型开放，高度重视知识产权作为无形资产的独特价值，从知识产权投资属性特殊性出发，制定更加精准、有效的知识产权投资保护措施，充分发挥投资条约保护投资者权益的主导作用，促进知识产权投资高质量发展。同时，积极参与知识产权全球治理，对知识产权国际投资仲裁进行改革和完善，明晰不同保护体制适用条件和衔接规范，明确知识产权投资仲裁例外条款，提高仲裁的公正性、透明度和效率，平衡投资者和东道国利益，促进知识产权投资保护朝着推动世界各国开放创新、共同繁荣方向可持续发展。

第七章

商业秘密保护

在经济发展和科技创新的时代，知识产权成为一国的重要战略资源，并且在相当程度上关乎核心竞争力。而商业秘密作为知识产权的客体，近年来的重要性不断提升，特别是其在保护技术信息等方面相较于专利等传统知识产权具有无时间限制、虚拟存储便利等优势。但应当注意的是，我国商业秘密保护相比版权、专利权、商标权保护起步晚、立法迟，与欧美等发达国家还存在差距。

现有文献对我国商业秘密保护的研究主要集中在三个方面：一是我国商业秘密保护现状以及是否需要专门立法。顾成博认为，我国《反不正当竞争法》虽已采纳了 TRIPs 协定确立的三要件标准，但两者仍然存在明显差异，实际上缩小了 TRIPs 协定中商业秘密的客体范围。[①] 谢焱则从《反不正当竞争法》和《刑法》衔接的角度，指出知识产权的保护体系中更多地应适用《民法》而非《刑法》，随着商业秘密保护再升级，开展进一步研究已迫在眉睫。[②] 陈灿平等则针对商业秘密专门立法的问题，指出商业秘密的财产性质权利属性、防止滥用侵犯公共领域的权利边界以及相对排他等的权利特征，决定了商业秘密保护需要专门立法进行保护。[③] 二是商业秘密保护的国际比较研究方面，学者们详细介绍了相关国家及组织商业秘密制度内容和发展趋势。周澎指出，美国以单行法为主，同时辅以刑事立法及判例法，对商业秘密采取严格保护模式。其中，《经济间谍法

---

① 顾成博. 经济全球化背景下我国商业秘密保护的法律困境与应对策略 [J]. 学海，2020（5）：31-36.

② 谢焱. 商业秘密刑事条款与新《反不正当竞争法》的衔接 [J]. 交大法学，2020（4）：120-131.

③ 陈灿平，李妍. 我国商业秘密专门立法探讨 [J]. 湖南大学学报（社会科学版），2021，35（2）：138-144.

案》《保护商业秘密法》等法律对司法、执法措施不同程度的调适，遏制打击了境外商业秘密侵犯，保证了美国商业秘密保护的有效展开。[①] 鲁竑序阳指出，欧盟从合法行为、违法行为以及例外三个方面进行了规定，并且从多种救济措施、诉讼中的特别保护等方面保护商业秘密持有人的合法权利。[②] 赵丰和周围则以欧盟成员国德国为典型，指出德国纳入公共利益标准后，商业秘密持有人也只能通过相应证明责任和法定的证明途径说明存在商业秘密。[③] 三是学者们针对现今形势下我国商业秘密保护存在的疑难问题，探讨了相关完善对策。崔国斌指出，《反不正当竞争法》第三十二条提出的举证责任转移规定过于模糊，不当地加重了被告的举证责任，需要澄清原告提供的初步证据或者减轻被告的举证压力。[④] 邢玉霞等指出，区块链技术作为"第四次工业革命"的核心技术，具有抗篡改性、全程可审核性等特殊存储结构优势，有助于保障电子数据形式的商业秘密稳定与安全。[⑤]

现有研究对加强我国商业秘密保护具有建设性意义，但仍存在以下不足：第一，文献更多地关注了我国商业秘密保护造成的相关问题，但缺乏从我国相关制度整体上开展的分析，从而探究可能造成这些问题的原因。第二，现有文献对相关国家、区域组织特别是欧美商业秘密制度设计及立法趋势有深入研究，但是没有分析其立法和社会、经济、政治等的匹配联系，也没有结合我国实际给出切实可行的借鉴方案。第三，针对一些新出现的问题，仅有少量文献提出可行的解决方案，大部分文献基本停留在理论研究阶段，也没有从法理基础方面进行理性分析。

第一节　我国商业秘密制度现状

总体来看，我国采取的是非专门立法模式，主要以《反不正当竞争法》为

① 周澎. 中美商业秘密保护问题及对策研究 [J]. 法学杂志, 2020, 41 (9)：132-140.

② 鲁竑序阳. 国外商业秘密保护的立法安排及其启示 [J]. 上海政法学院学报 (法治论丛), 2022, 37 (5)：62-72.

③ 赵丰, 周围. 德国商业秘密立法保护的新发展及其对中国的启示 [J]. 国际贸易, 2021 (7)：76-82.

④ 崔国斌. 商业秘密侵权诉讼的举证责任分配 [J]. 交大法学, 2020 (4)：9-33.

⑤ 邢玉霞, 宋世勇. 区块链技术在商业秘密保护中的运用及法律规制 [J]. 政法论丛, 2022 (1)：151-160.

主，结合程序法、民法、劳动法、刑法、行政法规、部门规章等构成一个相对完整的保护体系。

一、商业秘密法律保护现状

（一）反不正当竞争法保护

《反不正当竞争法》是我国商业秘密保护的核心。我国的商业秘密立法在前期主要受到了美国的影响。美国在 20 世纪 80 年代通过"特别 301"调查，表达对中国知识产权保护力度的不满，并在 1991 年将中国首次列为"优先国"（Priority Foreign Country）。为解决这个问题，1992 年中美展开协商签署了《关于知识产权的谅解备忘录》，中国承诺在 1994 年 1 月之前实施商业秘密相关法律。成果就是 1993 年的《反不正当竞争法》，该法第十条对商业秘密概念、构成和侵权类型做出界定，在第二十五条规定了主管部门对侵权行为的处罚。此后在长达 24 年的时间里，《反不正当竞争法》未出任何修正，直到 2017 年。2017 年的《反不正当竞争法》做出的修订包括第九条商业秘密的定义被修改、第十五条规定相关部门需要对调查过程中知悉的商业秘密保密、第二十一条侵犯商业秘密处罚提升到 300 万元等。紧接着两年后，2019 年《反不正当竞争法》迎来新的一次修改。总之，《反不正当竞争法》近几年的密集修订，体现了我国在各种因素下对商业秘密重要性的多次考量。

（二）程序法保护

程序法中关于商业秘密的保护主要体现在民事诉讼法及其司法解释中。其中，民事诉讼法并没有太多对商业秘密诉讼的特别规定，只是说明涉及商业秘密的诉讼经当事人申请可以不公开审理以及公众对涉及商业秘密内容的诉讼文书的查阅权受到限制，这两点不论在 2017 年修正的《民事诉讼法》还是在 2021 年修正的《民事诉讼法》中，内容是完全一致的。2020 年，《最高人民法院关于审理侵犯商业秘密民事案件适用法律若干问题的规定》对人民法院认定的商业秘密的具体种类、商业秘密的具体构成、判断侵权方法等作出详细解释。该文件大部分内容实际上是对《反不正当竞争法》中商业秘密条款抽象语言的阐释，譬如，指出何为"相应"保密措施，以及指出《民事诉讼法》未规定的涉及商业秘密民事诉讼程序与一般民事诉讼程序的区别。严格意义上讲，它是《民事诉讼法》和《反不正当竞争法》司法解释的结合。

（三）民法保护

《民法典》在多处规定了商业秘密的相关保护，涵盖了民事权利、合同通则、典型合同、侵权责任等多个方面，其中，在各种典型合同的规定里，涉及商业秘密的条款最多。其中，《民法典》第一百二十三条直接来源于《民法总则》第一百二十三条，《民法典》第五百零一条直接来源于《合同法》第四十三条，并且订立合同需要当事人保护的范围扩展到除商业秘密外的其他应当保密的信息。原合同法分则中对承揽合同、技术转让合同所涉及的保密义务基本在《民法典》中得到体现，并额外规定了技术许可使用合同的保密义务和违反保密义务的责任。其他法律规定的不足也在《民法典》中被弥补，譬如，《侵权责任法》中对知识产权类侵权没有规定的赔偿类型和方式。在司法实践中，商业秘密在内的知识产权故意侵权的确存在适用惩罚性赔偿的案例，但是长期以来缺乏明确的法律依据。而现《民法典》第一千一百八十五条针对此规定"故意侵害他人知识产权，情节严重的，被侵权人有权请求相应的惩罚性赔偿"，法律漏洞由此被填补。

（四）劳动法保护

《劳动法》第二十二条，《劳动合同法》第二十三条、第二十四条分别规定了用人单位在劳动者的劳动合同中可以约定商业秘密保密义务的条款，以及签订竞业限制协议的权利，以保证在劳动者离职后的一段时间内无法向竞争对手泄露商业秘密。同时，后续的法律责任条款均规定了违反合同中约定的保密义务或者签订的竞业限制协议，给用人单位造成损失的需要承担赔偿责任。这些条款进一步扩大了商业秘密权利人的受保护范围，也为一些预防商业秘密泄露的措施提供了依据。

（五）刑法保护

现行《刑法》第3章第7节为知识产权犯罪章节，其中，第二百一十九条为"侵犯商业秘密罪"，该罪名在1997年刑法中便已经设立。但是和《反不正当竞争法》的修改历程相似，该条罪名的内容在很长时间内都未曾修改，直到2020年底出台的《刑法修正案（十一）》。做出的更改包括最低刑和最高刑的上调（删除拘役，将七年改为十年）、增加具体犯罪行为（电子入侵、允许他人使用）、罪行描述条款变动（违反约定改为违反保密义务）和商业秘密定义修正（删除原商业秘密定义条款）。并且该条款新增了"为境外窃取、刺探、收买、非法提供商业秘密罪"，为商业间谍定罪的长期空白画上句号，总体而言是具有进步意义的。

（六）行政法规保护

早在 1983 年《国务院关于促进科技人员合理流动的通知》和 1988 年《关于科技人员业余兼职人员若干问题的意见》中都规定了科研人员调离原单位不得私自带走或者向其他单位提供或者转让原单位的技术成果或者技术权益。后 2010 年国务院国资委发布了《中央企业商业秘密保护暂行规定》，要求各央企必须建立自己的商业秘密保护机制，同时对具体实施细节、保护措施、奖惩制度做出规定，有力地完善了我国国有企业商业秘密的保护。

（七）部门规章保护

1995 年，为进一步实施《反不正当竞争法》，原国家工商行政管理局制定了《关于禁止侵犯商业秘密行为的若干规定》。一些《反不正当竞争法》并没有涉及的点在该规定中得到完善，不仅完整解释了商业秘密构成的具体含义，而且重点列举了有业务往来的其他单位和单位职工的侵犯商业秘密行为。该规定第十条指出，国家机关和公务员履行公务时不得披露或者允许他人使用权利人的商业秘密，虽然该规章是否对司法机关是否有实际约束力依旧存疑，但这也是对 1993 年《反不正当竞争法》的另一大有益补充。

目前国家市场监督管理总局正在制定新的《商业秘密保护规定》（以下简称《保护规定》），以适应新的市场竞争业态，代替已经实施许久的《关于禁止侵犯商业秘密行为的若干规定》。从公开的征求意见草案来看，该规定有许多创新之处，且与《最高人民法院关于审理侵犯商业秘密民事案件适用法律若干问题的规定》（以下简称《适用规定》）相比有不同的侧重。

首先是商业秘密的界定部分。《保护规定》对商业秘密具体种类的列举更为详尽，甚至包括各类数据、计算机源代码等可能与其他知识产权保护范围存在重合的新型客体，也包含了员工信息等部分可能是传统知识产权调整范围的事物。在针对商业秘密的构成——"不为公众所知悉""具有商业价值""采取相应保密措施"三性的论证上，《保护规定》也更加详尽，并且允许相反证据推翻"不知悉"和"商业价值"。[①]《适用规定》相反，更加侧重司法机关在认定商业秘密方面的难题，即何为"相应"保护措施。因此其对具体措施的举例十分简略，但是特别指出需要"根据商业秘密及其载体的性质、商业秘密的商业价值……因

---

① 《商业秘密保护规定（征求意见稿）》第六条、第七条。

素"，判定是否"足以防止商业秘密泄露"。① 仅有措施存在是不行的，还要有强度达到法律认可的标准。

其次是对侵犯商业秘密行为的认定。《适用规定》严格遵照《反不正当竞争法》列出的四种侵犯商业秘密的行为，除去对"其他不正当手段""使用""保密义务"② 外并没有做过多解释。《保护规定》针对这四种行为不仅依次序详细解释常见的行为，而且额外列举出第五种"违反限制性使用商业秘密的义务"的具体方式。③ 同时第十八条指出客户名单也被视为商业秘密的认定和不侵权情形（"商业付出+一段时间内相对稳定交易关系+区别于公知信息"），这是《适用规定》所没有的（仅指出客户信息作为经营信息的一种可以获得保护）。

再次是善意侵权的规定。严格意义上的善意侵权只存在于专利领域中，在不知情的情况下销售或使用侵犯他人专利权的产品，如果能证明该产品具有合法来源，那么销售商或使用者虽侵权但不承担赔偿责任。但实际上类似情况也存在于著作权和商标领域中。2002 年《最高人民法院关于审理著作权民事纠纷案件适用法律若干问题的解释》第二十条指出，出版者尽了合理注意义务且著作权人无法证明对方明知侵权时，涉嫌侵权的出版者只需承担停止侵权和返还所得利润的责任（无须赔偿）。现行《著作权法》第五十七条则以反面举例方式，说明复制品的出版者、制作者不能证明其出版、制作有合法授权的，复制品的发行者或者电影作品或者类似摄制电影的方法创作的作品、计算机软件、录音录像制品的复制品的出租者不能证明其发行、出租的复制品有合法来源的，应当承担法律责任。《商标法》的规定在第五十六条，在不知情的情况下销售侵犯注册商标专用权的商品，能证明该商品是自己合法取得的并说明提供者的，不承担赔偿责任。综上来看，善意侵权基本存在于侵权品流通的末端，特别是产品的批发零售商、出版发行商以及出租者，他们不是侵权的直接行为人，在侵权品多次转手后却依旧需要承担侵权后果，承担了过重的责任。《保护规定》第三十三条"善意侵权"则更加靠近专利法，指出需要在生产经营活动中支付合理对价的要求，所负的责任也仅限于停止使用。

最后是本次新增的侵权例外和不受保护的例外。除一般的独立研发和反向工

---

① 《最高人民法院关于审理侵犯商业秘密民事案件适用法律若干问题的规定》第五条、第六条。

② 《最高人民法院关于审理侵犯商业秘密民事案件适用法律若干问题的规定》第八条、第九条、第十条。

③ 《商业秘密保护规定（征求意见稿）》第十五条。

程例外，第十九条新增了两种：第一种是股东依法行使知情权而获得，这是股东正常权利的行使。第二种则类似国外的"吹哨人"制度，即允许内部人士（权利人、员工、前员工等）为了打击犯罪，维护公共安全等公共利益、国家利益披露商业秘密。这是一个较为新颖的制度，因为内部人士相比外部公众更能了解相关信息，解决信息不对称问题，发挥社会监督应有的作用。同时第三十七条指出商业秘密不得损害国家利益、社会公共利益，违背诚实信用原则，否则不受保护。这条其实在和英美等国商业秘密制度靠拢，因为后者的构成要件中均指出保护需要"正当"或者符合"合法利益"，但正式规定最终是否会确立这个新要件，还有待观察。

二、修订方向

如前所述，我国商业秘密保护制度是以《反不正当竞争法》为主体的，因此该法未来的修订方向也大致决定了我国商业秘密保护制度的走向。2022年11月底，国家市场监督管理总局公布了《中华人民共和国反不正当竞争法（修订草案征求意见稿）》，其中对相关内容进行了修改。

首先是直接与商业秘密相关的两个条款（原第九条"经营者不得实施下列侵犯商业秘密的行为……"和原第二十一条"经营者以及其他自然人、法人和非法人组织违反本法第九条规定侵犯商业秘密的……"），分别规定了侵犯商业秘密的行为以及有关部门的处罚措施。在新修订草案中只增加了一句"国家推动建立健全商业秘密自我保护、行政保护、司法保护一体的商业秘密保护体系"，[1] 其余包括行为内容、惩罚金额等均和旧法相同。考虑到新增加的语句并没有带来实质性的规定内容，更多的是宣誓性或者大纲性语言，可以判定这两个条款并没有实质性变动。

其次是可能涉及商业秘密的其他条款。正如国家市场监督管理总局给出的说明所述，[2] 本次修订的主要内容之一便是完善数字经济反不正当竞争规则，针对数据获取、算法实施过程中存在的不正当竞争行为进行规制，因此新修订草案在第十八条中新增了有关不正当获取或者使用其他经营者商业数据的内容。但是，该条款可能会与商业秘密条款发生重合，因为从两个法条对"商业秘密"和"商业数据"的描述就能发现两者存在很大的相似程度。我国的商业秘密定义是

---

① 《中华人民共和国反不正当竞争法（修订草案征求意见稿）》第十条。
② 国家市场监督管理总局. 关于《中华人民共和国反不正当竞争法（修订草案征求意见稿）》的说明［EB/OL］. https：//www.samr.gov.cn/hd/zjdc/art/2023/art_53f286b0f8a64545a52f92db0aeb8162.html.

由三个要件构成，是指不为公众所知悉、具有商业价值并经权利人采取相应保密措施的技术信息、经营信息等商业信息。而本次给出的商业数据定义为"经营者依法收集、具有商业价值并采取相应技术管理措施的数据"，并且后续指出排除"公众可以无偿利用的信息相同的数据"。除去都要求"商业价值"外，采取技术管理措施的目的是使商业数据不外泄，使除权利人以外的他人无法轻易知晓，这本质上也是一种保密措施。"公众无法无偿利用"变相说明公众无法轻易得知这种商业数据。同时《商业秘密保护规定（征求意见稿）》又指出，"商业信息是指与商业活动有关的，包括但不限于技术信息、经营信息的任何类型和形式的信息"，以数据形式存在的商业秘密是可能的。从以上分析不难看出，商业秘密和商业数据至少存在一部分的重合。所以新增的第十八条"商业数据"条款是否涉及商业秘密保护（数据形式保存的商业秘密按该条款保护），还是仅指代其他不构成商业秘密的商业数据，还需后续草案和正式文本来明确。

三、存在问题

第一个问题，商业秘密是否需要专门法。从前文我国商业秘密法律制度现状可知，虽然商业秘密保护主要依据的是《反不正当竞争法》，但是其他法律也或多或少存在涉及商业秘密的部分，这使整个体系庞杂繁复。

因此国内不少学者提出过针对商业秘密专门立法的建议。陈灿平等指出，不论是从建立统一、完善、有效的商业秘密保护体系，还是从市场竞争法回归私人权利法本位的角度来看，我国商业秘密专门立法都有必要。[①] 郑友德等进一步指出，商业秘密专门立法不仅意味着保障国内市场竞争秩序、维护权利人合法权利，也是进一步优化外商投资环境、反制国外经济间谍的需要。[②] 杨成良则认为，出台商业秘密保护专门法也是明确商业秘密保护的法律地位，并解决目前我国商业秘密保护法律规定不统一甚至是矛盾的问题的良方。[③]也应注意到，商业秘密专门法问题不单纯是个国内问题。随着2019年《反不正当竞争法》的修订，其后直到2023年的报告都不再提及专门立法的问题，但是美国依旧在关注诸如新法的实施、刑事程序的完善、行政机关保密等商业秘密保护体系上的问题。

第二个问题，如何进一步履行《中美第一阶段经贸协议》。可以说，《中美

---

①③ 杨成良. 商业秘密法律保护的国内外视野思考 [J]. 人民论坛，2016 (17)：236-238.

② 郑友德，钱向阳. 论我国商业秘密保护专门法的制定 [J]. 电子知识产权，2018 (10)：34-88.

第一阶段经贸协议》对我国商业秘密保护制度提出了许多改进的要求，这也是导致 2019 年《反不正当竞争法》涉及商业秘密条款修订和后续系列司法解释出台的原因之一。

首先，《中美第一阶段经贸协议》最显著的要求，便是扩大商业秘密的保护范围。早在 2017 年的《反不正当竞争法》中，我国便对商业秘密要件做出较大改动，不仅将"经济利益和实用性"要求改为"具有商业价值"，并且将"采取保护措施"要件加上"相应的"的限定词，大幅放宽对保密措施形式认定的要求。原则上只要正常情况下足以防止商业秘密泄露即可，保密措施即使并没有在合同、规章上进行书面明文规定，只需企业实际措施仅使小部分员工知晓秘密，也可认定采取了相应保密措施。随后在 2019 年，原定义中"技术信息、经营信息"后加上"等商业信息"，商业秘密的范围被进一步扩大。鉴于商业信息的定义十分宽泛，与商业活动有关的信息基本包含在内，因此我国商业秘密实际限制条件只有"秘密性""价值性""保密性"。任何商业信息，只要符合这三个条件均被认为是商业秘密而受到保护，这无疑大大扩大了商业秘密的保护范围。然而，这和《中美第一阶段经贸协议》所规定的范围依旧存在差距。

在《中美第一阶段经贸协议》的第一章第二节，列出了一个需要和商业秘密同等保护的概念——"保密商务信息"，同时在该条的脚注中指出了保护商务信息的具体概念和内容。从这一定义上看，保密商务信息包含了商业秘密、流程、设备等 14 类具体范围，几乎将商业贸易全过程的任何具有价值的信息都涵盖在内。虽然存在"披露上述信息可能对信息持有人的地位造成巨大损害"的限制条件，但是"可能"的语义模糊，可能无法起到任何限制作用。再加上保密商务信息仅要求具有"商业价值"，如果得到和商业秘密同等的保护地位，有可能冲淡我国另外两个"秘密性"和"保密性"要件，从而不当扩大保密商务信息的保护范围。

其次，《中美第一阶段经贸协议》在第 1.9 条要求保护商业秘密免受政府未经授权的披露，该条规定主要指出了两点要求：一是主体范围包括政府工作人员以及第三方专家、顾问；二是受规制的范围为在合法调查或者监管过程中所获得的商业秘密，被未经授权披露。在此之前，我国对政府工作人员保密义务的规定零散，且缺乏对第三方专家、顾问保密义务的规定。在《中美第一阶段经贸协议》达成后的 2019 年，修订后的《行政许可法》第五条首次指出，专家评审人不得未经许可披露申请人提交的商业秘密，第七十二条规定对违法披露的行政机关及其工作人员处行政处罚。到 2020 年司法部发布《关于强化行政许可过程中商业秘密和保密商务信息保护的指导意见（征求意见稿）》，要求行政许可机关不仅加强对工作人员的保密教育管理，而且对于违法披露的工作人员构成犯罪的要追究刑事责任。对于其他行政机关及其工作人员的规定也陆续出台，内容出现在《反不正当竞争法》《食品生产经营监督检查管理办法》《药品生产监督管理办法》《海关行政许可管理办法》等中。

从上述各类规定来看，我国对如何制止行政机关及其工作人员未经许可披露商业秘密的规定比较笼统，主要体现在以下几个方面：第一，除去《关于强化行政许可过程中商业秘密和保密商务信息保护的指导意见（征求意见稿）》，当今现行有效的法律规则并没有限制因工作需要掌握商业秘密的行政机关工作人员外的第三方接触知悉相关商业秘密。第二，各种具体规章制度中只是要求相关行政机关及其工作人员履行保密义务，并没有具体说明如何履行、采取何种方式保护商业秘密。第三，处罚程度明显较低。各规章制度中只是要求对违法披露的工作人员进行纪律处分、行政处罚等，相关责任并没有上升到民事、刑事程度。第四，针对需要披露的情形，并没有给予当事人异议救济的权利，以及需要和其他部门共享时，并没有规定脱敏或者限制条件。

除此以外，司法机关审判涉商业秘密诉讼的过程，也是极易泄密的情形。为此，2020年《最高人民法院关于审理侵犯商业秘密民事案件适用法律若干问题的规定》第二十一条规定，针对诉讼中涉及权利人的商业秘密的证据和材料，有权申请保密措施，违反保密措施需要承担民事和刑事责任。相较而言，司法过程中对商业秘密的保护规则更加全面，如何完善行政部门对审查、许可的商业秘密的保护规定依旧是重中之重。

最后，如何落实"临时禁令"制度。《中美第一阶段经贸协议》第1.6条要求我国需要规定及时、有效的临时措施，以阻止使用被侵犯的商业秘密。其实关于临时禁令的规则最早出现在《与贸易有关的知识产权协定》第五十条，其要求各协议国司法机关迅速采取临时措施，防止进一步侵犯知识产权并保存证据。对此，我国《著作权法》《专利法》《商标法》均规定了临时禁令措施，但是同为知识产权领域的商业秘密，却迟迟没有类似的规定。诚然《民事诉讼法》中规定了诉前和诉中保全，但是这只是适用于各类民事案件的一般规定，并没有明确指出是否适用于商业秘密。2019年《最高人民法院关于审查知识产权纠纷行为保全案件适用法律若干问题的规定》从整体上将知识产权案件如何适用行为保全做出详细解释，并于第六条将"申请人的商业秘密即将被非法披露"纳入情况紧急，需要法院 48 小时内作出保全裁定的情形。其后 2020 年《最高人民法院关于审理侵犯商业秘密民事案件适用法律若干问题的规定》新增适用情形"试图或者已经以不正当手段获取、披露、使用或者允许他人使用权利人所主张的商业秘密"，扩大了行为保全的适用条件。然而上述的规定依然不够具体，特别是在商业秘密保存手段更加丰富的当下，也诞生了更多窃取、侵犯的手段，是否要将商业秘密临时措施加入法律正文内容中，也是个值得考虑的事项。

此外，是商业秘密领域刑民衔接脱节的问题。如前文所提及，1997 年《刑法》中便已存在侵犯商业秘密罪，但是在直到 2020 年《刑法修正案（十一）》之前该罪名的内容未做任何更改，一直依靠相关司法解释为其延续活力。《反不正当竞争法》和《刑法》中对商业秘密的规定也存在一定程度的矛盾之处，对商业秘密保护产生了不利影响。

对比 1997 年的《刑法》第二百一十九条"侵犯商业秘密罪"和 1993 年的《反不正当竞争法》第十条可以明显看出，两者除去《刑法》中额外规定了量刑情节和刑期外，在具体行为、商业秘密定义、限制第三人获取等实质内容方面是一模一样的。这一点其实无可厚非，因为《刑法》作为规制违法行为的最后一道防线，需要保持自身的谦抑性，只有在民法等其他法律无法规制的情况下才可使用。换一句话说，就是违反民法等法律的程度上升到一定高度后，《刑法》才得以介入。因此，为了确保两法在相关规定方面的一致性，《刑法》规定的犯罪行为和《反不正当竞争法》规定的侵权行为在内容等方面保持一致，但是在情节程度、制裁力度等方面相区别。虽然在规制对象上可能存在争议，因为 1993 年《反不正当竞争法》仅指出经营者才构成侵权主体，1997 年《刑法》规制的所有构成犯罪的自然人和法人，但是该条前文指出"有下列侵犯商业秘密行为之一的……"，可以认为是先构成侵权，然后随着程度上升成为犯罪，再加上《刑法》条文与《反不正当竞争法》条文的相似性，可以推测规制对象也应同为经营者。如果规制对象通过解释还能勉强转圜，对于协助人的规制就是一个绕不过的坎。《刑法》第二十五条至第二十九条为"共同犯罪"条款，依其规则，教唆、引诱、帮助公司职工、前职工等非法获取其公司商业秘密构成犯罪的，需要以侵犯商业罪的共同犯罪论处。但是此时的《反不正当竞争法》将范围限制在经营者，对经营者以外其他自然人、法人提供协助并不规制。既然《反不正当竞争法》并不认为协助者侵权，按照先前理论刑事责任和民事侵权是程度上的不同，那么怎么会跳过民事侵权直接上升为刑事责任？此时，《反不正当竞争法》和《刑法》的规定之间便出现了脱节。

幸而随着 2017 年、2019 年《反不正当竞争法》的修改，经营者以外的其他自然人、法人和组织也被纳入侵权主体，教唆、引诱、帮助违反保密义务或者要求成为第四种具体行为，似乎脱节问题得到了圆满解决。但是要注意的是，在 2017 年到 2020 年《刑法修正案（十一）》出台前，《刑法》依旧使用的是类似 1993 年《反不正当竞争法》的具体规定，不仅没有"贿赂""电子入侵""保密义务"的说法，甚至商业秘密要件依旧是"经济利益和实用性"，因此脱节问题再次出现。虽然在《刑法修正案（十一）》后这些问题都得到解决，商业秘密的定义也被删除以适应《反不正当竞争法》未来可能的进一步修改，但是新的问题仍然出现了。譬如，将量刑情节从"重大损失"改为"情节严重"，本意是改变仅以损失或者获利金额作为商业秘密犯罪入刑的唯一尺度，但是哪些情节构成"严重"并没有明确指明。2023 年最高人民法院和最高人民检察院起草的《关于办理侵犯知识产权刑事案件适用法律若干问题的解释（征求意见稿）》第十四条，拟对"情节严重"做出解释，除一般的金额标准外，还包括一年内不正当获取三次以上、直接导致破产倒闭等情形，但是可以明显感觉到构罪门槛依旧很高，需要进一步明确或者降低标准。

第二节　国际商业秘密制度的发展情况和趋势

国际商业秘密制度的开端，最早可以追溯至 1967 年《巴黎公约》斯德哥尔摩文本，其中新增的第 10 条之二第 2 项规定："凡在工商业事务中违反诚实的习惯做法的竞争行为构成不正当竞争的行为。"虽然并没有直接指出商业秘密，但是普遍认为作为一种不正当竞争手段，侵犯商业秘密行为已经被包含在其中。其后在 1994 年通过的《与贸易有关的知识产权协议》（TRIPs 协定），纳入了保护未披露信息的要求，正式提出了对商业秘密的保护。各国依照其要求，需要制定国内规则保护商业秘密。然而从协议签订至今，规定的"最低保护"原则已远远无法满足部分发达国家的需求，而与发展中国家的矛盾导致再制定一个全球性的知识产权协议的可能性微乎其微。

因此，部分发达国家转而寻求达成区域贸易协定（Regional Trade Agreement），以期在小范围内达成知识产权保护的一致性。以 2018 年的《美墨加协定》为例，其中规定的商业秘密保护规则比 TRIPs 协议要求更高也更加严格。依照第 20.69 条，各缔约方应当确保人们可以使用法律手段来防止他们合法控制的商业秘密未经同意以违反诚信商业习惯的方式被披露、获取或者被他人使用（包括国有企业）。除去民事救济程度和故意侵权的刑事追责外，第 20.71 条还特别指出，为了获取商业优势或者经济利益、跟国家或者跨国商业有关的产品或服务、意图使商业秘密权利人受损这三种情况，要求降低程序门槛或者刑事惩罚门槛，进行严厉打击。显然，这些规定都和国际上开始重视商业秘密的趋势相关联，也和各个发达国家国内的商业秘密制度密不可分。

一、美国商业秘密立法

美国的商业秘密保护制度起源于普通法，并且是基于经营中产生的转移和分享秘密的需要（这也是其被称为"商业"秘密的原因）。在 1939 年的《第一次侵权法重述》［Restatement (First) of Torts］中，美国首次以书面形式在 757 ~ 759 节定义商业秘密并列举商业秘密的形式。然而在 40 年后的《第二次侵权法重述》［Restatement (Second) of Torts］中，这些规定又被完全删除。到 1979 年的《统一商业秘密法》，商业秘密的定义、救济等基本内容又被重新构建。1993 年的《第三次侵权法重述》［Restatement (Third) of Unfair Competition］39 ~ 45 节对《统一商业秘密法》（Uniform Trade Secrets Act，UTSA）的商业秘密进行进一步细化。1996 年，涉及刑事制裁的《经济间谍法》（Economic Espionages Act，EEA）被颁布，旨在严厉打击外国实体侵犯商业秘密。2016 年，美国颁布《保护商业秘密法》（The Defend Trade Secrets Act，DTSA），结束了《统一商业秘密法》和《第一次侵权法重述》在商业秘密保护上的冲突，并对法律进行更新。2023 年，《保护美国知识产权法案》（Protecting American Intellectual Property Act）授权总统采取贸易制裁在内的多种手段打击商业秘密侵权，并且加大了刑事处罚力度。

相比于以 EEA 为主的刑事制度，美国的商业秘密民事程序更有特色也更富有成效，这都得益于现行商业秘密专门法 DTSA 的实施。在此之前，美国商业秘密的民事保护基本由各州州法规定，虽然绝大部分州都接受了先前的 UTSA，但是相关标准还是没有统一起来。因此在 2016 年，DTSA 被通过以达成三个初步目标[①]：一

---

① Kenneth Kuwayti, John Lanham. Happy anniversary DTSA: The defend trade secrets act at five ［EB/OL］. https://www.jdsupra.com/legalnews/happy-anniversary-dtsa-the-defend-trade-8417589/.

是建立联邦民事补救措施，使商业秘密所有者的权利"与其他形式知识产权所有者长期享有的权利保持一致"。二是通过提供"针对窃取商业秘密的单一国家标准，为每个参与者提供明确的规则和可预测性，从而促进统一性"。与之相对应，DTSA 存在以下主要特点：

（一）修改并完善商业秘密相关定义

DTSA 草案拟定的定义与正式版本相比有很大不同，前者遭到法律学者的批评，因为相关定义并没有和先前的 UTSA 保持一致，认为这些分歧将破坏国会试图"统一协调"商业秘密法的努力。① 可能是为了回应批评，最终正式文本的商业秘密定义修改自 EEA，并使其与 UTSA 中的定义相契合。DTSA 的"商业秘密"定义如下：

所有形式和类型的财务、商业、科学、技术、经济或工程信息，包括模式、计划、汇编、程序设备、公式、设计、原型、方法、技术、过程、程序或代码，无论是有形的还是无形的，无论是物理的、电子的、图形的、摄影的，还是书面形式的，只要符合：

（1）其所有者已采取合理措施对此类信息保密。

（2）该信息的独立经济价值，无论是实际的还是潜在的，来源于不为其他人所知，也不容易通过合理手段被其他人所确定，而其他人可以从信息的披露或使用中获得经济价值。

通过这种方式，DTSA 宣告了几乎所有商业信息都可以获取商业秘密保护，只要权利人采取了合理措施保密，并且信息因保密性而具有经济价值。除此之外，DTSA 还新增了对"侵占"（misappropriation）和"不正当手段"（improper means）两个词语的解释。前者和 UTSA 的定义相吻合，为：

（1）通过明知或者应知商业秘密系不正当手段获取的人而获得他人的商业秘密。

（2）未经明示或者默示同意，披露或者他人的商业秘密，并且该人：

1）使用了不正当手段获取了该商业秘密。

2）在披露或者使用时，明知或者应知该商业秘密：来源于通过使用不正当手段获得的人；在需要对商业秘密保密或者限制使用的情况下获得的；来自通过

---

① Levine，David S.，Christopher B. Seaman. The DTSA at one：An empirical study of the first year of litigation under the defend trade secrets act ［J］. Wake Forest Law Review，2018，53（1）：105-156.

对权利人负有保密或者限制使用义务的人获得的。

3）或者在该人状态地位发生实质性变动之前，明知或者应知：该信息为商业秘密，并且知晓因意外或者错误而获取了该商业秘密。

后者"不正当手段"的列举具体且多样，主要包括：

（1）窃取、贿赂、虚假陈述、违反或者引诱违反保密义务，或者通过电子或其他方式进行间谍活动。

（2）并且不包含反向工程、独立研发或者其他合法的获取商业秘密手段。

整体而言，为了体现和先前法案的延续性，DTSA 不仅在 EEA 的基础上拓展了商业秘密的宽泛定义，而且在"侵占""不正当手段"等关键概念定义上维持了和 UTSA 的一致性，而在不构成侵权的手段上，则更加细化。

（二）联邦民事救济措施

DTSA 给予商业秘密权利人两种民事救济途径：禁令救济和金钱损害赔偿，分别有不同的侧重。

1. 禁令救济

联邦法院可以出具禁令，来阻止任何实际或者潜在的商业秘密侵权行为。公司时常在内部员工准备离开，前去竞争对手处时提起禁令救济，有时也会结合竞业协议限制员工未来的选择。在其他情形下，禁令救济是为了防止商业秘密泄露，但是以员工就业流动性为代价。①

在 DTSA 出台之前，美国各州对利用商业秘密保护限制员工流动的容忍程度各不相同。其中比较有名的是"不可避免的披露原则"，但是"不可避免的披露原则"和劳动法确立的"劳动自由"原则相违背，一定程度上影响了劳动者就业和人力资源流动，同时州法和联邦法适用的优先级也是个很大的问题。因此美国国会在不触及法律优先级的情况下，在 DTSA 中对员工提供保护。在 DTSA 的规定下，联邦法院采取禁令需要满足特别条件：不得禁止他人缔结新的雇佣关系，除非有确凿证据表明可能侵犯商业秘密，而不是仅依据该人知道的信息；禁令也不得与限制就业、贸易、商业活动的州法相冲突。DTSA 也允许法院在必要情形下主动采取措施保护商业秘密，如果情况特殊维持禁令有失公平，亦允许被诉侵权人以支付合理费用的方式继续使用商业秘密，期限不超过禁令维持的

---

① Miller, Steven. Repeal the defend trade secret act：Why congress can't rely on trade secret law to protect America's trade secrets［J］. Journal of Intellectual Property Law，2020，28（1）：213-250.

时间。

2. 金钱损害赔偿

DTSA 的金钱损害赔偿包括补偿性赔偿、惩罚性赔偿和律师费。法律规定的补偿性赔偿有两种计算方式：一是当事人的实际损失再加上不属于实际损失的被诉侵权人的不当得利；二是与使用被挪用的商业秘密的合理使用费相等的损害补偿。如果法院认定侵权是恶意且故意侵权，则可以判处惩罚性赔偿，其不与实际损失直接关联，但不超过补偿性赔偿的两倍。另外，对于故意且恶意的侵权，法院也可以判处其承担权利人的律师费用。

3. 单方扣押条款

DTSA 最显著的改革之一便是单方扣押条款（the ex parte civil seizure provision）。该条款允许原告向法院申请扣押被告的财产，前提是该财产被认为是"防止诉讼标的商业秘密传播或散播所必需的"。而剥夺手机、电脑乃至关键商业信息等财产往往会迫使被告主动和解；相反，错误的扣押则可能导致对申请扣押的原告的制裁和其他补救措施，譬如，被告对不当扣押的索赔动议等。[①] 因此，这一单方条款是一项严厉的救济措施，只适用于极端情况且依赖着申请法院的自由裁量权。申请单方扣押的当事人，需要提交相关证据和文件说明，至少需要满足以下 8 个条件：

（1）相对方可以逃避、避免、以其他方式不遵守依照《联邦民事诉讼规则》第 65 条发出的临时限制令[②]或者其他形式的救济令，致使救济不充足。

（2）如果不下令扣押，就会发生立即的、不可挽回的损失。

（3）拒绝扣押申请对申请人的损害超过了对相对人合法利益的损害，并且大大超过了对可能因此类扣押而受到损害的任何第三方的损害。

（4）扣押命令的申请人可以证明涉及的信息为商业秘密，且被申请扣押的相对人已通过不正当方式或者阴谋通过不正当方式侵占申请人的商业秘密。

（5）被申请扣押的相对人实际占有该商业秘密或者被申请扣押的财产。

---

① Favro, Phillip J. , David Nuffer. Seizure orders under the defend trade secrets act［J］. Utah Bar Journal, 2020, 33（4）: 32-37.

② 《联邦民事诉讼规则》（*Federal Rules of Civil Procedure*）第 65（b）（2）条："内容及期满。每一份未经通知而发布的临时限制令都必须说明发布日期和时间；描述损害并说明其无法弥补的原因；说明为何在未经通知的情况下发布该命令；并立即在书记员办公室存档并记入记录。该命令在法院规定的生效日期后（不超过 14 天）到期，除非在此之前，法院出于正当理由将其延长了类似的期限，或者对方同意延长更长的期限。延期的原因必须记录在案。"

（6）申请人以合理的特殊性描述了将被扣押的物项，并在当时情况下的合理范围内确定了该物项的所在地。

（7）如被通知，被申请扣押的相对方及其同伙将破坏、移动、隐藏或者其他方式使被扣押物项不可被法院接近。

（8）扣押申请未被申请人公开。

如果受理的联邦法院决定单方扣押，则其发布的扣押令需要包含以下内容：①涉及的事实依据和法律结论。②为实现保护目的，规定最小范围的财产扣押，并指示最小化对第三方商业运营的干扰，并在可能的范围内，不干扰被指控侵占商业秘密方的合法商业运营。③随附一项命令，禁止申请人和被扣押相对方接触被扣押财产，并在法庭程序前禁止对扣押财产全部或部分的复制。④向执行扣押的部门提供指导，明确法院授权范围，包括执行时间和是否能够强制进入限制区域。⑤尽早确定扣押听证的时间，且不得迟于命令发布后的7日，除非双方当事人一致同意延期。但是被扣押相对方或者其他因该命令受到损害的第三方，可以在向申请人发出通知后，随时向法院提出取消或者修改扣押令的动议。⑥申请人需向法院提供足够担保，以支付错误扣押、过度扣押或者错误、过度未遂扣押对相关方的损害的赔偿。

同时，扣押条款中也规定了对被扣押相对方的保护。法院应当要求申请人不得公开该申请、执行情况以及被申请扣押的相对方的具体身份，并应妥善保护被扣押的材料，不受物理和电子访问。如果财产是存储介质，或包含在存储介质上，在上述扣押听证会进行之前，未经双方同意不得将存储介质接入任何网络。法院还需要采取适当措施，确保扣押中包含的与有争议的商业秘密信息无关的其他材料的秘密性，未经被扣押相对人的同意不得披露。法院可以指定一名特别主管来整理被侵占的商业秘密材料，并为将其归还给合法所有者提供便利，但此人应遵守法院的保密协议，以确保材料的秘密性。

单方扣押条款曾引起较大的争议，不仅是因为其可以强制扣押对经营至关重要的财产，更重要的是相对方几乎没有机会进行反对或者抗辩以使扣押令取消。最终条款在具体规则上，规定了严格的条件限制和执行程序要求，这体现了法律审慎的态度，尽可能减小对相对人以及有关第三方的影响，在保证案件顺利进行的程度上保护各方的合法利益。

二、欧盟商业秘密立法

尽管TRIPs协定在欧盟自身及其成员国内部都早早得到通过，但在很长一段时间内，欧盟并没有对成员国如何执行其中的商业秘密保护要求做出统一规定，因此各成员国各自制定的法律制度不尽相同。譬如，奥地利、德国、波兰和西班牙以反不正当竞争法为主，以劳动法、侵权法和民法的相关条款为辅；而英联邦和爱尔兰共和国运用信托关系法进行商业秘密保护；荷兰、葡萄牙和希腊则运用侵权法为商业秘密提供法律保护；瑞典是欧盟成员国中唯一制定专门的《商业秘密法》的国家。但是，成员国规定的商业秘密法律保护的差异意味着整个欧盟不享有同等水平的商业秘密保护，从而导致欧盟涉及商业秘密的相关产品流通的内部市场支离破碎，并削弱了保护规则的整体威慑效果。特别是在非法获取、使用或披露商业秘密的情况下，民法补救措施没有一致性，各成员国在对非法商业秘密持有人发出停止侵权、损害赔偿计算、销毁非法使用商业秘密的第三方生产的商品等具体规则上存在差异。

因此，2016 年 6 月欧洲议会和理事会通过了《商业秘密保护指令》（以下简称 EU-TSD），以 TRIPs 协定的相关条款为蓝本，厘清了商业秘密保护制度的各项定义、措施和手段，以期未来成为各成员国共同的法律基础。

从整体来看，EU-TSD 包含了总共四个章节。第一章规定商业秘密定义及保护范围；第二章规定商业秘密的获取、使用及披露；第三章规定措施、程序及救济；第四章规定制裁、报告及最终条款。其中，第三章又分为一般条款、临时和预防措施、根据案情决定采取措施三节。

与美国 DTSA 的开头相同，EU-TSD 首先明确的是商业秘密的定义，即满足秘密性、商业价值和合法控制商业秘密的人采取合理措施保护该商业秘密。[①] 虽然与美国 DTSA 相比并没有采取详细的列举方式，但是和 DTSA 对商业秘密的基础定义相一致。

在侵犯商业秘密的行为方面，主要分为合法行为、违法行为和例外三个方面。独立发现或创造、反向工程、行使工人或工人代表获得信息和咨询的权利、其他任何符合诚实商业惯例的做法、欧盟及其国家法律要求或允许的做法都被认为是合法行为。[②] 违法行为则被分为违法获取商业秘密、违法使用或披露商业秘密，比如，未经授权访问、盗用或复制在商业秘密持有人的合法控制下的文件、物品、材料、物质或电子文件，从而获取商业秘密；违反保密协议披露商业秘

---

① 《商业秘密保护指令》第 2 条第 1 项。
② 《商业秘密保护指令》第 3 条。

密；违反规定限制使用的合同而使用商业秘密等。① 在本条第（4）项则着重考察了非法获取、使用或者披露商业秘密侵权人的知悉程度，如果第三方是从非法控制商业秘密的人获取的，则要求明知或者应知该商业秘密是被非法获取的。换句话说，如果行为人并不知情该商业秘密是被非法获取时，是不需要承担侵权责任的。行使《欧盟宪法》规定的言论和信息自由权、为了保护公众利益揭露不当行为、工人向其代表必要的披露、为了保护欧盟或国家法律承认的合法利益，均构成商业秘密保护的例外情形。②

EU-TSD 也授予了商业秘密权利人广泛的救济措施，包含临时性措施和基于案件审理结果的永久性措施。第 10 条规定权利人可以向法院申请临时性民事扣押令，以"禁止生产、提供、使用或者为前述目的进口、出口、储存涉嫌侵权产品"，对于已经生产出来的涉嫌侵权产品允许"扣押或者移送，包括进口产品，以阻止其进入市场或者在市场流通"。在具体因素上，商业秘密的价值、保密措施、侵权人侵犯商业秘密的行为及其影响、相关各方的合法利益、公共利益等都需被司法机关综合考量。③ 同时，申请人的担保也是必要的，以对可能的错误民事扣押对相关方造成的损失进行赔偿。永久性措施则在案件得到明确结论后产生（明确被诉侵权人存在非法侵占商业秘密行为），除与美国 UTSA 相似的依照实际损失、非法得利以及等价许可费用的先后顺序计算的补偿性赔偿外，EU-TSD 允许在一些情况下考虑非法获取、使用、披露商业秘密给权利人带来的道德损失（moral prejudice）作为赔偿依据（允许精神损害赔偿）。④ 除此以外，永久性措施也包含了对涉案侵权产品的纠正措施（corrective measures），准许执法机构依照法院命令强制召回产品、剥夺产品侵权品质以及销毁相关产品。⑤

三、德国商业秘密立法

德国曾经并没有针对商业秘密的专门法，相关规定长期散于市场竞争法、刑法、劳动法、知识产权法等多个领域，主要条款集中在《德国反不正当竞争法》（以下简称 UWG）第 17～19 条和《德国民法典》（以下简称 BGB）第

---

① 《商业秘密保护指令》第 4 条。
② 《商业秘密保护指令》第 5 条。
③ 《商业秘密保护指令》第 11 条第 2 项。
④ 《商业秘密保护指令》第 14 条第 2 项。
⑤ 《商业秘密保护指令》第 12 条第 2 项。

823、826 条以及第 1004 条刑事条款。随着 2016 年欧盟《商业秘密保护指令》的生效，为贯彻该法的要求，德国于 2018 年 4 月出台了商业秘密专门法的草案，并在一年后正式颁布生效。这便是现行《德国商业秘密法》（以下简称 GeschGehG）的由来。

GeschGehG 的第一个特征，是改变商业秘密的保护范围。在原先德国法中，尤其是 UWG 中对商业秘密做出的定义是，"非常见、被有限的人所知，并且根据企业所有人的经济利益考量而被保密的，与商业运作有关的任何事实"。而欧盟在 EU-TSD 中要求各成员国的商业秘密要件构成包含秘密性、具有商业价值、合法控制人采取合理保密措施，更加接近 TRIPs 协议中的标准定义。因此，在 2018 年的专门法草案中，为了更加明确对要件的限定，也曾有过提议效仿美国法，将"秘密性"和"商业价值"合并为"因秘密而具有商业价值"。但是，在对于专门法草案的辩论中，参与的专家和各党派、团体代表最大的担忧反而是新法对劳动者合法权利（雇员权利）、新闻行业以及"吹哨人"（Whistleblower）的负面影响。[①] 因此为了平衡商业秘密保护与对新闻自由、劳动自由以及公共利益的保护，德国联邦议会法律事务和消费者保护委员会（Ausschuss für Recht und Verbraucherschut）又对商业秘密定义进行修正，最终确定了"保密具有合法利益"的新要件。所以 GeschGehG 形式上是三要件构型，与 EU-TSD 相比实质上多了一个要件的限制。

GeschGehG 在保护范围上对要件做出的修改，最明显的是保密措施和合法利益。

前者规定于第 2 条第 1 项（b）款，权利人需对信息采取适当的保密措施。这意味着权利人需要对商业秘密妥善处理，并且在争议时自证存在保密措施且是适当合理的保密措施。尽管原先的 UWG 第 17 条已经提出"保密意愿"的概念，但这只是一种"可识别的主观保密意愿"，甚至不要求通过客观条件表现出来。[②] GeschGehG 要求"适当的保密措施"，更多是对商业秘密保护的合理期待，不要求现实中绝对有效地禁止侵权行为。但是何为"适当的"，依旧是解释法律的重大难题。依照联邦议会决议中的解释，"适当"的判断必须基于"商业秘密的详细性质及其使用的具体情况，包括实际访问限制和预防措施以及合同保障措

---

① https：//dserver. bundestag. de/btd/19/083/1908300. pdf/.

② https：//www. bundestag. de/resource/blob/581424/e2840e6106c2a5352400c1c18899d280/gesetzent-wurf. pdf/.

施。没有必要对每一条信息分别贴上保密标签，但原则上可以对某些类别的信息（如获取的技术障碍）采取措施，或由一般内部指导方针和指示或在雇佣合同中规定。在评估保护措施的适当性时，可以特别考虑商业秘密的价值及其开发成本、信息的性质、对公司的重要性、公司的规模、公司的通常保密措施，信息的识别类型以及与员工和业务合作伙伴达成的合同约定"。但是由于现有案例的困乏，加之法律并没有明确必须采取什么措施才能证明不同类型商业秘密保密措施的适当性，还有待基于德国未来的判例情况进行确认。

后者则是全新的要件，规定于第2条第1项（c）款。德国联邦议会法律事务和消费者保护委员会对此的解释是，此举是为了"遵循《商业秘密保护指令》第14条的要求，并且也考虑到了联邦宪法法院的判例法"。尽管如此，GeschGehG 和 EU-TSD 的协调衔接问题依旧存疑。EU-TSD 第1条第1款便指出，本指令是为了规定非法获取、披露或者使用商业秘密的规则，而各成员国需提供比指令更强的保护。即 EU-TSD 的规定是各成员国需要遵守的最低保护义务。诚然，EU-TSD 第5条规定行使言论信息自由（包括新闻媒体自由）、为了公共利益披露非法活动等，不构成侵犯商业秘密。但是该条款是出现在例外（Exceptions）章节中，从体例上看并不应当归在商业秘密的基本概念中，而是作为符合法定商业秘密侵权后的免责事由。因此，GeschGehG 有不当缩小商业秘密最低保护范围之嫌。

GeschGehG 第二个特征，就是明确了商业秘密侵权的法定形式。其对侵权形式的规定与旧 UWG 有所不同，并且针对不同对象行为分为以下四种：非法获取；非法披露或使用；通过第三人非法获取、披露或使用；侵权产品相关行为。

第一种规定了未经授权的访问、窃取和复制三种行为，而受保护的对象是处在权利人合法控制下的，含有并能够从中获取商业秘密的文件、物品、材料、物质或者电子数据。以及在这种情况下违反诚实商业惯例而获取商业秘密的其他方法，以概括其他可能的情况。一般认为，该条是特别针对商业间谍的条款，因为其基本涵盖了工业间谍会使用的大部分方法，结合后续的恶意侵权和刑事救济条款，能让间谍活动付出惨重代价。

第二种则是针对第一种被非法获取的商业秘密，既不得被披露、使用，也不得违反保密义务或者限制使用义务进行披露、使用。在保密义务和限制使用义务的情况下，在实践中判断的关键通常是保密协议。针对企业的内部员工，原则上根据劳动协议自然产生保密义务，不需要在协议中明确规定；而针对企业的外面人员，保密协议则是硬性要求。

第三种和第四种被统一合并在第 4 条第 3 款中，行为人从第二种非法披露、使用商业秘密人处获取了商业秘密，并且明知或者应知该商业秘密是被非法披露、使用的，那么行为人获取以及后续使用、披露等都属于侵权。后续的侵权行为也包括涉及该商业秘密的产品生产、投放、进口、出口、储存以及为其提供市场的行为。德国法为了保护善意第三方的权利，在这种侵权行为上附加了主观条件，即需要明知或者应知第二种侵权行为。明知是主观上的故意，应知是一种过失状态，后者反映在德国法上，对应的是 BGB 规定的"在交际中未尽到谨慎注意义务"。一般来说，过失的证明比故意的证明更加困难，要求更加明确的证据和推断主观心理的客观现象。

GeschGehG 的第三个特征，是单独分节的刑事条款，规定在整篇法律第 4 节第 23 条：

"（1）任何人为了自身利益、第三方的利益或意图对公司所有者造成损害，实施下列行为，从而促进自己或第三方竞争的，应处以最高三年的有期徒刑或者罚金：

1. 违反第 4 条第 1 款第 1 项的规定（未经授权的访问、窃取和复制处在权利人合法控制下的，含有并能够从中获取商业秘密的文件、物品、材料、物质或者电子数据），获取商业秘密；

2. 违反第 4 条第 2 款第 1 项第 a 目的规定（不得使用或者披露通过第 4 条第 1 款第 1 项禁止的行为非法获取的商业秘密），使用或者披露商业秘密；

3. 违反第 4 条第 2 款第 3 项的规定（不得违反保密义务披露商业秘密），作为公司雇员披露了在雇佣关系有效期内委托给他的，或在雇佣关系范围内可以接触到的商业秘密。

（2）同样，任何人为了自身利益、第三方的利益或意图对公司所有者造成损害，使用或者披露第三方通过本条第 1 款第 2 项或第 3 项规定的方式获得的商业秘密，从而促进自己或第三方竞争的，也应受到处罚。

（3）任何人为了促进自己或第三方竞争，或者出于私利，违反第 4 条第 2 款第 2 项（不得违反限制使用义务使用商业秘密）或第 3 项，使用或披露在商业交易中为解释技术性质而提供的商业秘密，应处以最高三年的有期徒刑或罚金。

（4）有下列情形的，将处以最高五年的有期徒刑或罚金：

1. 从事本条第 1 款或第 2 款所述的商业行为；

2. 违反本条第 1 款第 2 项或第 3 项，或第 2 款，且在披露时知道商业秘密将在国外被使用的；

3. 违反本条第 1 款第 2 项或第 2 款，商业秘密在国外被使用的。

（5）该企图（未遂）应受法律惩罚。

（6）《刑事诉讼法》第 53 条第 1 款第 1 句第 5 项所述人员（专门从事或参与印刷作品、无线电广播、电影报道或信息和通信服务的编制、制作或分发，以提供信息或形成意见的人员）的帮助行为如果仅限于接收、评估或公布商业秘密，则不违法。

（7）《刑法典》第 5 条第 7 款（德国刑法应适用于在国外犯下的以下行为，无论犯罪地的法律如何：侵犯德国领土范围内的机构、注册办事处设在德国领土范围内的公司，或者注册办事处设在国外，但是和注册办事处设在德国领土内的公司组成集团的企业的商业秘密）相应适用。如果行为人为了促进自己或第三方竞争，或者出于私利，则《刑法》第 30 条（共同犯罪）和第 31 条（自愿退出共同犯罪）也适用。

（8）本罪只会根据请求被起诉，除非执法当局认为出于刑事起诉的特殊公共利益而认为有必要依职权进行干预。"[①]

由此，德国商业秘密保密的刑事规则更多依赖于民事侵权的认定，相比较原 UWG 第 17-19 条共三条的刑事条款，数量上有所减少。同时，并不是所有违反第 4 条的商业秘密侵权行为都会受到刑事处罚。

四、日本商业秘密立法

日本同我国的商业秘密立法模式相似，主要是通过反不正当竞争法来规定商业秘密的保护制度。诚然日本《不正当竞争防止法》（以下简称 UCPA）早在 1934 年便已经诞生，但早期的日本商业秘密规则，零散分布于刑法、民事诉讼法等诸多法律中，并没有规定在 UCPA 中。直到 1990 年修订后，专门的商业秘密保护条款才被新增进去。现行的 UCPA 是以 1993 年版本为基础的，并且经过多个修正案的修订。目前最新修正案在 2023 年 6 月 14 日被公布，进一步填补了日本关于商业秘密立法的一些空白。

在日本法语境下，商业秘密（日语中写作营业秘密）主要由三个要件构成，

[①]　以上为原文援引。

是一种作为秘密被管理的、对事业活动有用的、不被公开知悉的技术或者商业信息。① 与 TRIPs 协定等国际定义的一般商业秘密概念不同，日本并没有指出商业价值或者经济价值，并且也没有着重考察保密措施的程度，仅指出被企业作为秘密管理。在 UCPA 的结构上，并没有将所有涉及不正当竞争的行为分别划入不同章节依次规定，在该法第 2 条便一次性指出了所有受到规制的行为以及涉及的基础概念。

具体到商业秘密侵权行为的种类上，近年来的修正案为了强化日本商业秘密的保护，做出了诸多改进。譬如，第 2 条第 1 款第 6 项中针对第三人侵犯商业秘密的规定，在原先 UCPA 中只规定了直接通过窃取、欺诈、强迫等不正当手段获取商业秘密的人以及明知或者因重大过失不知商业秘密为不正当所得而从前者手中获得商业秘密的人。前者因为先接触商业秘密而是第一人，后者从第一人处获得商业秘密而被称为第二人。在对侵权产品的问题上，第 2 条第 1 款第 10 项指出，除非是受让时不知道该物品是因不正当使用行为而产生的，且不知情并非由于重大过失导致，否则因转让、交付、转让或交付产生的物品之展示、出口、进口或通过电信线路提供的行为均为"不正当使用行为"。商业秘密权利人可以依据后续条款获取进一步救济（禁止令、损害赔偿、刑事处罚）。

在证明商业秘密侵权行为的举证责任上，UCPA 做出了更有利于权利人的改动。由于商业秘密自身不公开的特性，在针对权利人是否"非法获取、披露、使用"的问题上，权利人很难证明对方使用的技术信息是否就是自己的商业秘密。而如果真的进行对比，即使仅限于向公权力机关、第三方专家等公开，也存在较大的进一步泄露的风险，而且花费的时间也会拖慢维权进程。因此，针对被诉侵权人是否实际使用权利人的商业秘密（特别是生产方法以及其他法律规定的商业秘密类型），UCPA 在第 5 条之二规定了使用推定，只要被诉侵权人生产出使用该商业秘密才能获得的产品，即可推定使用了权利人的商业秘密。但是这样明显会对被诉侵权人施加过重证明责任负担（证明自身使用的并非权利人的商业秘密），也不利于后续的技术扩散创新。2023 年修正前该条被严格限制在了没有接触权限而不正当获取（第 2 条第 1 款第 4 项）以及获取时明知或者因重大过失不知为非法获取（第 2 条第 1 款第 5 项）这两种主观恶性程度高的情况中。然而现实中通过公司内部人员泄露并迅速转移商业秘密的现象也很常见，因此为了填补

---

① 《不正当竞争防止法》第 2 条第 6 款。

漏洞，2023 年修正案又将情形进一步扩大，涉及公司前雇员等拥有接触权限的人，进一步减轻了商业秘密权利人举证的负担。

UCPA 最大的特色是对数据形式商业秘密的保护。在现代电子商务交易模式中，会产生大量的商业数据，但并不是所有商业数据都构成商业秘密。企业也无法对所有商业数据都按商业秘密进行处理，毕竟商业秘密只是商业数据中的一小部分特殊形式。因此，在 2018 年修正案后，日本引入了"限定提供数据"，指的是以营利为目的提供给特定人、通过电磁方法（电子方法、磁性方法或者其他人的知觉无法识别的方法）进行储存或管理并且具有相当数量的技术上或商业上的信息。[①] 其中，"限定提供"是指数据是以营利目的提供给特定人，是有限流动的；"通过电磁方法"强调需要对被提供的特定人以外采取技术措施，限制接触访问；"具有相当数量"则强调数据的价值，需要一定量达到对商业或技术有用的程度，才被称为"限定提供数据"。从定义上看，日本法中的限定提供数据和商业秘密存在界限不清的问题，譬如，某企业增强了限定提供数据保密措施，可能会因为该措施的过强保密性和信息的非流动性导致该数据排除在限定提供数据制度的保护范围外，同时也会因为该数据不符合"非公知性""有用性"要件无法获得商业秘密相关法的保护。[②] 在 2023 年的修正案中，UCPA 在第 2 条第 7 项"限定提供数据"的定义中加入了"不包括被作为商业秘密管理的信息"，将保密措施较强的数据作为"保密数据"，适用限制提供数据条款的保护规定，划清了两者的界限。

五、对我国商业秘密保护的启示

可以说，目前国际上商业秘密保护形势比较严峻，而我国商业秘密立法与国外主流商业秘密立法相比存在不足，在适用中产生了诸多困难。并且在我国经济融入全球经济的过程中，对外贸易中诸如商业秘密保护与国际接轨、平衡保护和发展的关系、完善救济手段等问题日益凸显。

从前述对国际商业秘密保护立法的描述中不难发现，这些商业秘密制度在相当程度上具有相似性，而这些国际上共同的规则，可被我国商业秘密保护制度所借鉴。其主要表现在商业秘密的基本定义、侵权认定、侵权救济、域外管辖、责

---

① 《不正当竞争防止法》第 2 条第 7 款。
② 张惠彬，于诚. 日本商业数据分类保护模式及其对中国的启示 [J]. 现代日本经济，2023（5）：42-54.

任豁免等多个方面。

首先，侵犯商业秘密行为主要分为两大类：一是未经商业秘密权利人授权，以非法或者其他不正当手段获取商业秘密，包括外部人员没有相应权限，通过窃取、胁迫、欺诈等非法手段获取商业秘密，具有相应权限的公司内部人员或者被提供商业秘密的合作企业等违反保密义务或者限制使用义务披露、使用商业秘密，以及公司前员工等原先具有相应权限但已经丧失的人在离职后非法获取、披露、使用商业秘密。二是行为人明知或者应知该商业秘密被非法获取，但仍从非法获取人手中获取商业秘密，或者获取后得知商业秘密被非法获取，仍继续披露或者使用。"非法或者其他不正当的手段"至少包括了非法访问、窃取和复制行为，以将电子数据形式的商业秘密纳入保护。而独立研发、创造和反向工程是"合法手段"，但反向工程需满足含有商业秘密的产品是合法获取或者市场流通的，并且没有限制反向工程的义务或者约定。

其次，侵权责任的豁免一般需要考虑主观要件。类似于专利的"善意侵权"，商业秘密也给予非故意或者重大过失获取、披露或使用商业秘密的行为人豁免侵权责任（当然不等同于不侵权）。而行为人若是为了国家利益、公共利益等更高的价值，选择披露商业秘密以揭露非法活动或者不正当活动，即成为所谓的"吹哨人"的，在满足特定严格的条件后，也能享有侵权责任豁免。除此之外，国际上的侵权责任豁免也可能是从工会或者劳动关系角度出发，前者是为了保障工人的知情权，以向雇佣企业争取合法权益；后者则是各个国家为保障充分就业和劳动自由的宪法权利，主要规制企业的竞业限制协议以确保员工流动性。这些豁免情形的存在，也是为了维持商业秘密保护和促进技术发展之间的微妙平衡。因为商业秘密与其他依靠公开换取保护的知识产权不同，技术基本不公开且不会在企业之间流动，同时没有保护期限也导致企业只要保证良好的保密措施，商业秘密就可以一直存在下去。所以国际上对商业秘密的保护主要集中在侵权方面，以应对商业秘密被公开的情形，同时规定豁免条款以保护某些情况下的技术流动的合法性。

最后，是针对商业秘密侵权的救济措施，一般包含以下几种：一是临时性或者预防性救济措施，在提起侵权诉讼后，法庭进入实质审理之前，扣押涉嫌侵权的商品或者对方的相关财产以及双方暂停使用涉案商业秘密等初步救济，由于可能对对方当事人造成损害（特别是审理后实际不构成侵权的情形），所以需要申请人提供足额的担保以赔偿可能的损害。二是补偿性损害赔偿，在确认侵权存在后，综合考虑权利人的实际损害、侵权人的不当得利、与侵权人侵犯商业秘密期间等价的合理许可费用等因素。三是惩罚性损害赔偿，一般是针对侵权人恶意侵权或者对权利人造成道德、商誉等精神损害。四是（针对审理结果的）禁令救济，与第一种初步禁令救济相区别，包括停止侵权，禁止侵权商品存储、进出口、流通市场等以及其他保护商业秘密、防止损失扩大的措施。五是其他救济措施，如赔偿权利人为保护自身合法权利而付出的取证费用、律师费用等一切合理费用，这在申请禁令救济或者提起侵权诉讼时比较常见。这些救济措施基本覆盖了权利人商业秘密侵权诉讼的前前后后，并有各自的适用条件以及适用错误时针对被申请人的赔偿方式。

第三节　商业秘密领域的热点问题

由于我国商业秘密制度大部分属于舶来品，因此对于一些商业秘密领域的热点问题及其解决路径，有必要参考国外的立法以及相关实践，以更好探寻符合我国国情的确切方法。因此，下文将列举部分热点问题，并对国际上的相关法律制度作出整理和分析。

一、竞业禁止在国际环境中的生效

竞业禁止通常是指在劳动关系下，雇主为保护自身利益，要求劳动者依法定或约定，在劳动关系存续期间或劳动关系结束后的一定时期内，不得在生产同类产品或经营同类业务且在具有竞争关系的其他用人单位兼职或任职，也不得自己生产与原单位有竞争关系的同类产品或经营同类业务。[①] 竞业禁止条款一般被规定在竞业禁止协议中，但是商业秘密并不是其唯一保护的对象。

现实中对企业商业秘密的保护通常有两种途径：一是与能够接触到商业秘密的劳动者签订保密协议，通过违约方式救济；二是在外部人员侵犯商业秘密时，通过侵权诉讼的方式救济。然而这两种救济方式都有明显的滞后性，即需要发生侵权的事实，再进行补救的事后救济。然而依据商业秘密自身的特性，事后救济

---

① 金泳锋，付丽莎．竞业禁止协议与商业秘密保护法律问题研究［J］．知识产权，2011（2）：30-34．

不仅面临着损失可能进一步扩大的风险，而且相关证据的举证也有着较大难度。竞业禁止则避免了事后救济的缺点，因为其是一种对推定损害进行事先防范的制度，① 更加及时有效。

实际上，我国的相关竞业禁止条款零散分布在《劳动法》《民法》等领域，并没有形成一个统一体系，因此在具体实践中如何保证竞业禁止协议有效实施、保护商业秘密，但又不至于影响员工流动性和就业自由是一个值得思考的问题。对于这个问题，本书将以德国相关制度为依据进行解析，以窥国际上竞业竞争的发展现状。

在德国的法律制度中，竞业禁止被分为在职竞业禁止和离职竞业禁止两种。在职竞业禁止被规定在《德国商法典》（Handelsgesetzbuch，以下简称 HGB）第60 条中，劳动关系存在时，雇员原则上不得为自己或者第三方利益从事任何商业活动或者在其雇主的商业领域内开展竞争业务，除非雇主同意。但是该竞业限制义务并不是依法自然产生的，雇主需要和雇员签订劳动合同约定竞业限制义务，否则无法限制雇员的竞业行为。但是就雇员离职后的竞业禁止，德国法并没有明确的规定，甚至也没有合同上的后续义务。为解决这一弊端，德国联邦劳动法院通过司法解释，将 HGB 原先只适用于"商人"竞业禁止的第 74 条以下规定，扩展适用在离职雇员的竞业禁止上。②

除 HGB 之外，德国对离职竞业禁止的规定也散见于商业条例、派遣工作法、职业训练法等法律中。

首先，HGB 第 74 条第 1 款规定，竞业禁止是雇主和雇员之间，在雇佣关系终止后的一段时间内限制雇员的商业活动的约定，竞业禁止必须以书面方式提交给雇员，包含雇主签名和约定条款。第 2 款规定，雇主应为禁止期内雇员的损失进行补偿，每年的补偿金数额不得少于雇员依照原劳动合同最后可能获得的利益的一半，否则竞业禁止无约束力。第 74a 条第 1 款规定，竞业禁止如果不是为了保护雇主的合法商业利益，则无约束力。如果考虑到限制的时间、地点、商业活动或者补偿额度，会对雇员的发展造成不合理的阻碍时，也无约束力。竞业禁止的有效期不得超过雇佣关系终止日起算后的两年。第 2 款规定，如果雇员在约定时为未成年人，或者雇主通过名誉担保或者类似的保证获得该承诺，则竞业禁止

---

① 李永明. 竞业禁止的若干问题 [J]. 法学研究，2002（5）：84-97.

② 邓恒. 德国的竞业禁止制度与商业秘密保护及其启示——兼论《劳动合同法》第 23、24 条的修改 [J]. 法学杂志，2017，38（3）：99-105.

无效。如果第三方代替雇员，承诺雇员在雇佣关系终止后限制其商业活动的协议，也无效。第 3 款则指出，《德国民法典》第 138 条关于违反善良风俗的法律行为无效的规定，适用不受影响。随后的第 74b 条第 1 款规定，根据第 74 条第 2 款给予雇员的补偿金，需在每月月底支付。第 2 款规定，如果雇员依照原劳动合同获得的薪酬是佣金或者其他可变薪酬，那么以最后三年的平均薪酬为准。如果雇佣关系结束时，原合同成立未满三年，则以合同有效期内的平均薪酬为准。第 3 款规定，为补偿因劳务所产生的费用而进行的支付，不计算在内。第 74c 条第 1 款规定，雇员在竞业禁止期内，另外因为工作获得报酬，或者恶意怠于获得报酬，如果再加上原雇主支付的补偿金，相较原雇佣关系所能获得的报酬超过1/10 以上的，原雇主可以从补偿金中扣除超过的部分。雇员如果因为竞业禁止被迫迁出住所，则标准调整为原雇佣关系所能获得的报酬的 1/4。如果雇员正被执行监禁，那么不得要求补偿。第 2 条规定，如果原雇主要求，雇员有义务告知收入的具体金额。

其次，《商业条例》（*Gewerbeordnung*，GewO）第 110 条指出，雇主和雇员可以通过协议（竞业禁止）在雇佣关系终止后的一段时间内限制雇员的职业活动。《德国商法典》第 74 条至第 75f 条应相适用。

再次，《派遣工作法》（*Arbeitnehmerüberlassungsgesetz*，AÜG）第 9 条第 1 款第 4 项规定，当派遣劳工与派遣人之间的雇佣关系结束后，派遣劳工与用工人之间的雇佣关系协议无效。

最后，《职业教育法》（*Berufsbildungsgesetz*，BBiG）第 12 条第 1 款规定，限制受训人员在职业培训关系终止后的一段时间内从事职业活动的协议无效。如果受训人员承诺在职业培训关系结束前的最后六个月内与培训人员建立雇佣关系，则不适用这一规定。第 26 条规定，第 10~16 条、第 17 条第 1、第 6 和第 7 款以及第 18~23 条、第 25 条的规定应适用于雇员非基于雇佣关系，且未经本法意义上的职业培训而被雇佣以获得专业技能、知识、技能或专业经验的情形，但前提是法定试用期缩短、合同被放弃，以及如果合同关系在试用期到期后提前终止，则不得要求赔偿，这与第 23 条第 1 款的规定（如果学徒关系在试用期结束后提前终止，培训师或受训人员可以要求赔偿，前提是另一人应对终止的原因负责。这不适用于第 22 条第 2 款第 2 项的情况）不同。

总体来看，德国对于离职后的竞业禁止主要包含了以下内容：①离职竞业禁止需要书面约定，由双方协商确定具体条款，各自签署后发生效力。②竞业禁止期间，原雇主应向雇员支付补偿金，每年的补偿金不得低于雇员在职时所能获得的一半，否则竞业禁止协议无效。补偿金是德国确认竞业禁止无效的一大主要事由，因为竞业禁止会严重影响雇员一段时间的生活质量和生存权，因此不给予足够补偿是严格禁止的行为。而在我国，对于补偿金是否作为竞业禁止生效的必要条件，以及雇主对于雇员支付补偿金与雇员遵守竞业禁止义务的关系问题，仍有不同见解。③竞业禁止协议的真实目的需要考察，如果不是为了维护合法商业利益，恶意约束雇员的未来就业行为，协议则为无效。④竞业禁止协议的补偿金需要考虑到禁止的时间、地点和活动，不得对雇员未来就业、生存、发展等造成不合理阻碍，否则协议无效。⑤竞业禁止的最长时间为两年。⑥为保护未成年雇员，协议签订时雇员为未成年人，则竞业禁止协议无效。⑦竞业禁止协议需要有实质约束力，雇主名誉担保等保证无实质约束力，达成的协议无效。⑧竞业禁止协议需要本人亲自承诺并签署，第三方代理签署无效。⑨竞业禁止协议需符合公序良俗，否则无效。这些原则性规定，搭建了德国对于竞业禁止的基本理论框架，在实际适用中也能很好地缓解雇员和雇主之间的利益冲突，是一个值得参考的法律规范蓝本。

二、国际上对于不当行为的证明

在我国的实务中，对于商业秘密侵权的证明一直是重大难点。权利人除去对成立商业秘密的三性（秘密性、保密性和价值性）的证明外，还需有足够证据让法庭相信对方实质上存在侵犯商业秘密的不当行为。在现实中，由于对不正行为的证明是一种对已经发生的事实的推断，因此如何从某些事后证据中合理推出确有侵犯是一个值得深思的问题。一般情况下，权利人或许能从被诉侵权人生产的产品中寻得蛛丝马迹，通过聘请专业机构人员对自己的商业秘密和对方的商业秘密进行"秘密点"的比较，在达到一定程度的相似比例后则认定存在侵权行为。① 但是这种标准的认定存在诸多弊端，如前所述，商业秘密的自身决定了时间对阻止进一步损失尤为重要，秘密点认定不仅存在耗时长的问题，每确定一个秘密点都需权利人付出一笔巨大的花销。针对遭受损失较小的企业，可能鉴定秘密点所需的资金超过了其因损失所主张的索赔金额。因此秘密点在现实中的适用面比较狭窄。相比之下，聘用专门的知识产权公司，采取

---

① 宋健，顾韬. 商业秘密知识产权案件若干问题研究［J］. 法律适用，2010（Z1）：157-162.

诸如伪装成企业员工应聘、伪装成客户洽谈等方式，从而获得涉嫌侵权公司的产品图纸等可以直接证明商业秘密存在的方法更为普遍。虽然资金和成本会大幅下降、获得证据更加直观，但是这种类似私家侦探的方式是否违反隐私权或者企业的相关合法权益有很大争议。总体来看，关于侵犯商业秘密的不当行为的证明依旧困难重重。因此在不当行为证明方面，可以参照国际上的相关司法实践。

在美国法律中，不当行为的证明责任原则上也是由原告承担。原告需要提供商业秘密被对方窃取的证据，但在一般情况下需要存在实际窃取行为，仅证明存在挪用的可能性不足以适用救济禁令（除非存在对方公司长期做工作诱使员工、员工提出主动提供或者随身携带机密信息前往等恶意情形）。而独立研发或者反向工程也不属于被告的举证责任（不属于肯定性抗辩），原告的初步证据中已经包含了判断被告不是独立研发或者反向工程并因此构成不当行为的要素。在一些简易判决中，部分美国法院采取过只要存在被告可访问类似信息的间接证据，即可推定存在侵犯商业秘密不当行为的策略，但是绝大部分法院均认为只有提供双方涉及的信息相似和原告前雇员向被告披露信息的证据，才足以合理证明。相类似地，从被告产品的技术相似性上也无法得出存在不当行为的合理推断，因为无法排除该信息是否无法被广泛知晓以及被告能否依靠行业实践研发出类似技术的可能性。在如何证明存在不当行为上，美国法院也指出原告可以通过民事上的发现和相关专家，提交以下证据证明存在侵权行为：被告可以接触其商业秘密；被告的产品设计与原告的相似；被告不可能通过独立研发或者对原告公开流通产品的反向工程发现原告设计的复杂细节；被告的产品设计存在许多可能，却恰好与原告的产品设计相同；被告在比一般独立研发或反向工程的试错所需的时间更短的时间内设计了产品。一旦原告证明了被告存在侵犯商业秘密的不当行为，那么举证责任才会转移给被告，被告就自己的行为是否构成侵权提出证据抗辩。

美国法律在不当行为的证明方式上更为多样，同时对于侵犯商业秘密诉讼中的举证责任分配更为完善，对于我国的参考意义在于回归"谁主张谁举证"的原则本位，不会不合理地加重被告的负担，同时明确原告的举证证明标准并且对可使用的证据类型和方法进行适当指引，从而更好地维护原告、被告双方的合法权利。

第四节　与高标准国际经贸规则衔接

商业秘密保护规则作为知识产权保护规则的一个分类，是高标准国际经贸规则的重要组成部分。在当前全球化进程曲折前进的背景下，逆全球化趋势对国际贸易体系产生了持续冲击。为了更好地融入全球经济体系，提升我国对外开放的竞争力和管理水平，与高标准国际经贸规则衔接成为一项重要任务。

首先，应持续深化制度开放，完善政策保障，为与高标准国际经贸规则衔接提供坚实的制度基础。国务院印发的《关于在有条件的自由贸易试验区和自由贸易港试点对接国际高标准推进制度型开放的若干措施》是这一方向的重要政策支撑。该政策提出了 6 个方面、33 条具体举措，涵盖货物贸易、服务贸易、数字贸易、营商环境、风险防控等多个领域，为对接国际高标准经贸规则提供了明确的路径和保障。国内自贸区作为我国对外贸易的重要窗口，实施的改革措施和高标准经贸规则为政策制定提供了重要参考。因此，要进一步深化自贸试验区和自由贸易港的市场化改革，将其中宝贵的试点经验转化为市场规则，使之与地方特色的制度环境相融合，推进制度开放在全国范围内深入落实。同时，政策制定也应着眼于长远，同时立足当下，通过细化政策措施，确保政策执行的有效性和可操作性。在完善政策的过程中，应充分考虑我国经济发展的实际情况，结合国际经贸规则的新趋势和新要求，制定具有前瞻性和针对性的政策措施。

其次，应积极参与全球治理规则改革进程，推动国际经贸秩序更加公平合理。一方面，要维护 WTO 多边贸易体制在全球贸易中的主导地位，坚决反对任何形式的贸易保护主义，推动形成有利于发展中国家的高标准国际经贸规则。发挥我国作为贸易大国的优势，积极参与 WTO 改革议题，推动 WTO 在上诉机构运转、豁免规则使用、贸易救济措施等方面进行改革，特别是在争端解决机制、产业补贴、服务业开放、数字贸易等议题上争取更多话语权。同时参与诸边贸易协定的谈判和制定，引导全球治理体制改革趋势。另一方面，对一系列双边新型自贸协定持开放态度，加强区域经贸合作。与美国、欧盟等保持良好沟通，稳步推进 CPTPP、DEPA 等协定的加入谈判，全面梳理我国现行规则与相关条款的主要差距，拟定谈判方案和国内改革对接措施。

最后，应加强人才培养和国际交流，以和国际经贸规则更好衔接。前者强调培养复合型人才，需要根据国家发展战略和国际市场需求，明确人才培养的目标和方向，确保培养的人才具备国际竞争力和适应国际经贸规则的能力。与之匹配，国内也要持续优化人才培养环境，发挥好跨国经营主体在人才培养过程中的关键作用，助力打造一支高水平的人才队伍。后者要求及时有效掌握国际经贸规则的新动态和新趋势，因此要积极参与 WTO、联合国贸易和发展会议等国际组织的活动，加强与这些组织的合作。针对国内企业的需求，我国也应鼓励和引导国内企业与国际知名企业开展跨国合作项目，通过合作学习和借鉴国际先进经验，提升企业的国际化水平和应对高标准国际经贸规则的能力。

本章小结

本章深入探讨了商业秘密在中国及国际上的现状、制度状况以及发展趋势，对商业秘密领域的一些热点问题进行了分析和讨论，并延伸到与高标准国际经贸规则衔接的探讨。通过对这些内容的研究，我们得出以下几点结论：

首先，中国商业秘密制度在不断完善和发展的过程中，已经取得了一定的成就。国家对商业秘密的法律保护力度不断增强，相关法规和政策的出台为商业秘密的保护提供了制度保障。然而，在实际执行中还存在一些挑战，如各法衔接的不确定性和司法执法过程守密等问题，需要进一步加以解决。

其次，国际上一些国家的商业秘密制度也在不断发展和完善。一些发达国家如美国等已建立起相对完善的商业秘密保护制度，并且在跨境合作与法律对接方面取得了积极成果。这些国家的做法和经验对于我国商业秘密制度的完善和发展具有借鉴意义。

再次，商业秘密领域存在诸多热点问题，如人工智能、大数据等新技术对商业秘密的挑战、侵权控辩中的证据证明、知识产权保护与反垄断法之间的平衡等。解决这些问题需要各国政府、国际组织和企业共同努力，加强合作与沟通，形成全球性的商业秘密保护体系。

最后，商业秘密保护规则作为高标准国际经贸规则的一部分，我国应采取进一步措施与之更好地衔接。通过深化制度开放完善政策框架、积极参与全球治理体系改革以及加强复合型人才队伍建设，为我国全面融入全球经济体系、提升对外开放水平奠定坚实基础。这些措施的实施将有力推动我国经贸规则与国际高标准接轨，促进经济高质量发展。

综上所述，商业秘密作为知识产权的重要组成部分，对于企业的发展和创新具有重要意义。加强商业秘密的保护，不仅符合企业自身利益，也有利于促进全球经济的健康发展。因此，我们有必要持续关注国际商业秘密领域保护规则的动态变化，积极应对其中的挑战和问题，推动商业秘密保护工作不断向前发展。

第八章

人工智能的全球治理

第一节　主要国家和地区的人工智能治理

一、中国

2017 年 8 月，国务院出台了《新一代人工智能发展规划》，作为推动我国人工智能创新和发展的指导性方针。该规划指出，为了应对人工智能带来的各种挑战，需要采取一系列的保障措施，制定促进人工智能发展的法律和伦理规范。[①] 2019 年，科技部发布了《新一代人工智能治理原则——发展负责任的人工智能》，提出和谐友好、公平公正、包容共享、尊重隐私、安全可控、共担责任、开放协作和敏捷治理八项人工智能治理原则，旨在协调发展和治理的关系，确保人工智能安全可控。[②] 2021 年，科技部发布《新一代人工智能伦理规范》为从事人工智能相关活动的自然人、法人以及其他相关机构提供理论指引，提出了增进人类福祉、促进公平公正、保护隐私安全、确保可控可信、强化责任担当、提升

---

① 中华人民共和国中央人民政府网. 国务院关于印发新一代人工智能发展规划的通知［EB/OL］. ht-tp：//www. gov. cn/zhengce/content/2017-07/20/content_5211996. htm.

② 中华人民共和国科学技术部网. 新一代人工智能治理原则——发展负责任的人工智能［EB/OL］. http：//www. most. gov. cn/kjbgz/201906/t20190617_147107. html.

伦理素养 6 项基本伦理要求，以及人工智能管理、研发、供应、使用 4 项基本规范。[①] 目前，《互联网信息服务算法推荐管理规定》（以下简称《算法推荐管理规定》）、《互联网信息服务深度合成管理规定》（以下简称《深度合成管理规定》）和《生成式人工智能服务管理暂行办法》（以下简称《暂行办法》）作为最具有针对性和影响力的人工智能治理规则，为人工智能系统的创建、部署以及使用提供了具体行为准则。

（一）《算法推荐管理规定》

《算法推荐管理规定》由国家互联网信息办公室起草，旨在治理移动应用程序中基于人工智能的个性化推荐服务。其主要内容聚焦信息服务规范、用户权益保护和监督管理三方面，详细阐述了算法服务提供者的义务和责任。规定第 6 条作为原则性条款，要求算法服务提供者在宏观层面上应当坚持主流价值导向，传播积极正能量，促进算法应用向上向善，不得利用算法推荐服务从事危害国家安全和社会公共利益、扰乱经济秩序和社会秩序、侵犯他人合法权益等行为。第 7～17 条规定了算法服务提供者的具体义务，主要包括落实责任制度，加强模型和信息安全、用户标签、推荐服务版面页面生态的管理，禁止生成和传播虚假信息、禁止虚假操纵等行为。第 18～20 条涉及对未成年人、老年人以及劳动者的特别保护。[②]

（二）《深度合成管理规定》

《深度合成管理规定》旨在加强对深度合成技术和服务的监管，其适用对象不仅限于服务提供商，还包括利用深度合成服务制作、复制、发布和传播信息的组织和个人。规定首先对深度合成进行了定义，即利用深度学习、虚拟现实等生成合成类算法制作文本、图像、音频、视频、虚拟场景等网络信息的技术，并从以下方面规制此类技术的运用：首先是数据安全和个人信息保护，要求深度合成服务提供者和技术支持者应当加强训练数据管理，采取必要措施保障训练数据安全，如果训练数据包含个人信息的，应当遵守个人信息保护的有关规定。其次是透明度，要求深度合成服务提供者应当制定和公开管理规则、平台公约，完善服务协议，依法依约履行管理责任，以显著方式提示深度合成服务技术支持者和使

---

① 中华人民共和国科学技术部网. 新一代人工智能伦理规范 [EB/OL]. http：//www. safea. gov. cn/kjbgz/202109/t20210926_177063. html.

② 中华人民共和国中央人民政府网. 互联网信息服务算法推荐管理规定 [EB/OL]. http：//www. gov. cn/zhengce/2022-11/26/content_5728941. htm.

用者承担信息安全义务等。再次是内容管理，可能导致公众混淆或者误认的，应当在生成或者编辑的信息内容的合理位置、区域进行显著标识，向公众提示深度合成情况。最后是技术安全，深度合成服务提供者和技术支持者应当加强技术管理，定期审核、评估、验证生成合成类算法机制机理。提供生成或者编辑人脸、人声等生物识别信息或者涉及国家安全、国家形象、国家利益和社会公共利益的特殊物体、场景等非生物识别信息功能的模型、模板等工具的，应当依法自行或者委托专业机构开展安全评估。[①]

（三）《暂行办法》

2022 年底，以 ChatGPT 为代表的大型语言模型风靡全球，引发了世界各国和国际社会对生成式人工智能的治理担忧。2023 年 4 月，网信办公布了《生成式人工智能服务管理暂行办法（征求意见稿）》，同年 7 月网信办联合国家发展改革委等部门正式公布了暂行办法。办法对生成式人工智能服务实行包容审慎和分类分级监管，提供和使用生成式人工智能服务需要遵守坚持社会主义核心价值观、禁止歧视、尊重知识产权、反垄断与不正当竞争、尊重他人合法权益、提升模型透明度、准确性和可靠性等原则性规定。作为办法的主要规制对象，生成式人工智能服务提供者在开展预训练、优化训练等训练数据处理活动中需要遵守一系列强制义务，如保障数据合法性、真实性、客观性和多样性，依法承担网络信息内容生产者责任，明确并公开其服务的适用人群、场合、用途，指导使用者科学理性认识和依法使用生成式人工智能技术，采取有效措施防范未成年人用户过度依赖或者沉迷生成式人工智能服务，对使用者的输入信息和使用记录应当依法履行保护义务，[②] 等等。

（四）地方规定

在地方层面，以北京、上海和深圳为代表都出台了相应的监管规则。2023 年 5 月，为了推动通用人工智能实现创新引领和理性健康发展的目标，北京市人民政府颁布了《北京市促进通用人工智能创新发展的若干措施》以提升算力资源统筹供给能力、提升高质量数据要素供给能力、系统构建大模型等通用人工智能技术体系、推动通用人工智能技术创新场景应用、探索营造包容审慎的监

[①]　中华人民共和国中央人民政府网. 互联网信息服务深度合成管理规定［EB/OL］. https://www. gov. cn/zhengce/zhengceku/2022－12/12/content_5731431. htm.

[②]　中华人民共和国中央人民政府网. 生成式人工智能服务管理暂行法［EB/OL］. https://www. zhengce/zhengceku/202307/content_6891752. htm.

管环境。其中，营造包容审慎的监管环境要求持续推动监管政策和监管流程创新、建立常态化服务和指导机制、加强网络服务安全防护和个人数据保护、持续加强科技伦理治理。[①] 上海市于 2022 年出台了人工智能领域首部省级地方法规《上海市促进人工智能产业发展条例》（以下简称《发展条例》），《发展条例》根据有关法律、行政法规，结合上海市实际制定，旨在促进人工智能产业高质量发展，强化新一代人工智能科技创新策源功能，推动人工智能与经济、生活、城市治理等领域深度融合，打造人工智能世界级产业集。《发展条例》为了建立和完善协同管理机制，对各参与者的角色和职责进行了规定：首先，确定了政府在治理人工智能中的主导作用，明确了各级政府及相关部门在治理人工智能中的职责。其次，设立由高等学校、科研机构、企业和其他组织等专家组成的市人工智能战略咨询专家委员会，为本市人工智能产业发展重大战略、重大决策提供咨询意见。再次，人工智能行业协会及其他人工智能相关行业组织，应当促进产业协同，加强行业自律，开展行业统计监测，制定标准规范等。最后，公民、法人和其他组织应当在法律法规以及相关规定明确禁止的事项外开展创新活动。[②] 同年9 月，深圳市颁布了《深圳经济特区人工智能产业促进条例》（以下简称《促进条例》）。《促进条例》提出了和谐友好、公平公正、包容共享、尊重隐私、安全可控、共担责任、开放协作、敏捷治理八项人工智能治理原则，倡导建立和完善政府规范、行业自律、企业自治、社会监督的人工智能治理机制，促进产业多元主体的协同共治，并设立人工智能委员会，履行相应的监管职责。在监管方法上，提出了根据人工智能应用的风险等级、应用场景、影响范围等具体情境分级分类的差异化监管。其中，高风险的人工智能应用应当采用事前评估和风险预警的监管模式，而中低风险的人工智能应用采用事前披露和事后跟踪的监管模式。[③]

二、美国

受三权分立体制的影响，美国政府、国会和法院在治理人工智能中都发挥着重要作用。不过，虽然白宫、国会和众多联邦机构（包括联邦贸易委员会、消费

---

① 北京市人民政府网. 北京市促进通用人工智能创新发展的若干措施［EB/OL］. https：//www. beijing. gov. cn/zhengce/zhengcefagui/202305/t20230530_3116869. html.

② 上海市人民政府网. 上海市促进人工智能产业发展条例［EB/OL］. https：//www. shanghai. gov. cn/hqcyfz2/20230627/3a1fcfeff9234e8e9e6623eb12b49522. html.

③ 深圳市人大常委会网. 深圳经济特区人工智能产业促进条例［EB/OL］. https：//www. szrd. gov. cn/v2/zx/szfg/content/post_966197. html.

者金融保护局和美国国家标准与技术研究院等）提出了一系列与人工智能治理相关的倡议、法律和政策。但是由于国会目前尚未通过关于人工智能的综合性立法，联邦政府通过发布一系列治理规则成为人工智能治理的核心主体，在治理中发挥着领导作用。联邦政府的人工智能治理历史可以分为三个阶段。

（一）第一阶段

联邦人工智能战略的最早轮廓是在奥巴马执政期间勾勒出来的，2016 年 10 月，美国国家科学技术委员会以 2014 年、2015 年和 2016 年白宫关于大数据和算法系统的三份报告为基础，发布了《为人工智能的未来做准备》（*Preparing for the Future of Artificial Intelligence*），在总结当时人工智能状况的同时触及了公平、安全、治理和全球安全等问题，报告的非约束性建议集中在运用人工智能来解决社会问题，为人工智能产品制定监管政策。① 而与该报告一起发布的《国家人工智能研究与发展战略计划》（*the National Artificial Intelligence Research and Development Strategic Plan*）试图确定联邦政府资助的人工智能研究的优先领域，特别关注行业不太可能解决的领域。它敦促联邦政强调人工智能在具有社会重要性的领域进行投资，这些领域不针对消费市场，如用于公共卫生、城市系统和智能社区、社会福利、刑事司法、环境可持续性和国家安全的人工智能。② 其后，2019 年和 2023 年对《国家人工智能研究与发展战略计划》进行了更新，在重申 2016 年制定的七项核心战略的同时，增加了两项新的战略，即扩大公私伙伴关系和国际合作。③

（二）第二阶段

这时期美国的人工智能治理政策进一步发展。2019 年 2 月，美国发布了《保持美国在人工智能领域的领导地位的行政命令》（*Executive Order on Maintaining American Leadership in Artificial Intelligence*，以下简称"2019 行政命令"），提出保持美国在人工智能领域的领导地位需要齐心协力促进技术和创新的进步，保护美国的技术、经济和国家安全、公民自由、隐私和美国价值观，并加强与外国伙伴和盟国的国际合作。"2019 行政命令"确立了增加人工智能研究投资、释放联邦人工智能计算和数据资源、制定人工智能技术标准、建立美国的人工智能

---

① https：//obamawhitehouse. archives. gov/sites/default/files/whitehouse _ files/microsites/ostp/NSTC/preparing_for_the_future_of_ai. pdf.

② https：//www. nitrd. gov/PUBS/national_ai_rd_strategic_plan. pdf.

③ https：//iapp. org/resources/article/us-federal-ai-governance/.

劳动力以及与国际盟友合作五个关键方向。该命令第六部分作为适用人工智能的监管指南，提出了监管需要考虑如何减少使用人工智能技术的障碍，以促进其创新应用，同时保护公民自由、隐私、美国价值观以及美国的经济和国家安全。① 2020 年 1 月，白宫提出了在私营部门使用人工智能的监管原则，以实现确保公众参与、限制监管过度和促进可信赖的人工智能三个目标。② 这些监管原则详细说明了美国对创新者和企业家的监管方法，旨在减少可能阻碍私营部门创新和人工智能技术发展的监管的不确定性。与此同时，各机构也正在为人工智能的创新使用制定监管和非监管方法。

（三）第三阶段

这时期美国的人工智能治理规则不断完善，取得了里程碑式的发展。2022 年白宫科技政策办公室发布了《人工智能权利法案蓝图》（*Blueprint for an AI Bill of Rights*），提出了五项原则指导自动化系统的设计、使用和部署，以便保护公众的合法权益。第一项原则是设计安全有效的系统，要求自动化系统的开发应与不同的社区、利益相关者和领域专家协商，以确定系统的关注点、风险和潜在影响。第二项原则是防止算法歧视和不公平系统，要求自动化系统的设计者、开发人员和部署者应保护个人和社区免受算法歧视，并以公平的方式使用和设计系统。第三项原则是数据和隐私保护，要求自动化系统的设计者、开发人员和部署者应征得权利人的许可，尊重权利人关于收集、使用、访问、传输和删除数据的决定。第四项原则是通知和解释，要求自动化系统的设计者、开发人员和部署者应提供易于理解的通俗语言，包括对整个系统功能和自动化所扮演角色的清晰描述。第五项原则是人类替代方案，即在适当的情况下能够选择退出自动化系统，转而使用人工替代方案。③ 上述原则虽然不具有约束力和执行力，但体现了美国建立良好人工智能社会的愿景，是一个充满希望的开始。

2023 年 1 月，美国国家标准与技术研究院发布了《人工智能风险管理框架》（*Artificial Intelligence Risk Management Framework*，以下简称"框架"）1.0 版本，旨在为设计、开发部署和使用人工智能系统提供指导，管理人工智能可能产生的风险，促进人工智能系统可信赖和负责任地使用。"框架"将人工智能的危害分

---

① https：//trumpwhitehouse. archives. gov/presidential－actions/executive－order－maintaining－american－leadership-artificial-intelligence/.

② https：//trumpwhitehouse. archives. gov/ai/ai-american-innovation/.

③ https：//www. whitehouse. gov/ostp/ai-bill-of-rights/.

为三类，分别是：①对人类的危害：包括对人类自由、人权、人身、心理和经济危机的危害，对社群的危害，在社会中损害教育机会或民主参与。②对组织的危害：包括对组织经营的损害、安全漏洞或金钱损失对组织的损害、对组织声誉的损害。③对生态系统的危害：包括对相互依赖和相互联系个体和资源的损害，对全球金融体系、供应链或相关系统的损害，对自然资源、环境和地球的危害。[①]"框架"的核心是阐述如何通过治理、映射、测量和管理四大模块的工作治理上述风险（见表8-1）。

表8-1　功能的定位与要求

功能	定位	要求
治理功能	人工智能系统全生命周期实行有效风险管理的内在要求	一是政策、流程、程序和实践均应完善透明且有效实施；二是完善问责机制；三是优先考虑雇员的多样性、平等性、包容性；四是建设风险预警的管理团队，完善风险信息交流共享；五是跟踪并及时反馈对社会和用户的潜在影响；六是完善解决机制，及时处理由第三方软件、数据、供应链引发的风险和潜在影响
映射功能	将组织的政策、目标和法律法规与人工智能系统的功能和风险联系起来	一是明确系统运行的相关背景因素和预期环境；二是进行系统分类；三是了解系统功能、目标用途、成本收益等信息；四是将风险和收益映射到系统的所有组件和环节；五是评估对个人、群体、组织、社会的潜在有益和有害影响
测量功能	为组织需要评估人工智能系统的风险，并确定所需技术措施、操作和管理措施以及人员安全措施	测量是指采用定量、定性或混合工具，对人工智能系统的风险和潜在影响进行分析、评估、测试和控制。包括四个类别：一是确定并采用适当的方法和指标，定期记录、评估和更新；二是评估系统的可信性特征，涉及代表性、有效性、安全性、稳健性和可持续性等；三是完善特定风险识别跟踪机制；四是定期评估和反馈测量功能的有效性
管理功能	涉及组织对人工智能系统的管理和控制	一是基于映射和测量功能的评估和分析结果，对系统风险进行判定、排序和响应；二是制定实施最大化收益和最小化负面影响策略，明确风险响应步骤；三是有效管理来自第三方的风险和收益，定期监控记录；四是完善风险响应和恢复机制，对已识别、可测量的系统风险加强沟通交流和记录监控

2023年5月，《关于安全、可靠和可信赖地开发和使用人工智能的行政命令》（*Executive Order on the Safe，Secure，and Trustworthy Development and Use of Ar-*

---

① https://nvlpubs.nist.gov/nistpubs/ai/nist.ai.100-1.pdf.

tificial Intelligence，以下简称"2023 行政命令"）发布，旨在实现"利用人工智能造福人类并实现其无数好处"，同时"减轻其重大风险"的目标。"2023 行政命令"要求人工智能开发商和提供商与美国政府分享它们的安全测试和其他关键信息，并指示各机构建立安全和测试标准，同时呼吁在网络安全、公民权利和劳动力市场等方面采取行动。[①] "2023 行政命令"的主要治理内容如表 8-2 所示。

表 8-2 "2023 行政命令"的主要治理内容

政策领域	主要内容
确保人工智能技术的安全	要求最强大的人工智能系统（如基础模型等）的开发人员与联邦政府共享红队结果； 建立标准以确保人工智能系统的安全和保障； 建立与人工智能输出相关的认证标准和最佳实践，以及防止欺诈等； 开发人工智能工具以发现和修改漏洞，并促进网络安全的改善； 制定关于人工智能和安全的备忘录，并保证情报机构合乎道德地使用人工智能
促进创新和竞争	利用国家人工智能研究资源支持美国人工智能研究； 为小规模人工智能开发者和企业等提供技术援助； 简化签证手续，积极招揽外籍人工智能人才
维护工人权利	减轻劣势，使人工智能给工人带来的好处最大化； 评估人工智能对劳动力市场的影响并加强联邦政府的支持
促进公平、公正，保障公民权利	向联邦机构、领导人等提供指导，以确保人工智能的非歧视性使用； 美国法律体系中反对算法歧视的措施； 确保刑事司法制度公正的措施
保护消费者、患者、乘客和学生	促进在健康和福利领域负责任地使用人工智能； 通过使用人工智能教育工具为教育工作者提供支持
保护隐私	在保护隐私的同时促进人工智能技术的发展； 推广加密工具等隐私增强技术； 制定联邦政府关于数据收集和隐私评估的指南； 制定评估隐私增强技术的指南
推进联邦政府对人工智能的使用	向联邦政府机构提供人工智能采购和部署指导； 促进人工智能产品和服务的高效获取； 为联邦政府获取人工智能人才，并为员工提供培训
加强美国的全球领导地位	加强全球合作； 制定全球人工智能标准； 参与围绕安全、负责任的人工智能开发

---

① https：//www.whitehouse.gov/briefing‐room/presidential‐actions/2023/10/30/executive‐order‐on‐the‐safe‐secure‐and‐trustworthy‐development‐and‐use‐of‐artificial‐intelligence/.

目前，美国政府在治理人工智能方面的举措主要有发布行政命令、人工智能权利法案、人工智能风险管理框架以及人工智能公司的自愿承诺等。虽然和欧盟人工智能法案这种综合立法相比，美国的做法仍然是部门性的，但各机构已经开始根据行政命令展开行动，这种灵活监管的方法避免了重蹈欧盟立法过程中被前沿人工智能模型打乱的覆辙。①

除联邦政府之外，州级政府和其他机构也在积极开展治理活动。据统计，2022 年各州总共提出了 60 项与人工智能相关的法案，与 2015 年提出的 5 项法案相比大幅度增加。在通过数量上，2015 年仅 1 项法案通过，而 2022 年有 21 项法案通过。其他机构包括智库、研究所、大学、民间社会组织以及公司等，这些机构在 2022 年共计发布了 284 份治理文件，涉及领域包括行业与监管、科技与创新、政府和公共行政、安全隐私等。

三、英国

2023 年，英国政府发布了《支持创新的人工智能监管方式白皮书》（A Pro-innovation Approach to AI Regulation，以下简称"白皮书"），提出拟建一个促进和支持创新的人工智能监管框架。在此之前，英国已经采取了一系列措施：2017 年发布了独立报告《英国人工智能产业的发展》（Growing the Artificial Intelligence Industry in the UK），审查英国人工智能的发展概况。2018 年成立人工智能委员会，就人工智能政策和伦理问题向政府提供意见，同年通过的《数据保护法》（the Data Protection Act）将欧盟的《通用数据保护条例》（GDPR）转化为英国法律。2021 年发布的《国家人工智能战略》（the National AI Strategy），概述了政府对英国人工智能发展的愿景。2022 年 7 月发布的政策《建立有利于创新的方法来监管人工智能》（Establishing A Pro-innovation Approach to Regulating AI）概述了英国政府拟采取的监管方法的大致轮廓。2023 年 3 月发布的白皮书则更详细地阐述了政府的做法，是目前了解英国人工智能治理的最佳文件。

白皮书指出，严厉而僵化的方法可能会扼杀创新并减缓人工智能的采用，因此英国拟议的监管框架是一个相称的、有利于创新的监管框架，它不是针对特定的技术，而是专注于部署人工智能的环境。这种监管依赖于政府、监管机构和企

---

① http://www.lawfaremedia.org/article/the-u.s.-plans-to-lead-the-way-on-global-ai-policy.

业之间的合作，它拒绝引入新的立法，因为这可能给企业带来不必要的负担。拟议的监管框架经过精心设计，具有灵活性，可以随着技术的发展随时调整。监管框架围绕以下4个关键要素建立。①

（一）人工智能的定义

由于目前缺乏对人工智能的普遍共识，白皮书通过"适应性"和"自主性"两大特征定义人工智能。人工智能的"适应性"可能使解释系统结果的意图或逻辑变得困难，因为人工智能系统经过一次或持续的"训练"，通常会发展出执行人类程序员没有直接设想的新形式的推理能力。人工智能的"自主性"可能使为结果分配责任变得困难，因为一些人工智能系统可以在没有人类明确意图或持续控制的情况下做出决定。白皮书通过特征定义人工智能，并设计应对这些特征带来的挑战的方法，赋予了监管框架相当的灵活性。

（二）采用针对具体情况的方法

拟议框架是针对具体情况的，不会为整个行业或技术分配规则或风险级别。取而代之的是根据人工智能在特定应用中可能产生的结果进行监管。白皮书指出，将人工智能在关键基础设施中的所有应用归类为特定级别风险是不相称的。人工智能在关键基础设施中的一些用途不可能全部被归为高风险，如识别机器上的表面划痕，风险可能相对较低，而在线服装零售商的人工智能聊天机器人也不应像医疗诊断过程的类似应用程序一样受到监管。拟议监管框架提出一系列监管原则，使监管机构在原则的指导下进行风险分析和执法活动。

（三）监管的跨部门指导原则

拟议框架提出了五项跨部门监管原则，分别是安全、可靠和稳健；适当的透明度和可解释性；公平；问责制和治理；可争辩性和补救。这些原则建立在经济合作与发展组织（OECD）基于价值观的人工智能原则之上，规定了负责任的人工智能设计、开发和使用的关键要素。监管机构应根据现行法律和法规，按比例适用这些原则，以应对人工智能在其职权范围内带来的风险。通过这种方式，这些原则将补充现有法规，使框架具有灵活性和相称性。白皮书的人工智能监管原则如表8-3所示。

---

① http://www.gov.uk/government/publications/ai-regulation-a-pro-innovation-approach/white-paper.

表8-3　白皮书的人工智能监管原则

原则	定义和解释
安全、可靠、稳健	人工智能系统应在整个人工智能生命周期中以稳健、安全和可靠的方式运行，并应不断识别、评估和管理风险； 监管机构需要采取措施来确保人工智能系统在整个生命周期内的安全，并按预期运行
适当的透明度和可解释性	透明度是指向相关人员传达有关人工智能系统的适当信息（例如，关于如何、何时以及出于何种目的使用人工智能系统的信息）； 可解释性是指相关方在多大程度上能够访问、解释和理解人工智能系统的决策过程
公平	公平是一个贯穿许多法律和法规领域的概念，包括平等和人权、数据保护、消费者和竞争法、公法和普通法以及保护弱势群体的规则； 监管机构可能需要制定和发布适用于其监管领域内人工智能系统的公平性描述和说明，并制定相关的法律法规和技术标准
问责制和治理	应制定治理措施，确保对人工智能系统的供应和使用进行有效监督，并在整个人工智能生命周期中建立明确的问责制； 人工智能生命周期行为者采取措施考虑、纳入和遵守这些原则，并采取必要措施，以便在人工智能生命周期的各个阶段有效实施这些原则； 监管机构需要鼓励使用治理程序，确保对人工智能供应链中的参与者有明确的监管合规
可争辩性和补救	在适当的情况下，用户、受影响的第三方和人工智能生命周期中的参与者应该能够对有害或造成重大伤害的人工智能决策或结果提出异议； 监管机构将对明确现有的可争议性和补救途径，并实施相称的措施，以确保人工智能使用的结果在适当的情况下是可争议的

（四）支持监管框架的新中心功能

英国自下而上的监管模式缺乏中央协调和监督。据此，拟议的监管框架打算建立中央职能机制以协调、监测和调整治理措施。通过集中履行职能，中央政府能够全面了解该框架的运作情况、有效之处以及可能需要改进的地方。白皮书监管框架的新中心职能如表8-4所示。

表8-4　白皮书监管框架的新中心职能

支持框架所需要的职能	措施	理由
检测、评估和反馈	制定和维护一个中央监测和评估框架，以评估新制度对经济和特定行业的影响； 确保从相关来源收集适当的数据，并作为对框架有效性评估的一部分； 支持监管机构进行内部监测和评估，并找到支持监管机构履行监测和评估职能的方法； 监测该制度的整体有效性； 就可能需要解决的问题向部长提供建议，以改进该制度	监测和评估需要集中进行，以确定整个制度是否正在实现监管目标。中央监测和评估框架将评估监管制度是否以有利于创新、清晰、相称、适应性强、值得信赖和协作的方式运作

续表

支持框架所需要的职能	措施	理由
支持原则的连贯实施	制定和维护中央监管指南，以支持监管机构实施这些原则； 找出阻碍监管机构有效实施这些原则的障碍； 确定监管部门对原则的解释方式中的冲突或不一致，并评估这对创新的影响； 与监管机构合作，解决对创新产生重大影响的差异，并分享经验和最佳实践； 监测和评估原则本身的持续相关性	确保监管机构在支持创新的必要范围内，以连贯的方式解释和实施这些原则； 有效监控这些原则的实施情况及其持续相关性
跨部门风险评估	开发和维护人工智能风险登记册，以支持监管机构的内部风险评估； 监控、审查已知风险并重新确定其优先级； 识别新出现的风险并确定其优先级； 与监管机构合作，明确与新风险或有争议的责任领域相关的责任； 支持监管机构就跨越职权范围的人工智能相关风险进行合作，并在适当情况下促进联合指南的发布； 确定哪些风险没有得到充分保障	鼓励监管机构采取连贯一致的方法来评估人工智能相关风险
支持创新者	通过协助创新者应对复杂的监管并将产品推向市场，同时最大限度地降低法律和合规风险（利用所有相关监管机构的专业知识），消除创新障碍； 识别具有现实影响和扼杀创新的跨领域监管问题，并确定改进监管框架的机会	让创新者能够轻松驾驭监管环境
教育和意识	为寻求驾驭监管环境的企业提供指导； 向消费者和公众提供指导，以确保这些群体能够参与框架的持续监测和迭代； 鼓励监管机构开展宣传活动，对消费者和用户进行人工智能监管和风险方面的教育	因为需要考虑整个监管环境，以便为企业和消费者提供有用的指导。这将确保企业和消费者能够为框架及其持续迭代的监控和评估做出贡献
地平线扫描	监测人工智能发展中的新兴趋势和机遇，以确保框架能够有效应对这些趋势和机遇； 积极召集行业、前沿研究人员、学术界和其他主要利益相关者，确定人工智能监管框架如何支持英国的人工智能生态系统，以最大限度地利用新兴机会同时继续对人工智能风险采取相应的方法； 支持风险评估职能，与行业、学术界、全球合作伙伴和监管机构合作，识别和优先考虑新的人工智能风险	这一职能将有助于召集包括前沿研究人员、行业、民间社会、国际合作伙伴和监管机构在内的参与主体确定新兴趋势。确保监管框架能够在面对新兴趋势时进行合理调整
确保与国际监管框架的互操作性	监测英国原则与国际方法之间的一致性； 识别监管互相操作性的机会，支持跨境协调和协作	国际一致性对英国人工智能的影响是企业关注的一个关键问题。对该框架全球一致性的中央监督和监控将支持英国与志同道合的国际合作伙伴就人工智能监管进行接触，从而确立在人工智能领域的影响力

四、欧盟

2024 年 5 月 15 日，欧盟理事会常设代表委员会（COERPER）通过了《人工智能法案》（*The AI Act*），这意味着该法案历经漫长流程，即将成为现行有效的法律。在此之前，欧盟为制定一部综合性的人工智能法律做了大量的准备工作，对推动法案的最终诞生具有重要意义。具体如表 8-5 所示。

表 8-5　人工智能主要立法事件一览

时间	事件
2018 年 3 月	新闻稿：人工智能专家组和欧洲人工智能联盟
2018 年 4 月	新闻稿：欧洲的人工智能 工作文件：新兴数字技术的责任 人工智能合作宣言
2018 年 6 月	成立欧洲人工智能联盟 成立人工智能高级别专家组
2018 年 12 月	欧盟委员会：人工智能协调计划 欧盟委员会：欧洲制造的人工智能 就可信人工智能伦理准则草案进行利益攸关方咨询
2019 年 4 月	欧盟委员会沟通：建立对以人为本的人工智能的信任 人工智能高级别专家组：可信赖人工智能的伦理准则
2019 年 6 月	第一届欧洲人工智能联盟大会 人工智能高级别专家组：人工智能的政策和投资建议
2019 年 12 月	人工智能高级别专家组：可信人工智能评估名单试点
2020 年 2 月	欧盟委员会：人工智能白皮书：欧洲的卓越和信任方法 关于欧洲人工智能卓越和信任方法的公众咨询
2020 年 7 月	初始影响评估：人工智能的伦理和法律要求 人工智能高级别专家组：可信人工智能最终评估名单 人工智能高级别专家组：可信人工智能的部门建议
2020 年 10 月	第二届欧洲人工智能联盟大会
2021 年 4 月	欧盟委员会：关于促进欧洲人工智能方法的交流 欧盟委员会：关于制定人工智能统一规则的法规提案 欧盟委员会：更新人工智能协调计划 欧盟委员会：人工智能法规的影响评估
2021 年 6 月	民事责任公众咨询——让责任规则适应数字时代和人工智能 欧盟委员会：产品安全法规提案
2021 年 11 月	欧盟理事会：就《人工智能法案》达成妥协文本 人工智能高级别会议：第三届欧洲人工智能联盟大会 欧洲经济和社会委员会：关于人工智能法案的意见

时间	事件
2022 年 9 月	人工智能责任指令提案
2023 年 6 月	欧洲议会关于《人工智能法案》的谈判立场
2023 年 12 月	立法者就《人工智能法案》达成协议
2024 年 5 月	欧盟理事会通过《人工智能法案》

作为备受全球关注的人工智能综合性立法，目前确立的版本共有 13 章。依次为总则、禁止的人工智能实践、高风险人工智能系统、特定人工智能系统的提供者和部署者的透明度义务、通用人工智能模型、支持创新的措施、治理、欧盟高风险人工智能系统数据库、市场监测监督和信息共享、行为守则和指南、授权和委员会程序、终则。其主要特点有四大方面：第一，按照风险等级将人工智能系统分为：①不可接受的风险。②高风险。③有限风险。④低风险或最小风险。第二，大多数义务落在高风险人工智能系统的提供者（开发人员）身上。第三，用户是以专业身份部署人工智能系统的自然人或法人，而不是受影响的最终用户。高风险人工智能系统的用户（部署者）有一些义务，尽管比提供者（开发人员）少。第四，针对通用人工智能的专门规定，如所有 GPAI 模型提供商必须提供技术文档、使用说明，遵守版权指令，并发布有关用于培训的内容的摘要，存在系统性风险的 GPAI 模型提供商还必须进行模型评估、对抗性测试、严重事件跟踪和报告，并确保网络安全保护。

（一）不可接受风险的人工智能系统

对人的安全具有不可接受风险的人工智能系统将被禁止，这些系统包括：①采用超出个人意识的潜意识技术或有目的的操纵或欺骗技术，扭曲行为并损害知情决策，造成重大伤害。②利用因年龄、残疾或社会经济状况而具有的弱点来扭曲行为，造成重大伤害。③根据自然人或其群体的社会行为或已知、推断或预测的个人或个性特征，在一定时期内对其进行评估或分类，从而对这些人造成不利影响。④对自然人进行风险评估，以评估或预测自然人实施刑事犯罪的风险。⑤通过从互联网或闭路电视录像中无区别地爬取面部图像来创建或扩展面部识别数据库。⑥在工作场所和教育机构领域推断自然人的情绪。⑦使用生物分类系统，根据生物数据对自然人进行个体层面的分类，以推导或推断其种族、政治观点、工会成员身份、宗教或哲学信仰、性生活或性取向。⑧在公共场所为执法目的使用实时远程生物识别系统。

当然，上述人工智能系统并非完全禁止，在某些条件下同样可以使用。第⑤种情形不适用于其根据犯罪活动直接相关的客观且可核实的事实，支持人类对特定个人是否参与犯罪活动的评估。第⑥种情形不适用于出于医疗或安全原因。第⑦种情况不适用于根据生物数据对合法获取的生物数据集，如对图像进行标注或过滤，也不包括在执法领域对生物数据进行分类。第⑧种情形不适用以下情况：有针对性地搜寻特定的绑架、贩卖人口和性剥削受害者，以及搜寻失踪人员；防止对自然人的生命或人身安全构成确切、重大且紧迫的威胁，或防止真实存在或真实可预见的恐怖袭击威胁；为了对罪行进行刑事调查、起诉或执行刑事处罚，对涉嫌犯有刑事罪行的人进行定位或身份识别，而这些罪行在相关成员国可被判处最长刑期最短不少于四年的监禁或拘留。

（二）高风险人工智能系统

高风险人工智能系统包括：用作附件Ⅱ①中欧盟法律涵盖的安全组件或产品，并需要根据附件Ⅱ法律进行第三方合格评定；附件Ⅲ（见表8-6）下的用例，如果供应商认为其人工智能系统（根据附件Ⅲ不合格）不是高风险的，则必须在将其投放市场或投入使用之前记录此类评估；对个人进行剖析，即自动处理个人数据以评估一个人生活的各个方面，如工作表现、经济状况、健康、偏好、兴趣、可靠性、行为、位置或运动，则始终被认为是高风险的。

表 8-6　《人工智能法案》附件Ⅲ用例

生物识别（只要相关欧盟或国家法律允许使用）： （1）远程生物识别系统； （2）根据敏感或受保护的属性或特征，基于对这些属性或特征的推断，意图用于生物分类的人工智能系统； （3）拟用于情感识别的人工智能系统
关键基础设施：拟用作关键数字基础设施、道路交通以及水、气、暖和电供应的管理和运行的安全组件的人工智能系统
教育和职业培训： （1）用于确定自然人进入各级教育和职业培训机构或课程的机会、录取或分配的人工智能系统； （2）拟用于评估学习成果的人工智能系统，包括当这些成果被用于指导各级教育和职业培训机构中自然人的学习过程时； （3）在教育和职业培训机构内，用于评估个人将接受或能够接受的适当教育水平的人工智能系统； （4）在教育和职业培训机构内，用于监控和检测学生考试违纪行为的人工智能系统

---

① 指刑事犯罪清单。

就业、工人管理和自营职业：
（1）用于招聘或选拔自然人的人工智能系统，特别是用于发布有针对性的招聘广告、分析和过滤求职申请以及评估候选人；
（2）旨在用于做出影响工作相关的关系，晋升和终止工作相关的合同关系条款的决定，根据个人行为或个人特质或特征分配任务，以及监督和评估此类关系中人员的绩效和行为的人工智能系统

获得和享受基本私人服务以及基本公共服务和福利：
（1）拟由公共机关或代表公共机关使用的人工智能系统，以评估自然人获得基本公共援助福利和服务，包括医疗保健服务的资格，以及发放、减少、撤销或收回此类福利和服务；
（2）拟用于评估自然人信用度或确定其信用评分的人工智能系统，但用于侦查金融欺诈的人工智能系统除外；
（3）在人寿保险和健康保险方面，拟用于自然人风险评估和定价的人工智能系统；
（4）用于对自然人的紧急呼叫进行评估和分类的人工智能系统，或用于调度或确定调度紧急应急服务，包括警察、消防员和医疗救助的优先次序的人工智能系统，以及紧急医疗保健病人的分流系统

执法部门（只要相关欧盟或国家法律允许使用）：
（1）供执法机关或代表执法机关使用的人工智能系统，或供支持执法机关或代表执法机关的联盟机构、机关、办公室或团体使用的人工智能系统，以评估自然人成为刑事犯罪受害者的风险；
（2）供执法机关或代表执法机关使用的人工智能系统，或供支持执法机关或代表执法机关的联盟机构、机关、办公室或团体使用的人工智能系统，如测谎仪和类似工具；
（3）供执法机关或代表执法机关使用的人工智能系统，或供支持执法机关或代表执法机关的联盟机构、机关、办公室或团体使用的人工智能系统，以便在调查或起诉刑事犯罪过程中评估证据的可靠性；
（4）供执法机关或代表执法机关使用的人工智能系统，或供支持执法机关或代表执法机关的联盟机构、机关、办公室或团体使用的人工智能系统，用于评估自然人的犯罪或再犯罪风险，而不仅仅是基于2016/680指令第3条第4点所述的自然人画像，或者用于评估自然人或群体的个性特征和特点或过去的犯罪行为；
（5）在侦查、调查或起诉刑事犯罪的过程中，供执法机关或代表执法机关使用的人工智能系统，或供支持执法机关或代表执法机关的联盟机构、机关、办公室或团体使用的人工智能系统，用于2016/680指令第3条第4点所述的自然人画像。用于评估个人成为犯罪受害者的风险的人工智能系统

移民、庇护和边境管制管理（只要相关欧盟或国家法律允许使用）：
（1）供主管公共机关用作测谎仪和类似工具的人工智能系统；
（2）供主管公共机关或联盟机构、办公室或机关或代表主管公共机关或联盟机构、办公室或机关使用的人工智能系统，以评估拟进入或已进入成员国领土的自然人带来的风险，包括安全风险、非正常移民风险或健康风险；
（3）拟由主管公共机关或代表主管公共机关或由联盟机构、办公室或机关使用的人工智能系统，以协助主管公共机关审查庇护、签证和居留许可申请以及与申请身份的自然人的资格有关的相关投诉，包括对证据可靠性的相关评估；
（4）在移民、庇护和边境管制管理方面，意图由主管公共机关，包括欧盟机构、办公室或团体，或代表其使用的人工智能系统，目的是检测、识别或辨认自然人，但旅行证件核查除外

司法和民主进程：
（1）拟由司法机关或代表司法机关使用的人工智能系统，以协助司法机关研究和解释事实和法律，并将法律适用于一组具体事实；
（2）拟用于影响选举或全民投票结果或自然人在选举或全民投票中行使投票权的投票行为的人工智能系统。这不包括自然人不直接暴露于其输出结果的人工智能系统，例如从行政和后勤角度用于组织、优化和构建政治运动的工具

高风险人工智能提供者必须遵守一系列义务，主要包括：

建立贯穿高风险人工智能系统生命周期的风险管理体系；

进行数据治理，确保训练、验证和测试数据集具有相关性、充分的代表性，并尽可能没有错误，并按照预期目的完成；

起草技术文档以证明合规性，并向当局提供信息以评估合规性；

设计它们的高风险人工智能系统进行记录保存，使其能够自动记录与识别国家级风险相关的事件，并在整个系统生命周期中进行重大修改；

向下游部署人员提供使用说明，以实现后者的合规性；

设计它们的高风险人工智能系统，允许部署人员实施人工监督；

设计它们的高风险人工智能系统，以实现适当级别的准确性、稳健性和网络安全；

建立质量管理体系，确保合规。

有限风险或低风险人工智能系统：有限风险人工智能系统需遵循透明度要求。该类风险等级的人工智能系统无须取得特殊牌照、认证或履行报告、记录、留存等义务，但应遵循透明度原则，允许适当的可追溯性和可解释性，应让用户知悉其与人工智能系统的交流或互动。低或极小风险的人工智能系统在欧盟开发和使用，不需要遵守任何额外的法律义务。

（三）通用人工智能（GPAI）

通用人工智能在《人工智能法案》的原始提案中并未涉及。直到 2022 年底，以 ChatGPT 为代表的大型语言模型迅速风靡全球，欧盟才据此进行了修订。通用人工智能模型的提供者需要遵守的义务包括：

（1）编制并不断更新该模型的技术文件，包括其训练和测试过程及其评估结果，其中至少应包含附件十一所列的要素，以便应要求向人工智能办公室和国家主管机关提供。

（2）编制、不断更新并向意图将通用人工智能模型纳入其人工智能系统的人工智能系统提供者提供信息和文件。

（3）制定一项尊重欧盟版权法的政策，特别是通过先进水平技术等手段，确定和尊重根据 2019/790 号指令第 4 条第 3 款表达的权利保留。

（4）根据由人工智能办公室提供的模板，起草并公开有关用于通用人工智能模型训练内容的足够详细的摘要。

而具有系统风险的通用人工智能模型提供者还需要额外履行的义务包括：

（1）根据反映先进技术水平的标准化协议和工具进行模型评估，包括对模型进行对抗测试并记录在案，以识别和降低系统性风险。

（2）评估和减轻联盟层面可能存在的系统性风险，包括因开发、投放市场或使用具有系统性风险的通用人工智能模型而产生的系统性风险的来源。

（3）跟踪、记录并及时向人工智能办公室报告，并酌情向国家主管机关报告严重事件的相关信息以及为解决这些问题可能采取的纠正措施。

（4）确保对具有系统风险的通用人工智能模型和模型的物理基础设施提供足够水平的网络安全保护。

第二节　相关国际组织的人工智能治理

一、联合国

探究人工智能的影响与治理是联合国的重要议题。早在 2015 年，联合国区域间犯罪和司法研究所就启动了人工智能和机器人技术项目，并于 2017 年在海牙设立了人工智能与机器人技术中心，旨在加强对人工智能和机器人技术风险的规制。2018 年 7 月，成立了联合国秘书长数字合作高级别小组，以加强各国政府、私营部门、民间社会、国际组织、学术界以及其他相关利益攸关方在数字空间的合作。2023 年，联合国组建了高级别人工智能咨询机构，会集了 39 名来自政府、私营部门、研究界、公民社会和学术界的专家，就风险和挑战建立全球科学共识，为利用人工智能实现可持续发展目标提供助力，以及加强人工智能治理方面的国际合作。此外，包括联合国教科文组织在内的众多联合国机构都积极参与到了人工智能的治理活动中，扮演着重要角色。联合国秘书长 António Guterres 表示，联合国就是为人工智能制定全球标准与治理手段的"理想场所"。①

2023 年 12 月，联合国高级人工智能咨询机构发布了《以人为本的人工智能治理临时报告》（*Interim Report：Governing AI for Humanity*），其主要内容可从三方面概括：一是总结人工智能的现有和潜在风险，二是提出了五项治理原则，三

---

① https：//news. un. org/zh/story/2023/07/1119877.

是描绘了治理机构的职能（见表8-7）。①

表8-7　风险、治理原则和机构职能

风险	个人层面：人类尊严、价值、自主性；生命、安全、保障；身体和精神完整性、健康和安全；人权、言论自由、隐私；生活机会 群体层面：对亚群体的歧视、不公平待遇、群体隔离、边缘化；社区功能；社会平等、公平；儿童、老年人、残疾人士 社会层面：国际和国家安全、民主、信息完整性、法治、安全、文化多样性和人际关系的转变、社会凝聚力 经济层面：权力集中；技术依赖；不平等的经济机会；资源配置；人工智能的过度使用或不足使用、技术解决主义 生态系统层面：金融系统的稳定性；对关键基础设施的风险；对环境、气候、自然资源的压力 价值观和规范：伦理价值、社会价值、道德价值、文化价值、法律规范
治理原则	人工智能的管理应包容各方，由所有人管理，并为他们谋福利； 人工智能必须符合公众利益； 人工智能治理应与数据治理和促进数据共享同步进行； 人工智能治理必须普遍化、网络化，并根植于多利益相关方的适应性工作； 人工智能治理应当立足于联合国宪章、国际人权法和其他商定的国际承诺，如可持续发展目标
机构职能	定期评估人工智能的未来方向和影响； 加强世界各地新出现的治理工作的互操作性，并通过在全球范围内认可的人工智能治理框架，将其建立在国际规范的基础上； 制定和协调标准、安全和风险管理框架； 通过国际多利益相关方合作，促进人工智能的开发、部署和使用，造福经济和社会； 促进人才培养方面的国际合作，利用计算基础设施，建立多样化的高质量数据集，负责任地共享开源模型，为可持续发展目标人工智能公共产品

2024年3月，联合国大会通过了《抓住安全、可靠和值得信赖的人工智能系统带来的机遇，促进可持续发展》的决议（*Seizing the Opportunities of Safe，Secure and Trustworthy Artificial Intelligence Systems for Sustainable Development*，以下简称"决议"）。该决议草案由美国提交，得到了120多个会员国的支持。决议表示，各国认识到人工智能系统的设计、开发、部署和使用速度加快，技术变革日新月异，对加快实现可持续发展目标具有潜在影响。

为此，大会决心促进安全、可靠和值得信赖的人工智能系统的推广与应用，以在全面实现《2030年可持续发展议程》方面加快取得进展。同时，决议鼓励

---

① https：//www.un.org/sites/un2.un.org/files/ai_advisory_body_interim_report.pdf.

会员国通过以下方式促进安全、可靠和值得信赖的人工智能系统：①与发展中国家合作，并为其提供能力建设、技术和财务援助；消除国家之间和国内存在的人工智能鸿沟和其他数字鸿沟。②促进公平享受人工智能系统带来的惠益。③在人工智能系统的整个生命周期内尊重、保护和增进人权和基本自由；保护个人免受人工智能系统造成的一切形式的歧视、偏见、滥用或其他伤害。④制定与人工智能系统相关的监管和治理方法及框架。⑤在部署和使用人工智能系统之前进行测试。⑥提高公众对适当民用人工智能系统的认识。⑦鼓励开发识别人工智能生成的数字内容及其来源的工具。⑧保护隐私和个人数据。⑨尊重知识产权。⑩减少对劳动力带来的潜在负面影响。⑪鼓励私营部门遵守适用的国际和国内法律。①

二、经济合作与发展组织（OECD，以下简称"经合组织"）

2019 年 5 月，经合组织通过了《可信赖的人工智能原则》（*Principles for Trustworthy AI*），为人工智能参与者开发可信赖人工智能和政策制定者管理人工智能风险提供了建议。《可信赖的人工智能原则》包括五项基本原则：包容性增长、可持续发展与福祉；尊重法治、人权与民主价值；透明度和可解释性；稳健性、安全性与可靠性；问责制。以及五项建议：投资人工智能的研究和开发；构建包容的人工智能生态系统；打造灵活的政策环境；培养人力资源，应对劳动力市场变化；加强国际合作。这些原则建议为各国所使用制定政策并创建人工智能风险管理框架。经合组织的研究报告指出，各国正在探索人工智能的监管方法，并开始将经合组织的人工智能原则纳入监管框架。一些国家制定了与经合组织人工智能原则相一致的框架和原则，如日本、韩国和印度为开发商和运营商提供了如何实施这些原则的指导，阿拉伯地区、非洲和南美洲的经合组织成员国在推广使用经合组织的人工智能原则。② 2024 年，为了应对人工智能技术的最新发展，特别是生成式人工智能的出现，经合组织对《可信赖人工智能原则》进行了修订，主要包括：①解决安全问题，以便在人工智能系统有可能造成不当伤害或表现出不良行为时，存在强大的机制和保障措施来修改、修复或安全停用；②注重解决错误和虚假信息的问题，保障生成式人工智能信息的完整性；③在整个人工智能系统生命周期中强调负责任的商业行为，主要是人工智能供应商、人工智能

---

① https：//digitallibrary. un. org/record/4043244？ v=pdf.

② https：//oecd. ai/en/wonk/national-policies-2.

系统用户和其他利益相关者的合作；④明确为实现透明度和披露要求所需要公开的相关信息；⑤明确提出环境可持续性，这一问题在过去五年中的重要性大大增加；⑥强调随着全球人工智能政策举措数量的激增，各地区需要共同努力，促进人工智能的可互操作治理和环境改善。①

2023 年 9 月，经合组织发布了《生成式人工智能的初步政策考虑》（*Initial Policy Considerations for Generative Artificial Intelligence*），该报告指出，虽然生成式人工智能具有在教育、医疗和科研方面的变革性潜力，但这一技术也带来了对社会和政策的关键性挑战，如劳动力市场的变化、知识产权问题、偏见和歧视、错误和虚假信息等。为了应对上述挑战，报告强调需要更系统的解决方案，包括制定相关法规、建立伦理框架、推进技术标准化以及实施审计监督。②

三、人工智能全球合作伙伴组织（GPAI）

2020 年，加拿大、法国、德国、澳大利亚、美国、日本、韩国等 15 个国家正式成立人工智能全球合作伙伴组织，截至 2024 年 5 月，组织成员已扩展至 29 个国家。人工智能全球合作伙伴组织会集了来自科学、工业、民间社会、国际组织和政府的领先专家，旨在通过支持人工智能相关优先事项的前沿研究和应用活动，弥合人工智能理论与实践之间的差距，具体包括支持和指导负责任地开发、使用和采用以人为本，以人权、包容、多样性和创新为基础的人工智能，同时鼓励可持续经济增长；以多利益攸关方的方式促进国际合作；监测和借鉴国内国际正在开展的工作，识别差距，最大限度地加强协调，并促进人工智能方面的国际合作。

人工智能全球合作伙伴组织的工作包括负责任的人工智能、数据治理、未来工作、创新和商业化四个板块，每个领域设置相应的工作小组。负责任的人工智能工作组致力于促进以人为本的人工智能系统的开发、使用和治理，与联合国可持续发展目标保持一致。该小组开展的项目有：公共部门的算法透明度、社交媒体治理、负责任的环境人工智能战略、扩展负责任的 AI 解决方案、赋能社区的数字生态系统等。数据治理工作组旨在整理数据、指导研究、开展应用型人工智

---

① https：//www.oecd.org/newsroom/oecd－updates－ai－principles－to－stay－abreast－of－rapid－technological－developments.htm.

② https：//www.oecd.org/fr/publications/initial－policy－considerations－for－generative－artificial－intelligence-fae2d1e6-en.htm.

能项目并提供数据治理方面的专业知识以符合人权、包容性、多样性、创新、经济增长和社会效益的方式，促进人工智能数据的收集、使用、共享、存档和删除，实现联合国可持续发展目标。该小组开展的项目有：公共部门的算法透明度、从共生数据到生成式人工智能：数字生态系统中的新权利和治理模式、政府作为人工智能数据提供者的角色。未来工作小组的任务是对人工智能如何影响工人和环境、工人和雇主如何设计未来的工作进行关键技术分析，讨论如何在工作场所使用人工智能来增强工作能力，保持和改善工作的质量、包容性、健康和安全，关注为未来劳动力做好准备所需的教育和培训。该小组开展的项目有：生成式人工智能与未来工作全球对话：认知与展望、生成式人工智能对南美劳动力市场的影响、生成式人工智能对职业的变革性影响等。创新和商业化工作组的任务是研究并推荐工具和方法，以推动人工智能研发和创新方面的国际合作，将研究成果融入产品和工艺中，转化到工业界，特别关注中小企业。该小组开展的项目有：中小企业广泛采用人工智能、保护人工智能创新、知识产权、农业和农业部门中小企业广泛采用人工智能、在规范 AI 的同时促进创新等。

2023 年，人工智能全球合作伙伴组织发布了《生成式人工智能、就业和政策回应的简报》（*Policy Brief: Generative AI, Jobs, and Policy Response*），提出了包括建立咨询委员会、激励增加投资在内的 10 项策略，帮助政策制定者、工人和雇主降低人工智能的自动化风险。通过互相协作的治理方式，建立起对技术的信任，将对人工智能从风险忧虑的来源转变为赋权和进步的工具。①

四、技术行业标准制定机构

国家标准化组织（ISO）是一个成立于 1947 年的非政府国际组织，会集了来自世界各地的专家制定全世界工商业国际标准。国际电工委员会（IEC）于 1906 年成立，主要负责有关电气工程和电子工程领域中的国际标准化工作。2022 年，两大组织发布了《人工智能概念和术语》（ISO/IEC 22989）、《使用机器学习的人工智能系统框架》（ISO/IEC 23053）。其中，ISO/IEC 22989 涵盖了人工智能概念和术语，如透明度、可解释性、可控性、偏差、数据集、测试数据、验证数据和训练模型，ISO/IEC 23053 描述了使用机器学习技术的通用框架，解

---

① https://gpai.ai/projects/future-of-work/policy-brief-generative-ai-jobs-and-policy-response-innovation-workshop-montreal-2023.pdf.

释了人工智能的系统组件及其功能。2023 年 2 月，两大标准机构发布了《人工智能风险管理指南》（ISO/IEC 23894），指导开发、生产、部署或使用人工智能产品、系统和服务，组织管理与人工智能相关的风险，将风险管理整合到与人工智能的相关活动中。此外，ISO/IEC 23894 还描述了有效实施和整合人工智能风险管理的过程。

　　2023 年 12 月，两大标准机构发布了《信息技术人工智能管理体系》（ISO/IEC 42001）以推动各类组织制定人工智能管理框架。ISO/IEC 42001 是第一部针对人工智能的国际管理体系标准，该标准规定了建立、实施、维护和持续改进人工智能管理体系的要求，目的是确保负责任地开发和使用系统。该标准围绕四个核心模块构建，分别是人工智能管理系统、人工智能风险评估、人工智能影响评估、数据保护和人工智能安全。在技术规范方面要求：①建立和维护符合组织目标和道德标准的人工智能管理系统。②实施持续监测和改进人工智能系统的程序。③确保人工智能系统的设计和部署尊重隐私、安全和道德。在人工智能风险和影响评估方面，要求：①进行全面的人工智能风险评估，以识别用户和社会的潜在风险。②执行 AI 影响评估，以了解 AI 部署对个人和社区的更广泛影响。③制定和实施策略，以减轻已识别的风险并最大限度地减少负面影响。在数据保护和人工智能安全问题方面，要求：①确保人工智能系统符合适用的数据保护法律和法规。②实施强大的安全措施，以保护人工智能系统免受未经授权的访问、数据泄露和其他网络威胁。③保持人工智能决策过程的透明度，以促进信任和问责制。[①]

　　电气和电子工程师协会（IEEE）是全球最大的专业技术组织之一，该组织自 2016 年起就相继发布了众多的人工智能标准。2024 年，IEEE 标准协会发布了《可解释人工智能体系架构标准》，为行业提供构建、部署和管理机器学习模型的技术蓝图，同时通过采用各种可解释人工智能方法满足透明和可信赖人工智能的要求。该标准定义了可解释人工智能的架构框架和应用指南，包括可解释人工智能的描述和定义、可解释人工智能方法的类型和每种类型适用的应用场景，以及可解释人工智能系统的性能评估。[②]

---

①　https：//www.isms.online/iso-42001/.

②　https：//standards.ieee.org/ieee/2894/11296/.

第三节　制度型开放中的人工智能治理启示

一、形成多元主体共治模式

传统治理采取自上而下的监管路径，其治理主体具有单一维度，已经不能适应人工智能的发展现状。人工智能的行动者网络包括开发者、部署者、使用者和接收者等，他们在人工智能的设计使用中造成的"多手问题"引起了因果关系不明的窘境，如果仅采取事后问责的方法，可能难以确定责任的分配比例。为此，采取事前预防和事中监管的方法同样重要，这就需要充分发挥科研机构、企业和用户的积极性。其中，科研机构的研究报告是决策者开展治理的理论参考，因此，科研机构应当在前期认真、勤勉地完成基础研究。企业作为人工智能的设计者和提供者是承担治理责任的主体，需要制定和完善自我管理的规章制度。依靠公司的市场治理模式也是目前美国采取的主要方法，2023 年，美国政府召集了七家人工智能头部企业达成自愿性承诺，以推动人工智能的安全、透明和可靠性发展。生成式人工智能系统在使用政策中明确要求用户在使用服务时必须遵守法律法规，不得侵犯他人的合法权益。法律规范理应赋予用户合理使用生成式人工智能的责任。[①] 对于传统工业制造中的产品，将治理责任归于最初的制造商当然无可非议，因为它们知道或者应当知道产品的安全性能和使用法则。但人工智能不是这类产品，尤其是生成式人工智能下游参与者的使用和调整与最初的构建同样重要。作为一个在不同环境中通过多方参与的系统，人工智能的治理需要以开放、包容的姿态吸纳供应链上具有影响力和作用的主体参与进来。

二、国家层面与国际层面开放协同

针对人工智能技术的两大重要基础——大数据和算法，很难形成以国家为界的封闭式治理。[②] 作为一项全球性治理议题，各国不能闭门造车，要立足本土面

---

① 徐继敏. 生成式人工智能治理原则与法律策略 [J]. 理论与改革，2023（5）：72-83.

② 俞晗之，王晗晔. 人工智能全球治理的现状：基于主体与实践的分析 [J]. 电子政务，2019（3）：9-17.

向世界，积极参与国际合作，加强技术和治理经验的交流。以国家为单位承办的峰会论坛，正在推动国际社会开展双边和多边合作，成为加强全球共商治理的重要途径。国际社会和国家在治理制度上正逐渐趋同，一些国家的人工智能治理原则和规则正被某些国际组织所吸收，而反过来一些国际组织的治理理念和原则也正在一些国家的治理制度中具体化。

三、在制度借鉴中保持理性衔接

西方社会在人工智能的全球治理中占据主导地位，不仅治理文件在规模和数量上占优势（见图8-1），而且协同治理的国际组织、学术机构以及私人部门等主体，其主要成员或隶属背景仍然是发达经济体。对于人工智能技术落后、缺乏治理经验的国家或地区，西方国家的法律制度成为主要借鉴对象。非洲经济转型研究中心（ACET）在研究如何塑造非洲的人工智能监管格局时，明确提出了借鉴美国和欧盟的监管经验。[①] 不过，借鉴不是一成不变的拿来主义，不能"依样画葫芦"。只有秉持理性思维，充分意识到人工智能不仅关乎技术问题，还有隐藏在其背后的意识形态和文化霸权才能将西方的治理经验与适合本国国情的治理方法有效衔接。因此，在开放包容的借鉴过程中也需要保持审慎的态度。

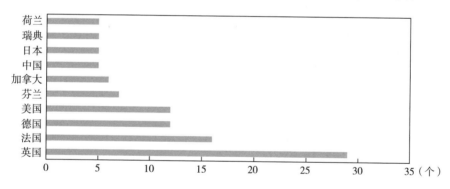

图 8-1 人工智能治理文件数量排名前十的国家（2015~2024 年）

四、在更加多元化的治理方向中探索治理路径

从总体上看，人工智能存在两种治理走向：一是以欧盟为代表的横向治理，

---

① https：//acetforafrica. org/research-and-analysis/insights-ideas/articles/how-africa-can-benefit-from-artificial-intelligence-the-ai-regulation-landscape/.

对人工智能进行综合性立法，加拿大、巴西、韩国受此布鲁塞尔效应的影响，纷纷效仿。二是以英国、美国为代表的垂直治理，针对人工智能在特定情境中的具体应用分别立法。人工智能的法律风险如此复杂，完善的治理方法并非一朝一夕内能够形成。横向治理和垂直治理的方法措施虽然存在差异，但多元化的治理格局有利于相互借鉴有益经验，规避不利缺陷，从而探索出行之有效的治理方案。

本章小结

人工智能的快速发展为人类社会带来了诸多挑战。过去几年来，"我们应当如何治理人工智能"这个议题跨越国境、东进西渐，在全球范围内引起了巨大反响。人工智能发展到今天已经不是只会机械执行命令的智能工具，它不仅展现了类人的学习能力，还展现出自主生成的创新能力。当人工智能不再是人类可以完全支配的客体，法律设置的各项规则也被其一次又一次地突破，以人类为中心的人工智能治理模式还是否值得坚持？将法律主体等于人类的伪命题是否需要破除？能否构建一套更加开放灵活且适应未来发展的治理体系，在确保人工智能技术健康发展的同时维护人类社会的和谐与稳定？这一系列深刻而复杂的问题，无疑需要我们进行更为深入的思考与探索。

第九章

数据保护

第一节　我国数据制度现状

一、我国国内数据相关领域立法结构

从图 9-1 的时间线可以发现，我国出台数据相关法律的时间并不算晚，毕竟欧盟的通用数据保护条例（GDPR）在 2016 年才推出，2018 年才生效。中国在个人数据保护领域的法律制度制定过程中一度在欧盟模式（综合个人数据保护法）和美国模式（特定领域保护）之间徘徊。早期的中国并没有全面制定数据保护法，而是采取类似美国的方式，将数据保护条款分散在银行、金融、消费者保护、电信等行业的法规中。随着云计算和大数据分析等手段的出现，中国虽然意识到需要对企业进行监管，但当时我国的数据保护还是全盘依托于网络安全法。网络安全法中，对于数据收集、处理以及泄露通知大多采取了模糊不清的规定。比如，一旦发生数据泄露，网络安全法及其之后的出台的规范是要求企业"及时报告"，但对于"及时"一直缺少明确定义。从文本上看，当时的网络安全法比美国严格。随着数据安全法和个人信息保护法出台，中国的规则也开始更接近欧盟的水平，如进一步处理的限制①、数

---

① 《中华人民共和国个人信息保护法》第十七条。

据最小化①、敏感数据②、删除权③。

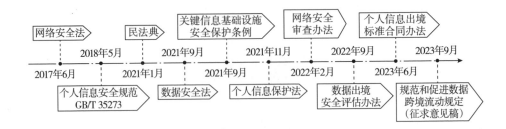

图 9-1 我国国内数据相关领域立法结构

与其他的国内法不同，因为数据易于传输的特性，在讨论数据规则时必定不能绕开对数据跨境规则的分析。数据跨境或者说数据出境是一个模糊却非常重要的概念，尤其是在实务中，确定数据是否构成跨境（出境）直接影响企业是否需要进行开展的合规工作。以中国为例，根据国家网信办发布的《数据出境安全评估申报指南（第一版）》，数据出境包含两类情形："（1）数据处理者将在境内运营中收集和产生的数据传输、存储至境外；以及（2）数据处理者收集和产生的数据存储在境内，境外的机构、组织或者个人可以查询、调取、下载、导出。"这两类数据出境场景在企业实务中可能表现为多种具体的场景，包括境内主体使用软件或硬件介质向境外主体提供数据、境内主体使用服务器位于海外的信息系统/软件平台上载或存储数据、公开网页访问、境外访问数据处理者部署于境内的服务器/数据库/信息系统等。这一定义和 GDPR 下的出境定义基本一致，根据欧洲数据保护委员会（EDPB）发布的《关于第 3 条的应用与 GDPR 第五章国际传输规定之间相互作用的指南 05/2021》（以下简称"指南"），当数据主体"直接并主动"向欧洲经济区（"EEA"）以外的组织提供个人信息时，不属于传输（transfer）；与非 EEA 控制者或处理者共享个人数据的 EEA 控制者或处理者属于进行传输，无论接收实体是否受 GDPR 约束；为了进行"传输"，必须有"两个不同（独立）方（每一方都是控制者、联合控制者或处理者）"；在同一控制者或处理者内访问个人数据（如控制者或处理者的员工携带他/她

---

① 《中华人民共和国个人信息保护法》第六条。

② 《中华人民共和国个人信息保护法》第二节。

③ 《中华人民共和国个人信息保护法》第四十七条。

的笔记本电脑前往第三国）不是传输。即使当数据流不属于传输情形，控制者和处理者仍然对其处理负责，无论其发生在何处，并且必须评估该处理的风险（如外国政府访问数据），作为确保采取适当的技术和组织措施的一部分已就位。从上述的定义中可以发现，不同于货物或者服务的跨境，数据的跨境可以轻而易举地实现。基于这一特性，数据法不可避免地需要与其他国家法律进行合作，或者说互认，否则分散的监管体制会导致企业在从事跨国业务时的合规成本增加。

为了直观感受我国数据立法的内容，本章对《网络安全法》《数据安全法》《个人信息保护法》中关于主体、适用范围、域外效力、数据本地化的规定进行了总结，具体如表9-1所示。

表9-1　规定总结

	《网络安全法》	《数据安全法》	《个人信息保护法》
主体	网络运营者：是指网络的所有者、管理者和网络服务提供者	数据处理者，数据处理包括数据的收集、存储、使用、加工、传输、提供、公开等	个人信息处理者，是指在个人信息处理活动中自主决定处理目的、处理方式的组织、个人
适用范围	在中华人民共和国境内建设、运营、维护和使用网络，以及网络安全的监督管理	在中华人民共和国境内开展数据处理活动及其安全监管，适用本法。在中华人民共和国境外开展数据处理活动，损害中华人民共和国国家安全、公共利益或者公民、组织合法权益的，依法追究法律责任	在中华人民共和国境内处理自然人个人信息的活动，适用本法。在中华人民共和国境外处理中华人民共和国境内自然人个人信息的活动，有下列情形之一的，也适用本法：（一）以向境内自然人提供产品或者服务为目的；（二）分析、评估境内自然人的行为；（三）法律、行政法规规定的其他情形
域外效力	境外的机构、组织、个人从事攻击、侵入、干扰、破坏等危害中华人民共和国的关键信息基础设施的活动，造成严重后果的，依法追究法律责任；国务院公安部门和有关部门并可以决定对该机构、组织、个人采取冻结财产或者其他必要的制裁措施	在中华人民共和国境外开展数据处理活动，损害中华人民共和国国家安全、公共利益或者公民、组织合法权益的，依法追究法律责任	在中华人民共和国境外处理中华人民共和国境内自然人个人信息的活动，有下列情形之一的，也适用本法：（一）以向境内自然人提供产品或者服务为目的；（二）分析、评估境内自然人的行为；（三）法律、行政法规规定的其他情形

	《网络安全法》	《数据安全法》	《个人信息保护法》
数据本地化	关键信息基础设施的运营者在中华人民共和国境内运营中收集和产生的个人信息和重要数据应当在境内存储	非经中华人民共和国主管机关批准，境内的组织、个人不得向外国司法或者执法机构提供存储于中华人民共和国境内的数据	非经中华人民共和国主管机关批准，个人信息处理者不得向外国司法或者执法机构提供存储于中华人民共和国境内的个人信息。 个人信息处理者向中华人民共和国境外提供个人信息的，应当向个人告知境外接收方的名称或者姓名、联系方式、处理目的、处理方式、个人信息的种类以及个人向境外接收方行使本法规定权利的方式和程序等事项，并取得个人的单独同意

通过《网络安全法》《数据安全法》《个人信息保护法》，以及目前正在公开征求意见的《网络数据安全管理条例（征求意见稿）》，中国渐渐建立了一套区别于欧盟和美国的数字规则——网络主权以及个人隐私与国家隐私之间的二分法是中国建立的数据安全模式中最突出的因素。《网络安全法》确立了网络主权的原则，为了确保网络空间的安全，中国对互联网架构、内容和数据流进行了限制。随后，《数据安全法》建立健全各项制度措施、完善数据安全治理体系，从"安全—控制—利用"三个层次解决数据开发和利用所伴随的安全风险①。最后通过《个人信息保护法》进一步强调对个人信息的保护，自此中国确立了三法并行的特色架构。

二、中国在数据层面与国际法律制度的衔接

讨论中国在数据层面与国际法律制度的衔接可以分为两个层面：第一个层面是中国的数据法体系是否符合目前国际条约中有关数据规定的要求；第二个层面则是中国的数据法律制度是否被国际所认可。

从目前达成的有关数字贸易的协定内容来看，它们包括确保数据自由流动和禁止数据本地化要求的规则、禁止影响外国数字产品的关税和歧视性政策、防止不公平地要求转移来源代码或敏感算法给政府。但这些规定是松散的，条约和条约之间缺少协调性。本章在此以成员、影响力、内容的全面性为衡量基准，选择了五个关键的数字贸易协定。其中，RCEP 的数字贸易部分是基于 CPTPP

---

① 洪延青. 我国数据安全法的体系逻辑与实施优化［J］. 法学杂志，2023，44（2）：38-53.

和 USMCA 更新和修改的，其余两个——DEPA、SADEA 被定位为"纯数字"贸易协定。虽然欧盟的 GDPR 具有非常大的影响力，但因为成员限制在欧盟，本章暂未将其列为贸易协定，而会在下文与个人信息保护法进行更进一步的对比。

CPTPP 是澳大利亚、文莱、加拿大、智利、日本、马来西亚、墨西哥、新西兰、秘鲁、新加坡和越南之间的自由贸易协定。它于 2018 年 12 月 30 日在澳大利亚、加拿大、日本、墨西哥、新西兰和新加坡六个经济体中首次生效，并于 2019 年 1 月 14 日在越南生效。其余四个成员将在完成批准程序后加入。该协议的电子商务章节制定了促进数字贸易的规则，允许参与成员优先进入彼此的市场，并包括促进数据流动、保护隐私和消费者权利以及知识产权的措施。中国于 2021 年 9 月 16 日正式申请加入 CPTPP。

USMCA 是美国、墨西哥和加拿大之间的自由贸易协定。它取代了 NAFTA 并于 2020 年 7 月 1 日在所有成员中生效。该协议包括一个关于数字贸易的章节，该章节建立在 TPP 的规定基础上，并包括禁止数字产品关税，保护数据流动、隐私和知识产权，促进网络安全合作。

DEPA 于 2020 年 6 月 12 日在智利、新西兰和新加坡之间签署。旨在加强数字贸易合作，促进互联互通。包括数字产品处理、数据问题、新兴技术、数字包容和中小企业合作等议题。目前的 DEPA 作为首个开放的诸边贸易协定，旨在通过创造数字化机会来提高国家之间的互操作性。它通过维护这些问题的基本原则来解决关键问题。[①] 其中包括：①电子设备的使用。②国民待遇和数字产品的非歧视性。③促进跨境业务的文件编制，包括电子发票和促进电子支付。④个人资料保护。⑤网络安全。⑥在线消费者保护，包括致力于消除不请自来的广告信息（垃圾邮件）的承诺。⑦保护安全的数字身份。⑧实施人工智能的道德治理框架。⑨自由数据流。⑩通过确保访问开放的互联网来解决数字鸿沟和数字包容性问题。它还包括承诺分享推广和开发新物流技术的最佳实践。其数字产品方法保持了早期协议中关于暂停对电子商务征收关税的承诺。它还增加了一个加密标准，禁止各国在进口加密产品时要求密钥或访问代码。它通过禁止各方强制数字产品或服务提供商在其领土内安装服务器以使其能够运行来维持避免强制定位数

①　https：//blogs. iadb. org/integration-trade/en/the-digital-economy-partnership-agreement-a-milestone-in-trade-negotiations/.

据的承诺。目前中国也已正式申请加入 DPEA。

SADEA 于 2020 年 8 月 6 日签署，SADEA 是在 CPTPP 和新西兰、澳大利亚两国自由贸易协定基础上设置的一系列的有关数字经济的贸易规则。SADEA 还包括七个谅解备忘录（MOU），分别为人工智能、数据创新、数字身份、个人信息保护、电子发票、贸易便利化和农产品电子认证。

RCEP 由东南亚国家联盟十国发起，中国、日本、韩国、澳大利亚、新西兰等与东盟有自由贸易协定的五国共同参加，RCEP 于 2020 年 11 月 15 日签订，在数字贸易领域，虽然其沿用了大部分 TPP 的框架，但是却更大限度地保留国家调节作用。

为了便于理解这几个协议的数字条款，本章对其进行摘录总结，具体如表9-2 和表 9-3 所示。

表 9-2　总结（1）

	CPTPP 2018 年生效	USMCA 2020 年生效	DEPA 2020 年签署	SADEA 2020 年签署	RCEP 2020 年签署
章节	第十四章 电子商务	第十九章 数字贸易	数字经济	数字经济	第十二章 电子商务
适用范围	适用于缔约方采取或维持的以电子方式影响贸易的措施	适用于缔约方采取或维持的以电子方式影响贸易的措施	适用于一方采取或维持的在数字经济领域影响贸易的措施	适用于一缔约方采取或维持的以电子方式影响贸易或以电子方式促进贸易的措施	适用于一方采取或维持的影响电子商务的措施
目的	通过电子商务促进经济增长和贸易机会，鼓励保护消费者和个人信息，加强在电子商务全球问题上的合作	通过消除电子方式进行贸易的不合理障碍，为投资者和公司提供法律确定性，并确保为消费者提供安全的在线环境	建立新的方法和合作，促进不同制度之间的互操作性，并解决数字化带来的新问题	旨在创建一个无缝的数字交易环境	采用数字化解决方案，提高电子商务用户的信任度和信心，加强成员国之间在电子商务发展方面的合作

续表

CPTPP 2018 年生效	USMCA 2020 年生效	DEPA 2020 年签署	SADEA 2020 年签署	RCEP 2020 年签署
要点	促进使用电子商务作为贸易手段，保护用户，使其免受：未经授权披露其个人信息、在线欺诈和欺骗性商业行为、未经请求的商业电子信息或垃圾邮件；保护跨境信息自由流动；防止 CPTPP 成员政府限制使用本地服务器进行数据存储或访问企业的软件源代码；确保 CPTPP 成员不歧视在线数字产品，不对其征收关税或其他费用	包含对数字产品的关税和关税禁令；通过允许使用电子认证和电子签名促进数字交易，确保自由转移跨境数据；严厉打击数据本地化措施	防止对数据传输和位置进行不必要的限制，以支持在澳大利亚和新加坡之间运营的企业（包括金融部门）传输数据且无须将其存储在任一司法管辖区；改进对源代码的保护，使企业不会被迫披露或转让其产品源代码作为进口、分发、销售或使用软件的条件，但某些例外情况除外；关于电子发票和电子支付框架的新承诺，以确保以兼容并基于国际框架的方式实施；增强企业和消费者对数字贸易的信任，包括改进支持在线消费者保护、个人信息保护和阻止未经请求的商业电子消息（垃圾邮件）的执法和合规性规定；合作创建安全的在线环境，以保护公民，尤其是儿童和社区弱势成员免受有害在线体验的侵害；为了经济、社会和研究利益的目的，新的承诺是改善公开可用的、匿名的政府信息的可访问性；提高澳大利亚和新加坡之间的透明度，以提供与数字经济相关的措施，包括在线措施，为寻求在新加坡进行贸易和投资的澳大利亚个人和企业提供更大的确定性	提供更强大的规则，确保包括金融部门在内的企业可以跨境传输数据，并且不需要在任何一个司法管辖区建立或使用数据存储中心；改进对源代码的保护；对兼容的电子发票和电子支付框架作出新的承诺；并为改善在线安全和消费者体验提供新的基准。SADEA 还提供了一系列新的贸易规则和双边合作的综合框架，以帮助企业和消费者利用数字经济。澳大利亚和新加坡就前沿新规则进行谈判，并在数据创新、人工智能、电子发票、农产品进出口电子认证、贸易便利化、个人数据保护和数字身份等领域签署了一系列谅解备忘录	实施举措，实现无纸化交易并接受电子提交的文件作为其纸质版本的法律等价物，承认电子签名的有效性（尽管法律允许例外）；制定和维护保护个人数据和电子商务消费者保护措施的法律框架，特别是防止欺诈和误导性做法、监管未经请求的商业电子消息（即直接营销），包括启用选择退出、基于同意的要求以及以其他方式最大限度地减少此类消息；维持目前不对成员国之间的电子传输征收关税的做法（尽管允许以与 RCEP 协议一致的方式征收的税费/费用/收费）；建立地方网络安全当局的能力，并促进成员国之间在处理此类问题方面的合作；禁止（i）数据本地化要求，强制要求在本地使用或定位计算设施作为在成员国内开展业务的条件，以及（ii）限制通过开展业务所需的电子方式进行的跨境数据传输；除非此类要求/限制是实现合法公共政策目标或保护基本安全利益所必需的

表 9-3　总结（2）

关于数据传输的条款	CPTPP	USMCA	DEPA	SADEA	RCEP
数据传输	促进跨境数据的自由流动，并最大限度地减少数据本地要求 但是，为了实现合法的公共政策目的，成员保留维护和修改与数据流相关的法规的能力	同 CPTPP	同 CPTPP	同 CPTPP	同 CPTPP 但是成员确认实施此类合法公共政策背后的必要性应由实施方决定
个人信息保护	各方承诺基于相关国际指引的基础上对个人信息进行保护	同 CPTPP。在国际指引上提出引用 APEC 的 CBPR 隐私政策和 OECD 的指引	同 CPTPP，但是对个人信息保护的要求更加细化	同 CPTPP。在国际指引上提出引用 APEC 的 CBPR 隐私政策和 OECD 的指引	同 CPTPP
开放政府数据	N/A	在向公众提供包括数据在内的政府信息的范围内，缔约方应努力确保该信息作为开放数据提供	同 USMCA	同 USMCA	N/A
网络安全	各方认识到通过国家计算机应急小组的工作开展网络安全合作的重要性	建立各自负责网络安全事件响应的国家实体的能力；同意关注基于风险的方法而不是规范性监管	各方认识到需要建立负责网络安全的部门，合作识别和减轻威胁并培养人才的重要性	同 DEPA	各方认识到需要建立负责网络安全的部门，以及在现有合作机制上合作的重要性

　　基于上述内容，在分析中国的数据法体系是否符合目前国际条约中有关数据规定的要求时，首先需要考虑的是我国的数据传输规则。根据《数据出境安全评估办法》第四条，数据处理者向境外提供数据，有下列情形之一的，应当通过所在地省级网信部门向国家网信部门申报数据出境安全评估：①数据处理者向境外提供重要数据。②关键信息基础设施运营者和处理 100 万人以上个人信息的数据处理者向境外提供个人信息。③自上年 1 月 1 日起累计向境外提供 10 万人个人信息或者 1 万人敏感个人信息的数据处理者向境外提供个人信息。④国家网信部门规定的其他需要申报数据出境安全评估的情形。其中，重要数据又涉及企业对数据的分级分类，根据企业业务方向的不同，结合不同的数据类型，重要数据的划分并不是一成不变的。换而言

之，对于跨国公司来说，由于其业务的特性，为了实现数据与海外部门的互通，其需要在自评估后对数据进行分级分类，如果数据落入重要数据范畴或者对个人信息数据达到安全评估的量级，其还必须通过地方网信办向国家网信办申报。以上海网信办 2023 年 5 月公布的数据为例，截至 4 月 28 日，上海市网信办累计解答咨询电话 3300 余通，接收涉及金融、零售、商务服务、汽车、医疗等重点领域的申报材料超过 400 件，通过完备性查验并报送国家网信办申报材料近 60 件。[①] 但目前通过国家网信办审查的只有马自达（中国）企业管理有限公司、丝芙兰（上海）化妆品销售有限公司。《规范和促进数据跨境流动规定（征求意见稿）》中对于数据出境的评估要求有所放宽，允许自贸区设立负面清单作为试点降低企业的合规成本。

至于个人信息保护，从个人信息保护法的文本内容上看，我国的个人信息保护已经基本完备。《个人信息保护法》对数据处理者施加了以下关键义务：①同意要求。在收集或处理某人的个人信息之前，数据处理者必须获得数据主体的自愿、明确和知情同意。收集或处理"敏感个人信息"（包括数据主体的生物特征、宗教信仰、健康、财务、地理位置和幼儿的类别）的数据处理者还必须表明数据收集的具体目的和必要性，并遵循个人信息保护法中规定的某些严格的数据保护措施。②数据本地化和数据删除要求。个人信息保护法规定，如果数据处理者处理的个人信息量达到一定阈值，可能会触发数据本地化要求，并且数据处理者还需要指定个人信息保护负责人来监督适当的处理和保护收集的个人数据。③向第三方和海外传输个人信息的限制。数据处理者在向中国境内或境外的第三方传输个人信息之前，必须首先获得数据主体的知情同意，并确保数据接收方对数据的使用和数据处理方式遵守数据条款对象的同意。对于跨境传输，数据处理者还必须确保数据的外国接收者制定了不低于《个人信息保护法》规定的数据保护要求。根据数据处理者基于其拥有的数据的敏感性和数量的分类，可能适用其他要求。例如，拥有大量个人数据的处理中和关键信息基础设施运营者必须完成由中国网信办主持的强制性安全审查，然后才能将任何数据传输到海外。④一般合规要求。毫无疑问，《个人信息保护法》体现了我国数据保护的信心，其中不乏一些针对我国情况的规定，比如，根据企业是否具备"主要互联网服务平台"资格、是否拥有"大量"用户、是否从事"复杂经营活动"，可能会适用越

---

① 上海首批两家企业通过数据出境安全评估，见 https://news.cnstock.com/news，bwkx-202305-5056902.htm。

来越严格的规定。使用算法和类似自动决策功能来分析数据主体个人信息的公司必须遵守《个人信息保护法》中规定的某些"透明"和"公平"原则，这些原则禁止基于数据主体的某些类型的歧视性定价和营销活动。

《个人信息保护法》与 GDPR 的区别如表 9-4 所示。

表 9-4 《个人信息保护法》与 GDPR 的区别

个人信息保护法	GDPR
由政府机构管理的安全评估	
关键信息基础设施运营者和处理个人信息达到国家网信部门规定数量的个人信息处理者，应当将在中华人民共和国境内收集和产生的个人信息存储在境内。确需向境外提供的，应当通过国家网信部门组织的安全评估；法律、行政法规和国家网信部门规定可以不进行安全评估的，从其规定。（《个人信息保护法》第四十条）第四条 数据处理者向境外提供数据，有下列情形之一的，应当通过所在地省级网信部门向国家网信部门申报数据出境安全评估：（一）数据处理者向境外提供重要数据；（二）关键信息基础设施运营者和处理 100 万人以上个人信息的数据处理者向境外提供个人信息；（三）自上年 1 月 1 日起累计向境外提供 10 万人个人信息或者 1 万人敏感个人信息的数据处理者向境外提供个人信息；（四）国家网信部门规定的其他需要申报数据出境安全评估的情形（《数据出境安全评估办法》第四条）	GDPR 中不存在类似的要求
国际协议和充分性决定	
中华人民共和国缔结或者参加的国际条约、协定对向中华人民共和国境外提供个人信息的条件等有规定的，可以按照其规定执行（《个人信息保护法》第 38 条）	如果欧盟委员会决定由第三国或国际组织确保欧洲经济区内的数据主体获得充分的数据保护，则会发布"充分性决定"（GDPR 第 45 条）
认证	
个人信息处理者因业务等需要，确需向中华人民共和国境外提供个人信息的，应当具备下列条件之一：……（二）按照国家网信部门的规定经专业机构进行个人信息保护认证……（《个人信息保护法》第 38 条）	截至目前，认证机制很少在数据传输环境中使用

个人信息保护法	GDPR
标准示范条款	
个人信息处理者因业务等需要，确需向中华人民共和国境外提供个人信息的，应当具备下列条件之一： …… （二）按照国家网信部门制定的标准合同与境外接收方订立合同，约定双方的权利和义务 …… （《个人信息保护法》第38条）	标准合同条款（SCC）通常是许多组织最相关和最合适的保护措施，是已获得欧盟委员会批准的示范数据保护条款，嵌入合同后可实现个人信息的自由流动。这些条款包含数据导出方和数据导入方的合同义务。只要为个人提供了权利，个人就可以直接对数据进口者和数据出口者行使这些权利
具有约束力的公司规则	
无类似规定	具有约束力的公司规则可用于形成在跨国集团内运作的具有法律约束力的内部行为准则，适用于将个人信息从集团的欧洲经济区实体转移到集团的非欧洲经济区实体，并经主管数据保护机构批准
其他转移机制	
个人信息处理者因业务等需要，确需向中华人民共和国境外提供个人信息的，应当具备下列条件之一： …… （四）法律、行政法规或者国家网信部门规定的其他条件 （《个人信息保护法》第38条）	还可以实施行为准则。然而，实际上，数据传输环境中尚未得到广泛采用只有在缺乏上述所有转让机制的情况下，GDPR才允许减损——允许在特定情况下进行转让，如在获得同意的情况下、为了履行或签订合同、为了行使法律主张、为了保护无法给予同意的数据主体的切身利益，或出于公共利益的重要原因

笔者认为，如果从影响力的角度预测，OECD最新通过《关于政府访问私营部门持有的个人数据的宣言》（以下简称"宣言"）的签署成员包括欧盟、美国在内的38个OECD成员，其很可能会成为数据领域合作的风向标。该宣言旨在确认政府对个人数据的访问需要基于法律合法目的，符合法律框架，通过释明国家安全和执法部门如何在现行法律框架下访问个人数据，促进跨境数据流动互信，推动全球经济的数字化转型。从该宣言的原则来看，其目的是保护私营部门的利益，限制政府的公权力的滥用。它还旨在确保在跨境合作框架内进行犯罪的预防、调查和起诉，以加强对可用信息（包括个人信息）的访问，从而确保隐私保护的共同标准。

GDPR 作为目前影响力最大的数据保护条例，得益于欧盟开放市场带来的影响力，除传统的条约以外，欧盟在实践中走出了另一种影响国际法律制度的道路——布鲁塞尔效应。布鲁塞尔效应用于描述由于欧盟市场的规模和进入该市场的吸引力，欧盟的规则和法规成为事实上的全球标准的现象。

第二节　欧美对数据跨境流动的规制

一、欧盟

欧盟的个人信息保护法体系源于对隐私权的保护，发展于信息技术的进步，以不同时期的三个法律文件为三个发展阶段的标志。欧洲的传统观念中，隐私是人格尊严的一部分，包含个人形象、姓名和名誉，隐私权意味着自己决定信息是否披露、如何披露，也就是说，以自己满意的形式呈现于公众面前。欧洲个人数据保护的逻辑是：个人数据是人的延伸，而人应当独立自主（自治），因而个人数据亦应当由数据主体掌控，体现个人的意志，这也是康德的"以人作为目的"的观念体现。保障数据主体对个人数据的处理事务的自主、自治、自决，是个人数据保护的应有之义。① 20 世纪 60 年代以来，计算机逐渐替代传统方式进行个人信息的收集、传输和处理，数据的高效处理和流动带来了巨大的经济价值，同时带来的问题是，个人信息主体的"自然人格"被"信息形象"或"信息人格"所覆盖，并在流动中造成对自然人格的扭曲。鉴于此，1970 年，德国黑森州出台了世界范围内的第一部个人数据保护法，主要涉及公共机构对个人数据的处理，随后各州的纷纷效仿。1977 年，德国联邦出台了《联邦数据保护法》。② 随后，欧洲各国陆续出台个人数据保护法，并逐渐开始出现关于数据在欧洲跨国流动的规制。然而，各国立法的差异性，为欧洲市场的一体化进程带来了法律层面的障碍，亟须制定一部区域内统一的法律规范文件，确保数据流动为各国带来经济效益。

---

① 高富平. 个人信息保护：从个人控制到社会控制［J］. 法学研究，2018，40（3）：84-101.
② 任文倩. 德国《联邦数据保护法》介绍［J］. 网络法律评论，2016，19（1）：60-69.

（一）《关于自动化处理的个人信息保护公约》

在上述背景下，1981 年 1 月 28 日，欧洲委员会各成员国在法国斯特拉斯堡市签订了《关于自动化处理的个人信息保护公约》，第一次在欧洲范围设置统一的个人数据保护模式，也是第一部规制数据跨境流动的国际性法律文件，其于 1985 年生效并吸收非欧洲国家加入。公约第三章第 12 条规定，禁止缔约国仅以隐私保护为由限制个人数据的跨境流动，但在两种情况下除外：①一缔约国具有针对特定类型个人数据保护的立法，而对方缔约国并无同等保护。②为规避本法，以缔约国为媒介，个人信息从一缔约国传输到另一非缔约国。可见，此阶段的立法主要目的在于为数据的自由流动扫清障碍，实现数据带来的经济利益。

（二）《关于个人信息处理保护及个人信息自由传输的指令》

1993 年，《马斯特里赫特条约》的生效宣告欧盟正式成立，也为统一的欧盟市场和个人数据保护立法带来了全新的时代。1995 年 10 月 24 日，《关于个人信息处理保护及个人信息自由传输的指令》发布，第 1 条明确指令的目的：①旨在保护隐私权和个人数据方面的基本权利和自由。②成员国不得因第 1 款内容禁止或限制成员国之间的个人数据流动。除了确保个人数据在欧盟成员国之间的跨境流动，第四章规定了个人信息从成员国流向"第三国"的条件——第三国需提供与成员国相当水平的个人数据保护。由此，指令进一步扩宽了个人数据跨境流动的范围，并为欧盟的个人数据保护设置了保护网。考虑到大多数国家未必达到相当水平保护，第 26 条规定了 6 种例外情况，以及未达到保护要求也不符合例外情况时，若数据控制者通过合同等措施能够提供充分保护，成员国可授权数据向第三国转移，但此时应通知欧盟委员会以及成员国。指令实施后，针对具体领域的个人数据保护，欧盟相继出台了细化规则，例如，1997 年适用于电子通讯和互联网服务商领域的《关于在电子通讯行业处理个人信息和保护个人隐私的指令》，2008 年《关于在犯罪问题方面的个人信息保护和司法合作的政策框架》。从 2000 年《欧盟基本权利宪章》将个人数据保护纳入基本权利，并纳入随后的《欧盟宪法条约》，到 2009 年《里斯本条约》的正式生效，个人数据最终作为基本权利被具有成员国约束力的欧盟法保护。

根据指令 32 条要求，成员国在三年内须制定与指令内容一致的国内立法，并须建立独立的监管机构，这推动了欧盟成员国个人信息保护的立法。然而实践中，因各国背景和对指令解释的差异，造成了成员国之间立法与执法的差异性与不确定性。同时，随着大数据、5G、人工智能、云计算等新技术的发展，欧盟对一部既能协调各成员国数据保护水平，又能统一适用，并且能有效保护新时代个人数据的统一立法的需求与日俱增。

（三）《通用数据保护条例》

2016年4月14日，欧洲议会和欧盟理事会通过《通用数据保护条例》（GDPR），并于2018年5月25日正式生效。GDPR不仅可以直接适用于成员国，而且适用范围得到了大幅扩展，被称为"史上最严数据保护条例"。2019年11月12日，新成立的欧洲数据委员会（EDPB）发布了《GDPR域外适用指南》（以下简称指南），对GDPR第3条，即地域适用范围条款进行了详尽说明，并提供了示例，具体分为以下三个层面：①是否在欧盟设立实体。②是否为欧洲居民提供商品或服务。③是否检测欧洲居民行为。指南同时列举了几种即使没有在欧盟设立实体也落入GDPR调整的商业模式：精准广告、定位服务、医疗私人定制服务、视频监控等。

GDPR在第五章规定了个人数据转移到第三国或国际组织的情形，为数据跨国传输提供了几个层次的路径，具体如图9-2所示。

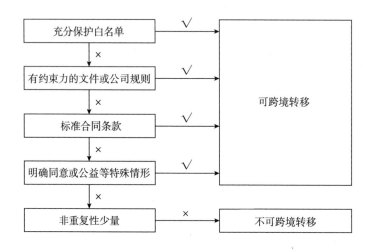

图9-2　GDPR数据跨境传输路径

具体来说，GDPR在45条规定了基于第三国或国际组织充分保护的数据转移，并按其规定在其官方网站列出了欧盟认可的充分保护"白名单"，明确允许将数据转移到这些国家。截至2020年3月12日，名单包括13个国家：新西兰、瑞士、安道尔、法罗群岛、阿根廷、根西岛、加拿大（仅商业组织）、以色列、乌拉圭、曼岛、泽西岛、日本和美国（限于隐私盾协议下）①。如不属于白名单国家，数据的控制者或处理者需提供"适当保护"，具体包括：①公共机构或实体之间具有法律约束力并可执行性的文件。EDPB 在 2020 年 2 月 24 日发布了对此条的指南，定义了公共机构，包括各级政府以及国际组织，并规定了数据转移到第三国的几项最低保障原则，包括数据保护原则、目的限制原则、数据准确性与最小化原则、存储限制原则及其他适用中的注意事项。②有约束力的公司规则（Binding Corporate Rules，BCRs），源于 2003 年的 74 号工作文件，如果跨国企业具有欧盟监管机构认可的有约束力的公司规则，数据转移则无须另行报备和批准，并在 47 条列明了以上有约束力的规则应明确的内容。欧盟委员会在其官网公布了包括空客、E-Bay、爱马仕、乐高、PayPal 等符合 BCRs 的公司列表。② ③欧盟委员会认可的行为准则或验证机制，目前还未出台相关具体规定。相对于 BCRs 烦琐的申请程序和高昂的成本，第三国企业可选择采用 EDPB 在 2019 年 12 月发布《标准合同条款》的方式实现跨境数据转移。如不符合"白名单"和"适当保护"，GDPR 在第 49 条规定了可以传输到第三国的几项特殊情况，包括数据主体被明确告知但仍明确表示同意、为了社会公益等。若以上条件皆不满足，那么数据向第三国的转移仅在严格条件下才可进行，并应进行评估和提供安全保障。

二、美国

与欧洲不同，美国关于数据的相关法案偏向于使用"隐私"（privacy）一词。美国法律层面隐私权的概念来源于 Samuel D. Warren 和 Louis D. Brandeis 在 1890 年发表于《哈佛法律评论》第 4 期的 The Right to Privacy 一文，文中提出，隐私权是一种独处权，以及保持自己个性的权利。1965 年，Griwold v. Connecticut 案确立了自治性隐私权（right to decisional privacy），即不受他人干扰自由地做出决定，如结婚、生育、避孕、收养等。1967 年 Katz v. United States 案确立了物理性隐私权（right to physical privacy），即住所或私人领域不被政府入侵或滋扰的权利。1977 年，Whalen v. Roe 案确立了第三种隐私权，信息性隐私权（right to in-

---

① https：//gdpr-info. eu/issues/third-countries.

② https：//ec. europa. eu/info/law/law-topic/data-protection/international-dimension-data-protection/binding-corporate-rules-bcr_en#approval-of-binding-corporate-rules.

formational privacy），即控制自己信息的权利。① 个人信息不仅是人格权，也具有财产属性。个体的数据也许并不能形成商业价值，但是当大众资料汇集，形成资料库，就有了重要的商业利用价值。② 美国科技政策研究中心主席 Scott Wallsten 在一项个人信息量化的研究中表示："对于各种各样的隐私，不同国家的民众重视程度存在差异，说明有些国家的民众喜欢较强的隐私保护规则，而其他国家正相反。分析在议的任何隐私政策，都需要量化隐私的价值。"如对于补偿平台共享联系人信息的费用，德国 Facebook 用户需要每月 8 美元，而美国用户仅需3.5 美元。③ 对比欧洲的隐私和数据保护，除了个人观念的差异，美国的法律制度和立法传统也不同于欧洲自上而下的立法和统一的执法，对隐私和数据的保护分散于各个行业。更重要的是，在经济层面上，由于互联网巨头聚集，使美国在信息通信和数字经济市场处于领先地位，过多的规制会使互联网企业发展丧失创新与活力，而互联网商品或服务通常跨越国界，这就需要美国从立法层面到贸易谈判都倾向于为数据的跨境自由流动扫清障碍。

（一）立法传统

联邦层面没有统一的数据保护基本法，美国国会研究服务局在 2019 年 3 月25 日发布的《数据保护法：综述》中归纳了美国对个人数据的保护分散于以下法律中：《格雷姆-里奇-比利雷法》（Gramm-Leach-Bliley Act，1999）、《联邦贸易委员会法》（FTC Act，1914）、《公平信用报告法》（Fair Credit Reporting Act，1970）、《金融消费者保护法》（Consumer Financial Protection Act，2010）、《电子通信隐私法》（Electronic Communications Privacy Act，1986）、《计算机欺诈和滥用法》（Computer Fraud and Abuse Act，1986）、《儿童在线隐私保护法》（Children's Online Privacy Protection Act，1999）、《家庭教育权和隐私权法》（Family Educational Rights and Privacy Act，1974）、《健康保险流通和责任法》（Health Insurance Portability and Accountability Act，1996）、《视频隐私保护法》（Video Privacy Protection Act，1988），④ 并预测美国国会拟对以上数据隐私领域和数据安全领域进行统一立法。在以上成文法中，并未对数据跨境流动方面做出限制。于 2008 年

① https：//mp. weixin. qq. com/s/B9VwoDbBX2LhwOkMdLgkNQ.

② 王利明. 隐私权的新发展［J］. 人大法律评论，2009（1）：3-27.

③ https：//www. news18. com/news/tech/facebook-users-willing-to-share-their-personal-data-for-as-little-as-3-study-2515945. html.

④ https：//crsreports. congress. gov/product/pdf/R/R45631.

通过的《加州消费者隐私法》（*California Consumer Privacy Act*，CCPA）被媒体称为"美国最严最全隐私保护法"，然而对于数据跨境流动，CCPA 仍秉承留白态度，并未作出任何限制，鼓励数据的自由流动。

（二）双边或多边协议

由于上述原因，美国未能符合欧盟严格的数据保护要求，这限制了美欧贸易往来。出于商业利益的驱使与经济往来的必要，2000 年 11 月 1 日，《美欧安全港协议》（*US-EU Safe Harbor Framework*）由美国商务部与欧盟委员会签署，规定只要美国遵守协议的七项原则：向外移转原则、安全原则、选择原则、获取原则、通知原则、资料完整原则和执行原则，① 即被认为达到欧盟指令标准。《美欧安全港协议》暂时缓解了美欧跨境数据流动的问题，但由于利益的根本冲突，2015 年 10 月 6 日，欧盟法院宣布因无法达到保护标准，《美欧安全港协议》失效。然而时隔仅仅一年，2016 年 7 月 12 日，利益又将美欧重新拉回谈判桌，签订了数据流动新方案《欧美隐私盾协议》（*EU-US Privacy Shield Framework*），双方均做出妥协，仍保留《美欧安全港协议》七项原则，并丰富了内涵：美国企业承担了更多数据保护义务；赋予欧盟公民多样化的救济途径；限制美国政府进行监控，获取个人信息；建立年度审查机制等。但从根本上讲，美欧在个人数据保护的传统、立法、隐私意识上的巨大差异一直存在，基于商业利益的妥协仍存在很大的不稳定性。

2004 年，美国促成亚太经合组织（APEC）通过《隐私框架》（*APEC Privacy Framework*），在第三部分约定了九项原则：预防损害原则、告知原则、信息采集限制原则、个人数据使用原则、选择权原则、个人数据完整性原则、安全防护原则、当事人查询和更正原则、问责原则，在第四部分 B 款第四项约定了数据跨境流动，其中，第 69 条要求成员国"应避免限制其与另一成员国之间的个人信息的跨境流动"。②

2012 年，《美韩自由贸易协定》（*US-South Korea Free Trade Agreement*）第一次将数据跨境流动引入自由贸易协定（FTA），第 15.8 条规定，成员国应"努力避免对跨境电子信息流动施加或保持不必要阻碍"。③

---

① http：//2016. export. gov/build/groups/public/@ eg_main/@ safeharbor/documents/webcontent/eg_main_061613. pdf.

② https：//iapp. org/media/pdf/resource_center/APEC_Privacy_Framework. pdf.

③ https：//ustr. gov/trade-agreements/free-trade-agreements/korus-fta/final-text.

2013 年，APEC 通过了《跨境隐私规则体系》（*Cross Border Privacy Rules*，CBPR），目前，已有美国、墨西哥、日本、加拿大、新加坡、韩国、澳大利亚、中国台湾地区加入。CBPR 提出，若各成员国和地区的公司承诺遵守《隐私框架》九大原则，那么个人数据在这些公司之间流动应不受阻碍，进而，成员国不得再以保护个人信息为由限制数据跨境流动。

2015 年，由美国主导，日本、澳大利亚等 12 个国家达成《跨太平洋战略经济伙伴协定》（TPP），在第 14 章第 11 条"以电子方式跨境传输信息"中约定，成员国应当允许个人信息自由跨境流动，除非出于正当公共政策目标。在对第 14 章"个人数据保护"的注释中，TPP 说明，成员国可以采取以下方式履行协定：统一制定个人数据保护法、行业部门法，或行业自律规则。这样一来，不同数据保护水平、方式的成员国只要满足一定的最低线，就可以声称达到协定要求。虽然在 2017 年 1 月 23 日，出于对货币操纵的担心，美国宣布退出 TPP，但 TPP 对数据跨境流动的影响将持续。美国在新一轮与各国的贸易谈判中，都将数据跨境自由流动纳入协议，破除成员国法律规制和流动壁垒，促进个人数据自由流动，甚至聚向拥有互联网巨头公司的美国。

2018 年 10 月签订并于 2020 年 1 月 29 日修订签发的《美墨加协定》在其第 19 条约定了遵守 APEC 跨境传输规则，并约定任何缔约国不得禁止或限制数据跨境传输。

（三）政策趋势

近年来，由于互联网企业数据存储地与服务提供地的分离，主权国家出现相关司法管辖等问题。2013 年，美国政府因一起刑事案件向微软公司调取相关电子邮件，微软公司表示该数据存储在爱尔兰的服务器，美国政府没有获取的法律依据。2016 年，美国联邦第二巡回法院认为根据 1986 年的《储存通讯法案》（*Stored Communications Act*，SCA），搜查令不适用于美国服务商存储在境外的数据，做出了有利于微软公司的二审判决。显然，根据 SCA，美国无权管辖那些美国公司所拥有的，却存储在境外的数据，在这样的背景下，2018 年 3 月 23 日，美国签署《海外数据适用澄清法案》（CLOUD），明确规定了美国政府有权在涉嫌危害国家安全、严重刑事犯罪等情形下调取美国互联网企业数据，无论数据存放是在境内还是在境外。CLOUD 通过"控制者原则"的"长臂法案"，扩大了美国执法机关调取境外数据的权力，而他国调取存储在美国的数据须通过"适格外国政府"审查，并满足美国设定的认定条件。

2009 年 12 月 13 日，美国提出制定《数据保护法案》（*Data Protection Act*），并设立专门的联邦数据保护局（Data Protection Agency，DPA），保护个人数据并防止数据滥用。《2019 美国国家安全与个人数据保护法案》第三节规定的针对特别关注的科技公司的数据安全要求，主要包括：①数据最小收集原则，即收集的用户数据不得超过运营所需。②禁止二次使用原则，即不得用于与运营无关的任何目的，包括提供定向广告、与第三方共享或者提供不必要的人脸识别技术。③查看和删除的权利，具体包括：a. 允许个人查看公司所持有的任何本人数据。b. 应本人要求，永久删除公司拥有的直接或间接收集的数据。④禁止向关注国传输数据或解密信息，如加密密钥。⑤不得在美国或协议国家以外国家或地区存储美国公民或居民数据或解密信息，如加密密钥。⑥上报要求，公司首席执行官或同级别高管人员应每年至少一次向联邦贸易委员会、联邦和各州检察长提交报告。法案第四节也规定了除特别关注的科技公司之外的任何跨州或跨境提供数据服务公司，不得将从美国境内收集的个人数据或解密信息传输或存储到关注国。2019 年 12 月 23 日，美国白宫行政管理和预算办公室发布《联邦数据战略与2020 年行动计划》，确立了包括设立 GDPR 要求的首席数据官等 20 项行动计划。2020 年 1 月 16 日，美国国家标准技术研究院（NISI）发布了《隐私框架 1.0版》。可见，美国在通过双边或多边协议实现数据自由流动的同时，也在逐渐加大个人数据的保护力度与广度，平衡与协调互联网用户的权利保障和信息自由流动带来的商业利益。

第三节 我国在数据保护领域的路径选择

如果一个机构能够轻松地进行跨境数据共享，那么企业、消费者和社会都能获得巨大收益。然而在每个发展阶段，不同国家都为跨境数据流动设置了障碍，如数据本地化要求将数据限制在一国境内。这种对数据的保护采取的行动多种多样并且动机各不相同，但其中一种动机错误地认为，如果限制数据流动，数据相关工作可以转移到本国公司，从而获益。其他国家或地区则出于对公民数据的隐私和安全性的保护，或者至少认为这是数据保护主义的理由。但是，正如美国信息科技与创新基金会（ITIF）在一份报告中明确指出的那样，要求数据不得离开一个国家的强制性要求，绝对不会增加隐私性或安全性。当涉及数据安全时，它并不取决于数据的存储位置，而是取决于存储数据的方式。同样，数据的自愿披露也不会受到数据存储位置的负面影响，因为即使数据存储在国外，消费者和公司也可以依靠合同或法律来限制数据的披露。存在差异的只可能是那些强制性的数据披露，如出于执法目的的强制性披露。

根据上海社科院发布的《全球数字经济竞争力发展报告（2018）》，中国数字经济竞争力位列全球第二，仅次于美国。我国数字产业能力在全球处于领先地位，一些数据驱动型企业开展全球化发展，逐渐在产业链中占据一席之地。与此同时，一国掌握的数据和利用能力已成为重要的经济、政治和安全资源，处于数据领先地位的国家将会摄取更丰富的资源，进而进一步提升实力，而处于落后地位的国家则将失去更多资源。同时，欧盟和美国通过"长臂管辖"等手段将数据主权扩展到欧盟或美国企业所在的全球市场。

在这样的背景下，我国要充分认识到数据跨境自由流动不仅关乎企业跨境贸易经济利益，也在很大程度上影响着全球的规则和格局，牵涉国家安全和主权。同时，也要充分重视数据跨境流动带来的风险和个人数据保护的重要性。通过对个人数据的整理、分析与加工，进行产品的设计与市场经营，精准定位企业产品与服务，可以带来巨大的商业利益。个人数据在数字经济乃至所有产业中均属于重要资源，个人数据保护的缺失，一方面，可能致使本国数据资源大量流到境外，资源流失，损害本国企业创新动力和经济利益，进而影响本国产业竞争力。另一方面，保护水平较高的国家出于对本国居民数据安全的保护，限制本国个人数据流入保护水平较低的国家，使水平较低国家进一步丧失商业机会与利益。

第四节　中国数据保护规则与国际高标准经贸规则的衔接路径

一、衔接路径

（一）完善法律体系与监管机制

从分散法规到集中立法，我国在法律顶层设计层面进行系统规制。在制定过程中，可适当参考 GDPR 和 CCPA 等相关条款，结合我国个人数据保护理念和数字产业特点，平衡个人权利的有效保障和数据自由流动带来的经济利益、企业发展和国家竞争力。在保护策略上，除数据本地化单一措施，还应拓展多种实现路径，以适应未来海量数据流动需求，例如：

（1）借鉴欧盟经验，建立充分保护白名单。GDPR 除了将白名单对象从"第三国"扩展到"第三国或国际组织"，更在第 45 条第 2 款中明确了充分保护的形式与实质审查标准。我国在将部分国家或地区列为数据自由流动白名单之前，应先通过立法形式明确列举审查标准，制定标准考量的因素应包含：拟实现自由流动国家或地区法治程度、公共安全、国防、国家安全以及数据保护方面的立法、是否具有独立的数据安全监管机构、是否加入数据保护的条约或协定或作出国际承诺等。另外，根据对等原则，[①] 积极与拟列为白名单国家或地区，特别是我国提供跨境服务企业主要的出海国家与地区进行谈判，为我国出海企业提供有效数据跨境传输途径。

（2）借鉴欧盟标准合同范本形式，但不宜照搬协议内容，应在符合我国《合同法》《民法典》《网络安全法》等法律法规和监管机构要求的前提下，组织学术人员与具有丰富实践经验的法律实务工作者进行充分论证与研讨，制定符合国际标准和中国企业实际情况的指引文本和配套指南，为企业提供明确、细化的条款，帮助企业在境内外开展与数据有关的商业活动时合法合规。

（3）应对欧盟与美国的"长臂管辖"，确立符合国家利益的数据调取规定，合理主张数据主权，应对管辖冲突。对于面向全球提供服务的企业而言，法律适用和管辖的不确定性增加了巨大的运营和风险控制成本，需要在立法层面为司法机构提出指引。GDPR 管辖权的规定较为抽象与广泛，中国宜借鉴美国 CCPA，CCPA 将管辖明确为"以盈利目的处理个人信息的企业所在地"并设置金额门槛。我国可结合司法实践，选择根据服务商注册地、数据存储服务器所在地，或是数据主体所在地进行管辖，提高执法确定性。

在法律出台后的实施过程中，结合《个人信息出境安全评估办法》的评估要求，按照不同类型数据出台相关指南，细化执行方案，落实实施细则，提升法律的可操作性。同时，设立数据跨境与保护的专门监管机构，作为数据保护监管

---

① 对等原则指对他国公民、企业和组织权利加以限制或给予方便时，他国也应以规定相应限制或给予。

系统分支，协调部门间权责，对接不同行业的数字驱动企业，为我国已展开或计划进行境外业务和布局的企业提供可行性指引，同时对引进的外资企业在我国境内开展数据相关业务进行监督管理。

（二）建立行业自律制度

企业是数据跨境流动的主要参与者，同时也是个人数据保护的主要实施者，单纯依靠立法和监管等强制手段效果有限。最大限度实现数据自由流动合规带来的商业利益，以及最大范围实现个人数据的有效保护，还需要依靠行业自律制度与惯例。我国数字驱动型企业已率先在行业自律方面进行了实践，例如，阿里巴巴提出《信息安全技术数据安全能力成熟度模型》，评估数据的生命周期，并在行业内推广；腾讯等互联网行业出台了各自的隐私保护白皮书①，在行业内部逐渐统一和规范数据保护体系和流程。在此基础上，一方面加强企业合规意识，通过培训、企业自评估、第三方机构认证等方式激发企业积极性；另一方面对行业协会、第三方机构制定的规范、合同等进行引导和监督。此外，鼓励、引导企业与境外监管机构的合作，如设置数据保护官（Data Protection Officer）、使用标准合同文本等。

对于开展跨境服务的国内企业，因目前尚不满足"充分性认定"，尚没有加入国际隐私框架或协议，可以暂时采用将满足"充分性认定"的国家或地区作为"数据港"，建立数据中心，目前实务中一般将数据中心设在新加坡、新西兰、加拿大等。

（三）设立"数据流动与保护"战略目标

"网络强国"战略在党的十八届五中全会上首次提出，习近平总书记在2018年4月的网络安全和信息化工作会议上详细论述了网络强国战略思想，并强调，"核心技术是国之重器"。科技的变革带来前所未有的机遇，在电信通信、医疗、保险等传统行业和"互联网+"、人工智能、云计算、社交媒体等新兴行业，部分中国科技驱动企业拥有占领全球产业链关键位置的实力和机会，中国科技的崛起使一些拥有科技强国历史地位的国家将中国和中国企业作为竞争对手。网络的实质就是数据的互联，数据的互联要求数据能充分而有序地自由流动，可见数据流动是实现网络强国的重要一环。立法与监管仅就企业数据合规方面提出要求，而配合高速发展的数字经济、适应纷繁复杂的国际局势，需要将数据的流动与保

---

① http://www.chinabigdata.com/cn/contents/3/253.html.

护提高到战略高度，树立全社会层面的数据保护意识，培养和储备数据科技人才与数据合规人才，建立数据流动与保护试点城市与地区等。

（四）合作共赢，推进双边和多边谈判

在"网络强国"的战略目标下，与其他国家合作实现数据流动不可避免。虽然发展中国家同发达国家在网络空间主权上存在观念分歧，但是基于全球一体化的发展趋势，以及同发达国家开展经济贸易往来对提高发展中国家的技术进步、经济发展具有重要作用，发展中国家应当努力与发达国家之间达成利益诉求的平衡。[①] 随着"一带一路"倡议的深入实施与"金砖五国峰会"等重要国际会议的开展，中国话语权不断上升。相较于数据本地化的单一化保守策略，我国应积极部署数据流动全球规制，从被动地接收规制到主动参与规则制定，承担大国责任，代表企业发声，避免他国因数据保护不力为由拒绝数据流入。应借鉴与中国同属处数字经济领先地位的美国，美国虽未被欧盟承认为充分保护国家，但通过《欧美隐私盾协议》和《美欧安全港协议》突破了 GDPR 的限制，为美国数字与互联网企业在欧洲开拓市场提供了可行性。但同时也应看到，美国"全球收缩"的贸易保护政策与地缘政治都为数据跨境流动设置了壁垒和障碍。所以，我国在积极推进双边和多边谈判与合作的同时，还要为未来可能面临的数据壁垒和封锁做好充分的应对准备。

二、我国数据体系的发展策略预测

从国内法的实践角度来看，首先需要解决的问题就是通过细则确保对数据的保护的真正落地。从网络安全法到数据安全法，中国以"对中国国家安全的潜在影响"为基准，对在我国收集和存储的数据进行分类，并根据数据的机密级别规范其存储和传输。数据安全法阐明并扩展了"核心"和"重要"数据以及某些类型的数据处理程序的数据本地化和数据传输要求。为后续各部门建立具体的数据分类分级保护制度提供上位法支持。但是缺少对数据泄露时的具体处置方式的规定。唯一涉及泄露的规定还是停留在《网络安全法》第四十二条中的通知报告义务[②]，缺乏详细的规定，如数据泄露通知的程序、主管部门以及法律后果。

---

① 石静霞，张舵. 跨境数据流动规制的国家安全问题［J］. 广西社会科学，2018（8）：128-133.
② 《网络安全法》第四十二条：网络运营者应当采取技术措施和其他必要措施，确保其收集的个人信息安全，防止信息泄露、毁损、丢失。在发生或者可能发生个人信息泄露、毁损、丢失的情况时，应当立即采取补救措施，按照规定及时告知用户并向有关主管部门报告。

在个人数据的保护方面，本书也认为，GDPR 在欧盟的实践是非常具有参考价值的。自 GDPR 颁布以来，欧盟的学者已经对其影响和反响进行了很多讨论。在经济和统计方面，欧盟学者指出，GDPR 可能对欧盟内部市场和经济产生部分负面的影响。毫无疑问，GDPR 式的法规将令其司法辖区内的企业增加经营成本，并且可能给新兴的本地数据行业带来负担甚至扼杀这些公司发展和竞争的机会。根据普华永道 2018 年的一份报告，[①] 对于一般的企业而言，采取相应的数据合规制度可能需要超过 100 万美元的合规成本。甚至在某些情况下，这个数字可能会更高。例如，该报告中有 12% 的受访者表示他们将投资超过 1000 万美元。对于初创企业来说，它们根本无力在前期就支付如此高昂的费用。除此之外，个人信息保护法还存在规定模糊的问题。首先，个人信息保护法并没有解决个人信息泄露时无从收集证据的困境。个人信息保护法在几经修订之后，将"保护个人信息权益"置于首位。随着大数据时代的到来，个人信息面临的风险主要包括以下几类：①个人信息被非法收集、买卖。②出于合法目的被收集的信息形成大数据，通过算法等技术进行社会分选、歧视对待。③通过大数据和人工智能进行画像，将原本属于主体的自然人降格为客体并加以操控。[②] 个人信息保护法的保护逻辑是，由于个人和数据处理者之间的不平等关系，个人信息保护法集中于对数据处理者设限。因此个人信息保护法目的在于保护个人信息权益，而不是给个人赋权对抗数据处理者，是由国家作为第三方力量保护个人权益。其次，个人信息保护法对企业施加的义务有些模糊，自生效以来，缺乏对应的细化规章制度。除了评估以外，另一个需要个人信息处理者履行的义务则是"审计"。根据第五十四条规定，个人信息处理者应当定期对其处理个人信息遵守法律、行政法规的情况进行合规审计。同时，第六十四条还提及当履行个人信息保护职责的部门在履行职责中，发现个人信息处理活动存在较大风险或者发生个人信息安全事件的可以要求个人信息处理者委托专业机构对其个人信息处理活动进行合规审计。简而言之，在个人信息保护法下，主要有两种审计情形——定期审计和通知审计。随后的《个人信息保护合规审计管理办法（征求意见稿）》中对定期审计提出了最低要求——其他个人信息处理者应当每两年至少开展一次个人信息保护合规审计，并且进一步说明审计应该由专业机构进行。从实践中来说，没有一家公司会有完全不收集个人信息的情况，员

---

① https：//uk. insight. com/content/dam/insight/EMEA/blog/2017/06/GDPR – Infographic – design – fi-nal. pdf.

② 程啸. 个人信息保护法理解与适用 ［M］. 北京：中国法制出版社，2019.

工的个人信息、供应商联系人的个人信息、客户的个人信息，如果这些信息都触发了审计的要求，那么基本上所有的企业都需要额外支出一笔数据审计费。

针对目前数据跨境难得的现状，从目前新发布的《规范和促进数据跨境流动规定（征求意见稿）》来看，在识别重要数据方面，由之前的企业识别改为遵循官方指引；并且明确入境个人信息再出境的，可豁免数据出境的前置要求；最重要的是中国希望通过自贸区进行数据出境的试点，自贸区内数据（包括重要数据、个人信息）以自由跨境流通为原则，在原则外制定需要完成数据出境前置程序的清单（负面清单），促进自贸区内企业的数据跨境流通。

本章小结

数据的自由流动已逐渐成为信息产业乃至包括传统行业在内的所有行业实现利益的重要途径，然而因各国经济发展、立法传统、文化和价值的差异以及国际局势的复杂性，全球统一的数据跨境流动规则短期内不会形成。在此背景下，我国近年来出台了多项跨境数据法规及配套指南；欧盟从个人信息保护出发，以三个法律文件为标志，逐步确立了严格的数据跨境传输标准；美国则以经济利益为主导，通过双边或多边协议破除他国壁垒和限制，促进数据自由流动。由此，我国要在实现数据跨境流动带来经济利益的同时平衡对个人数据的保护，还需在战略目标的高度上进一步完善立法与监管体系，建立行业自律制度，参与国际双边和多边谈判，争取话语权。

参考文献

一、著作类

［1］ Arrow K. J. Economic welfare and the allocation of resources for invention ［M］. Oxford：Macmillan Education，1972.

［2］ Bourgeois D. T.，Smith J. L.，Wang S.，et al. Information systems for business and beyond ［M］. Washington：Saylor Academy，2019.

［3］ Bradford A. The Brussels effect：How the European Union rules the world ［M］. Oxford：Oxford University Press，2020.

［4］ Narayanan A.，Bonneau J.，Felten E.，et al. Bitcoin and cryptocurrency technologies：A comprehensive introduction ［M］. Princeton：Princeton University Press，2016.

［5］ Zeba S.，Suman P.，Tyagi K. Types of blockchain ［M］. New York：Academic Press，2023.

［6］ ［美］布赖恩·比克斯. 法理学：理论与语境 ［M］. 邱昭继，译. 北京：法律出版社，2008.

［7］ 程啸. 个人信息保护法理解与适用 ［M］. 北京：中国法制出版社，2019.

［8］ 丛立先. TPP/CPTPP 知识产权问题研究 ［M］. 北京：中国法制出版社，2020.

［9］迪特尔·梅迪库斯. 德国民法总论［M］. 邵建东，译. 北京：法律出版社，2013.

［10］关淑芳. 惩罚性赔偿制度研究［M］. 北京：中国人民公安大学出版社，2008.

［11］韩立余.《跨太平洋伙伴关系协定》全译文导读［M］. 北京：北京大学出版社，2018.

［12］李大伟，等. 制度型开放问题研究［M］. 北京：中国言实出版社，2023.

［13］田曼莉. 发展中国家实施 TRIPs 协议研究［M］. 北京：法律出版社，2012.

［14］王迁. 知识产权法教程（第八版）［M］. 北京：中国人民大学出版社，2024.

［15］吴汉东. 知识产权法学（第八版）［M］. 北京：北京大学出版社，2022.

［16］杨立新. 侵权行为法［M］. 上海：复旦大学出版社，2005.

［17］尹新天. 中国专利法详解（缩编版）［M］. 北京：知识产权出版社，2012.

［18］余楠. 国际法与国际关系视野下《跨太平洋伙伴关系协定》（TPP）知识产权谈判［M］. 北京：法律出版社，2016.

［19］詹映. 中国知识产权合理保护水平研究［M］. 北京：中国政法大学出版社，2014.

［20］张乃根. 国际贸易的知识产权法（第二版）［M］. 上海：复旦大学出版社，2007.

［21］张平文，邱泽奇. 数据要素五论：信息、权属、价值、安全、交易［M］. 北京：北京大学出版社，2022.

［22］张玉敏. 知识产权法学（第三版）［M］. 北京：法律出版社，2016.

［23］中国社会科学院世界经济与政治研究所国际贸易研究室.《跨太平洋伙伴关系协定》文本解读［M］. 北京：中国社会科学出版社，2016.

［24］左旭初. 中国商标法律史（近现代部分）［M］. 北京：知识产权出版社，2005.

二、期刊类

［1］Abrams H. B. Originality and creativity in copyright law ［J］. Law and Contemporary Problems, 1992, 55（2）: 3-44.

［2］Ackoff R. L. From data to wisdom［J］. Journal of Applied Systems Analysis, 1989, 16（1）: 3-9.

［3］Bracha O. Give us back our tragedy: Nonrivalry in intellectual property law and policy［J］. Theoretical Inquiries in Law, 2018, 19（2）: 633-670.

［4］Drexl J. Designing competitive markets for industrial data［J］. Information Technology & Electronic Commerce Law, 2017, 8（4）: 257-292.

［5］Hardin G. Extensions of "the tragedy of the commons"［J］. Science, 1998, 280（5364）: 682-683.

［6］Heller M. A., Eisenberg R. S. Can patents deter innovation? The anticommons in biomedical research［J］. Science, 1998, 280（5364）: 698-701.

［7］Heller M. A. The tragedy of the anticommons: Property in the transition from Marx to markets［J］. Harvard Law Review, 1998（3）: 621-688.

［8］Kerber W. A new（intellectual）property right for non-personal data? An economic analysis［J］. An Economic Analysis, 2016（11）: 989-999.

［9］Kim D. No one's ownership as the status quo and a possible way forward: A note on the public consultation on Building a European Data Economy［J］. Journal of Intellectual Property Law & Practice, 2018, 13（2）: 154-165.

［10］Kocharov A. Data ownership and access rights in the European Food Safety Authority［J］. European Food and Feed Law Review, 2009, 4（5）: 12.

［11］Kretschmer M., Meletti B., Porangaba L. H. Artificial intelligence and intellectual property: Copyright and patents—a response by the CREATe Centre to the UK Intellectual Property Office's open consultation［J］. Journal of Intellectual Property Law and Practice, 2022, 17（3）: 321-326.

［12］Pejovich S. Towards an economic theory of the creation and specification of property rights［J］. Review of Social Economy, 1972, 30（3）: 309-325.

［13］Rigamonti C. P. Deconstructing moral rights［J］. Harvard International Law Journal, 2006（47）: 353.

［14］Schuhmann C., Beaumont R., Vencu R., et al. Laion-5b: An open large-scale dataset for training next generation image-text models［J］. Advances in Neural Information Processing Systems, 2022（35）: 25278-25294.

［15］Yang G，Maskus K E. Intellectual property rights，licensing and innovation in an endogenous product－cyclemodel［J］. Journal of International Economics，2001（53）：169-187.

［16］白洁，苏庆义.《美墨加协定》：特征、影响及中国应对［J］. 国际经济评论，2020（6）：123-138+7.

［17］常娱，钱学锋. 制度型开放的内涵、现状与路径［J］. 世界经济研究，2022，（5）：92-101.

［18］程啸. 企业数据权益论［J］. 中国海商法研究，2024，35（1）：50-63.

［19］褚童. 巨型自由贸易协定框架下国际知识产权规则分析及中国应对方案［J］. 国际经贸探索，2019（9）：80-95.

［20］戴翔，张二震."一带一路"建设与中国制度型开放［J］. 国际经贸探索，2019，35（10）：4-15.

［21］戴翔，张二震. 逆全球化与中国开放发展道路再思考［J］. 经济学家，2018（1）：70-78.

［22］单晓光. 中美贸易战中的知识产权问题分析［J］. 人民论坛·学术前沿，2018（17）：18-26.

［23］董涛. 全球知识产权治理结构演进与变迁——后 TRIPs 时代国际知识产权格局的发展［J］. 中国软科学，2017（12）：21-38.

［24］董雪兵，朱慧，康继军，等. 转型期知识产权保护制度的增长效应研究［J］. 经济研究，2012，47（8）：4-17.

［25］杜涛，周美华. 应对美国单边经济制裁的域外经验与中国方案——从《阻断办法》到《反外国制裁法》［J］. 武大国际法评论，2021，5（4）：1-24.

［26］冯晓青，付继存. 著作权法中的复制权研究［J］. 法学家，2011（3）：99-112+178.

［27］冯晓青. 知识产权视野下商业数据保护研究［J］. 比较法研究，2022，183（5）：31-45.

［28］高富平. 个人信息保护：从个人控制到社会控制［J］. 法学研究，2018，40（3）：84-101.

［29］高泽龙，王伟男，潘炜，等. 非同质化代币的应用原理及身份识别场景解析［J］. 网络空间安全，2021，12（Z1）：63-66.

［30］高志宏．隐私、个人信息、数据三元分治的法理逻辑与优化路径 ［J］．法制与社会发展，2022，28（2）：207-224．

［31］顾振华，沈瑶．知识产权保护、技术创新与技术转移——基于全球价值链分工的视角 ［J］．国际贸易问题，2015（3）：86-97+176．

［32］郭澄澄．高标准国际规制下的我国高水平制度型开放——影响机制、风险研判和应对措施 ［J］．经济学家，2022（12）：86-95．

［33］郭澄澄．制度型开放引领高质量发展——基于规则、规制、标准和管理开放的视角 ［J］．理论探索，2024（1）：121-128．

［34］何艳．涉公共利益知识产权投资争端解决机制的反思与重构 ［J］．环球法律评论，2018，40（4）：152-169．

［35］贺德方，李广建，汤富强，等．国外技术出口管制演进分析与应对策略研究 ［J］．中国科学院院刊，2024，39（1）：79-94．

［36］洪延青．我国数据安全法的体系逻辑与实施优化 ［J］．法学杂志，2023，44（2）：38-53．

［37］胡再勇．制度型开放与中国对外经济关系重构 ［J］．外交评论（外交学院学报），2023，40（5）：1-18．

［38］孔德明．数据财产权到访问权：欧盟数据设权立法转型解析 ［J］．比较法研究，2023（6）：33-50．

［39］孔祥俊．论知识产权的公共政策性 ［J］．上海交通大学学报（哲学社会科学版），2021，29（3）：19-29．

［40］孔祥俊．商业数据权：数字时代的新型工业产权——工业产权的归入与权属界定三原则 ［J］．比较法研究，2022，179（1）：83-100．

［41］李大伟．新发展格局下如何推进制度型开放 ［J］．开放导报，2020（6）：31-38．

［42］李洁琼．TPP知识产权规则与中国的选择 ［J］．政法论坛，2017（5）：54-65．

［43］李平，高椰．制度型开放与全球经济治理体系改革的中国对策 ［J］．国际经济合作，2024（1）：13-21．

［44］李顺德．对加强著作权行政执法的思考 ［J］．知识产权，2015（11）：17-24．

［45］李伟民．知识产权行政执法与司法裁判衔接机制研究 ［J］．中国应用

法学，2021（2）：100-123.

［46］李杨，车丽波．后疫情时期经济全球化变局与中国应对［J］．内蒙古社会科学，2020，41（5）：113-120.

［47］李永明，郑淑云，洪俊杰．论知识产权行政执法的限制——以知识产权最新修法为背景［J］．浙江大学学报（人文社会科学版），2013，43（5）：160-170.

［48］廖丽．国际知识产权制度的发展趋势及中国因应——基于博弈论的视角［J］．法学评论，2023，41（2）：187-196.

［49］刘彬．中国参与全球经济治理视阈下的制度型开放［J］．国际经贸探索，2023，39（11）：99-112.

［50］刘海波，古谷真帆，张亚峰．日美贸易摩擦中知识产权的作用及其对我国的启示［J］．中国科学院院刊，2019，34（8）：903-909.

［51］刘文杰．《电子商务法》"通知—删除"规则之检讨［J］．北京航空航天大学学报（社会科学版），2019，32（6）：13-20.

［52］刘鑫，毛昊．知识产权国家安全治理：制度逻辑与体系建构［J］．科学学研究，2022，40（12）：2246-2257.

［53］刘亚军，邵思蒙．FTA中数字知识产权规则研究［J］．北方法学，2020（2）：108-117.

［54］马维野．国家安全·国家利益·新国家安全观［J］．当代世界与社会主义，2001（6）：14-18.

［55］马一德，黄运康．RCEP知识产权规则的多维度解读及中国应对［J］．广西社会科学，2022（4）：69-76.

［56］马一德．全球治理大局下的知识产权强国建设［J］．知识产权，2021（10）：41-54.

［57］马忠法，李依琳．后TRIPS协议时代美国知识产权国际保护诉求之变及其影响［J］．河北法学，2020，38（8）：48-61.

［58］马忠法，王悦玥．RCEP与CPTPP鼓励性知识产权条款与中国因应［J］．云南社会科学，2022（4）：142-153.

［59］马忠法，王悦玥．国际贸易中的知识产权"隐性壁垒"与中国因应［J］．上海对外经贸大学学报，2024，31（2）：56-70.

［60］马忠法，谢迪扬．RCEP知识产权条款的定位、特点及中国应对［J］．

学海，2021（4）：181-191.

[61] 裴长洪，刘斌. 中国开放型经济学：构建阐释中国开放成就的经济理论 [J]. 中国社会科学，2020（2）：46-69.

[62] 裴长洪，刘洪愧. 构建新发展格局科学内涵研究 [J]. 中国工业经济，2021（6）：5-22.

[63] 裴长洪，倪江飞. 我国制度型开放与自由贸易试验区（港）实践创新 [J]. 国际贸易问题，2024（3）：1-14.

[64] 裴长洪. 中国开放型经济学的马克思主义政治经济学逻辑 [J]. 经济研究，2022，57（1）：37-55.

[65] 戚建刚，兰皓翔. 基层治理视角下的知识产权行政保护能力研究——以机构改革后湖北省 W 市 13 个区的市场监管局为样本 [J]. 北京行政学院学报，2022（2）：47-54.

[66] 秦蕊，李娟娟，王晓，等. NFT：基于区块链的非同质化通证及其应用 [J]. 智能科学与技术学报，2021，3（2）：234-242.

[67] 任文倩. 德国《联邦数据保护法》介绍 [J]. 网络法律评论，2016，19（1）：60-69.

[68] 邵彭兵，郭剑平. 法律全球化背景下法律本土化之应对——兼论中国判例制度本土化 [J]. 社会科学家，2022（3）：122-129.

[69] 邵思蒙. "后 TRIPS 时代"我国国际知识产权保护路径 [J]. 人民论坛·学术前沿，2021（4）：104-107.

[70] 沈伟，张焱. 国际投资协定中知识产权保护的"TRIPS-plus"难题及中国应对 [J]. 东岳论丛，2021，42（8）：173-182.

[71] 石静霞，张舵. 跨境数据流动规制的国家安全问题 [J]. 广西社会科学，2018（8）：128-133.

[72] 苏丽娟，马朝霞. 知识产权保护对技术进步的影响研究 [J]. 技术与创新管理，2022，43（4）：408-416.

[73] 孙国瑞. 对知识产权行政执法标准和司法裁判标准统一的几点认识 [J]. 中国应用法学，2021（2）：87-99.

[74] 陶凯元. 国家层面知识产权案件上诉审理机制改革的实践探索与未来展望 [J]. 法律适用，2024（4）：3-11.

[75] 佟家栋，谢丹阳，包群，等. "逆全球化"与实体经济转型升级笔谈

［J］．中国工业经济，2017（6）：5-59．

［76］汪超，金燕．CPTPP 协定与我国法律体系中的知识产权保护 ［J］．法律适用，2022（2）：48-55．

［77］王利明．隐私权的新发展 ［J］．人大法律评论，2009（1）：3-27．

［78］王莲峰，曾涛．国际视角下我国未注册驰名商标保护制度的完善 ［J］．知识产权，2021（3）：54-68．

［79］王迁．再论人工智能生成的内容在著作权法中的定性 ［J］．政法论坛，2023，41（4）：16-33．

［80］王一鸣．百年大变局、高质量发展与构建新发展格局 ［J］．管理世界，2020，36（12）：1-13．

［81］魏浩，卢紫薇，刘缘．中国制度型开放的历程、特点与战略选择 ［J］．国际贸易，2022（7）：13-22．

［82］魏江，李拓宇．知识产权保护与集群企业知识资产的治理机制 ［J］．中国工业经济，2018（5）：157-174．

［83］武志孝，张轩诚．RCEP 知识产权条款于中国：分析、应对与发展方向 ［J］．科技与法律（中英文），2022（4）：73-82．

［84］徐树．国际投资条约下知识产权保护的困境及其应对 ［J］．法学，2019（5）：88-102．

［85］徐树．最惠国待遇条款"失控"了吗？——论国际投资条约保护的"双边主义"与"多边化"［J］．武大国际法评论，2013，16（1）：256-278．

［86］许培源，章燕宝．行业技术特征、知识产权保护与技术创新 ［J］．科学学研究，2014，32（6）：950-960．

［87］杨健．中美贸易战视阈下知识产权保护"超 TRIPS 标准"发展趋势探究 ［J］．北方法学，2019，13（6）：94-106．

［88］杨君，肖明月，蒋墨冰．知识产权保护、技术创新与中国的资本回报率 ［J］．科研管理，2023，44（2）：137-145．

［89］易继明，初萌．后 TRIPS 时代知识产权国际保护的新发展及我国的应对 ［J］．知识产权，2020（2）：3-16．

［90］易继明．我国知识产权司法保护的现状和方向 ［J］．西北大学学报（哲学社会科学版），2018，48（5）：50-63．

［91］尹晨，檀榕基，周思力．中国规制制度型开放的路径探析 ［J］．复旦

学报（社会科学版），2023，65（6）：152-161.

[92] 于鹏，廖向临，杜国臣．RCEP 和 CPTPP 的比较研究与政策建议［J］．国际贸易，2021（8）：24-36.

[93] 张海燕．CPTPP 超 TRIPs 边境措施的新挑战与应对——基于发展中国家的视角［J］．时代法学，2023（3）：35-44.

[94] 张惠彬，何易平．WTO 上诉机构停摆背景下国际知识产权纠纷解决的出路——基于 ISDS 实践的分析［J］．国际经济法学刊，2023（3）：127-142.

[95] 张建邦．国际投资条约知识产权保护制度的现代转型研究［J］．中国法学，2013（4）：63-73.

[96] 张俊芳，周代数，张明喜，等．美国对华投资安全审查的最新进展、影响及建议［J］．国际贸易，2023（5）：56-65.

[97] 张乃根．非多边经贸协定下的知识产权新规则［J］．武大国际法评论，2020（1）：1-19.

[98] 张乃根．与时俱进的 RCEP 知识产权条款及其比较［J］．武大国际法评论，2021（2）：1-25.

[99] 张一婷．对接国际高标准知识产权规则的思路与对策［J］．开放导报，2023（6）：84-90.

[100] 张幼文，薛安伟．要素流动的结构与全球经济再平衡［J］．学术月刊，2013，45（9）：66-73.

[101] 张幼文．要素流动下世界经济的机制变化与结构转型［J］．学术月刊，2020，52（5）：39-50.

[102] 张宇．"一带一路"倡议是否降低了中国出口的隐性壁垒？［J］．世界经济研究，2020（11）：3-14.

[103] 赵伟洪，张旭．中国制度型开放的时代背景、历史逻辑与实践基础［J］．经济学家，2022（4）：17-27.

[104] 郑宇．21 世纪多边主义的危机与转型［J］．世界经济与政治，2020（8）：126-153+159-160.

[105] 邹薇．知识产权保护的经济学分析［J］．世界经济，2002（2）：3-11.

三、学位论文

[1] 朱玥．国际投资条约知识产权保护制度研究［D］．上海：华东政法大

学，2022.

［2］邵思蒙．国际知识产权规则变迁研究［D］．长春：吉林大学，2022.

四、电子文献

［1］European Commission. Study on emerging issues of data ownership, interoperability, （re-） usability and access to data, and liability ［EB/OL］. https：//ec. europa. eu/digital-single-market/en/news/study-emerging-issues-data-ownership-interoperability-re-usability-and-access-data-and.

［2］习近平．高举中国特色社会主义伟大旗帜　为全面建设社会主义现代化国家而团结奋斗——在中国共产党第二十次全国代表大会上的报告［EB/OL］. https：//www. gov. cn/xinwen/2022-10/25/content_5721685. htm.

［3］习近平．习近平在第五届中国国际进口博览会开幕式上的致辞（全文）［EB/OL］. https：//www. gov. cn/xinwen/2022-11/04/content_5724715. htm.

［4］习近平．习近平主持中共中央政治局第二次集体学习并发表重要讲话［EB/OL］. https：//www. gov. cn/xinwen/2023-02/01/content_5739555. htm.

［5］新华社．中共中央关于坚持和完善中国特色社会主义制度 推进国家治理体系和治理能力现代化若干重大问题的决定［EB/OL］. https：//www. gov. cn/zhengce/2019-11/05/content_5449023. htm.

［6］新华社．中央经济工作会议举行　习近平李克强作重要讲话［EB/OL］. https：//www. gov. cn/xinwen/2018-12/21/content_5350934. htm.